国家职业技能等级认定培训教材——合编版

保育员

（基础知识）

人力资源社会保障部教材办公室　组织编写

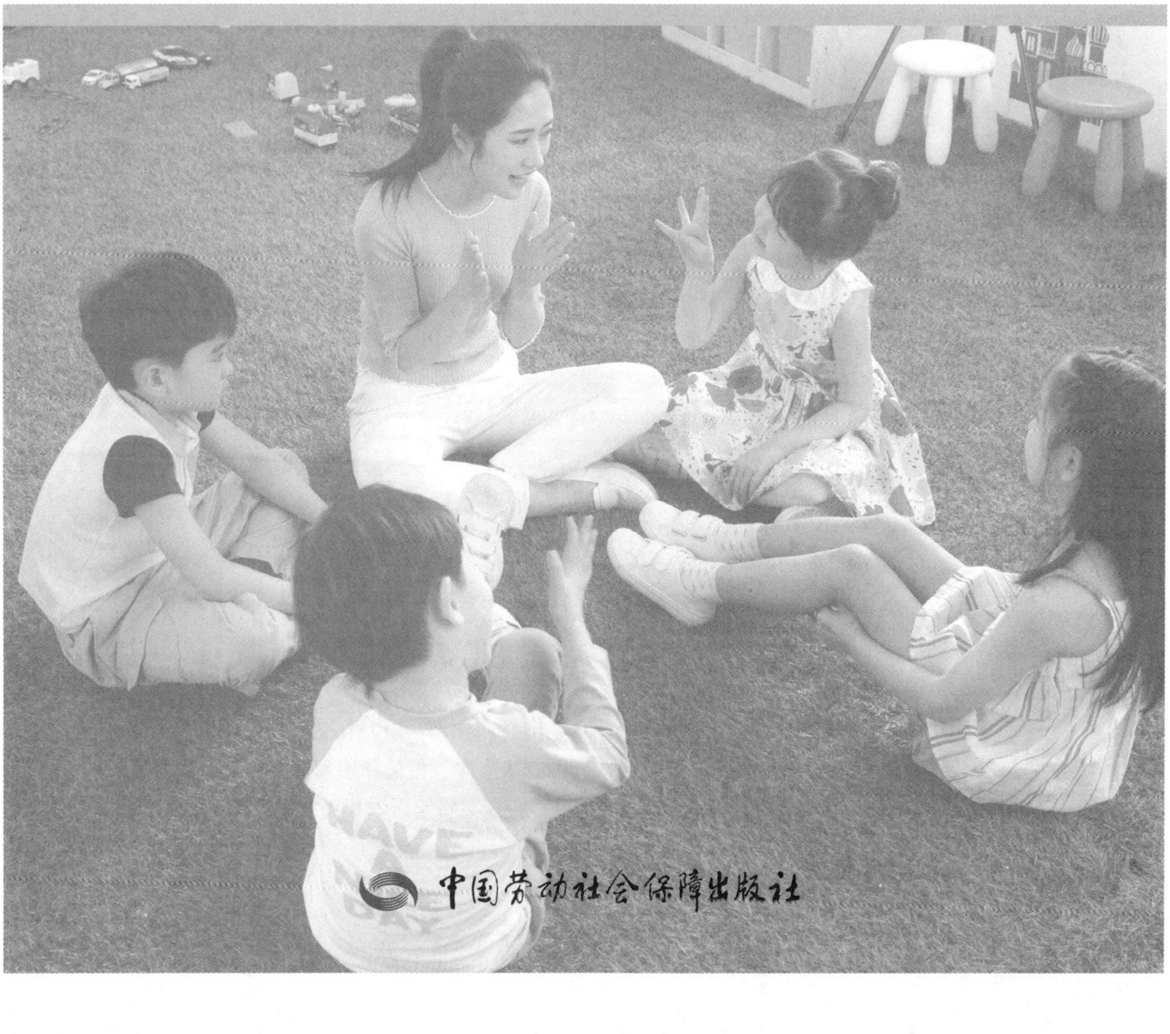

中国劳动社会保障出版社

图书在版编目（CIP）数据

保育员．基础知识 / 人力资源社会保障部教材办公室组织编写．-- 北京：中国劳动社会保障出版社，2020

国家职业技能等级认定培训教材：合编版

ISBN 978-7-5167-4686-8

Ⅰ.①保…　Ⅱ.①人…　Ⅲ.①幼教人员－技术培训－鉴定－教材　Ⅳ.① G615

中国版本图书馆 CIP 数据核字（2020）第 184641 号

中国劳动社会保障出版社出版发行

（北京市惠新东街 1 号　邮政编码：100029）

*

北京市艺辉印刷有限公司印刷装订　新华书店经销

787 毫米 ×1092 毫米　16 开本　15 印张　267 千字

2020 年 12 月第 1 版　2023 年 8 月第 6 次印刷

定价：32.00 元

营销中心电话：400-606-6496

出版社网址：http://www.class.com.cn

前　言

为贯彻落实中共中央、国务院《关于分类推进人才评价机制改革的指导意见》精神，推动保育员职业培训和职业技能等级认定工作的开展，在保育员从业人员中推行职业技能等级制度，推进实施职业技能提升行动，人力资源社会保障部教材办公室组织有关专家对原保育员国家职业资格培训教程进行了优化升级，组织编写了国家职业技能等级认定培训教材——合编版。

本套教材依据《保育员国家职业技能标准》（以下简称《标准》）、结合岗位工作实际编写，内容上体现“以职业活动为导向、以职业能力为核心”的指导思想，突出职业技能等级认定培训特色；结构上针对保育员职业活动领域，按照职业功能模块分级别编写。针对《标准》中的“基本要求”，还专门编写了《保育员（基础知识）》，是各个级别从业人员的必备知识。

本书是国家职业技能等级认定培训教材——合编版中的一种，适用于初级、中级、高级保育员的培训，是国家职业技能等级认定培训推荐用书。

本书由周梅林、赵丽丽、武莉编写，周梅林主编。由于时间仓促，不足之处在所难免，欢迎提出宝贵意见和建议。

人力资源社会保障部教材办公室

目 录

第一章 保育员的职业道德 …… 1
第一节 职业道德的基本知识 …… 1
第二节 保育员的职业守则 …… 3

第二章 对学前教育的认识 …… 7
第一节 学前教育的产生和发展 …… 7
第二节 我国的学前教育 …… 13

第三章 对学前儿童的认识 …… 23
第一节 生机勃勃的学前儿童 …… 23
第二节 影响学前儿童发展的一些重要因素 …… 28

第四章 婴幼儿各系统的生理卫生 …… 33
第一节 运动系统 …… 33
第二节 呼吸系统 …… 36
第三节 循环系统 …… 39
第四节 消化系统 …… 42
第五节 泌尿系统 …… 47
第六节 皮肤 …… 48
第七节 内分泌系统 …… 50
第八节 神经系统 …… 51
第九节 感觉器官 …… 53

第五章　婴儿的心理发展……58
第一节　婴儿动作的发展……59
第二节　婴儿语言的发展……61
第三节　婴儿的认知活动和自我意识的发展……63

第六章　幼儿心理发展的一般年龄特点……65
第一节　幼儿心理发展的一般特点……65
第二节　不同年龄幼儿心理发展的年龄特征……67

第七章　幼儿认知能力的发展……72
第一节　幼儿感知觉的发展……72
第二节　幼儿记忆能力的发展……77
第三节　幼儿想象力的发展……79
第四节　幼儿思维能力的发展……84
第五节　幼儿注意力的发展……89
第六节　幼儿语言的发展……93

第八章　幼儿情绪情感的发展……99
第一节　幼儿情绪的特点……99
第二节　幼儿基本情绪和情绪的培养……102

第九章　幼儿社会性的发展……106
第一节　幼儿的社会关系……106
第二节　幼儿常见的一些社会行为……108
第三节　幼儿社会性发展的趋势和社会行为的指导……110

第十章　幼儿个性的发展……112
第一节　幼儿的气质……112
第二节　幼儿的性格……115
第三节　幼儿的能力……117

第十一章　婴幼儿的身体健康和心理健康 ……120
第一节　婴幼儿的生长发育健康 ……120
第二节　婴幼儿的心理健康 ……124

第十二章　婴幼儿的膳食和营养 ……130
第一节　婴幼儿的营养和热能 ……130
第二节　各年龄段婴幼儿的喂养 ……137

第十三章　婴幼儿的疾病预防 ……141
第一节　婴幼儿常见病和寄生虫病的预防 ……141
第二节　婴幼儿传染病的常识 ……149
第三节　婴幼儿传染病的预防 ……152

第十四章　婴幼儿常用护理技术和意外事故处理 ……157
第一节　常用婴幼儿护理技术 ……157
第二节　婴幼儿意外事故处理 ……159

第十五章　学前儿童的素质发展和素质教育 ……166
第一节　学前儿童的健康教育 ……166
第二节　学前儿童的语言教育 ……169
第三节　学前儿童的社会性发展与教育 ……171
第四节　学前儿童的科学教育 ……173
第五节　学前儿童的艺术教育 ……175

第十六章　学前教育的基本要素 ……177
第一节　学前教育机构的环境 ……177
第二节　保育员 ……181

第十七章　学前儿童的游戏活动 ……184
第一节　学前儿童喜欢游戏的原因 ……184
第二节　学前儿童游戏的种类和指导 ……186

第十八章　学前教育机构中幼儿的一日生活安排 ······ 193
第一节　幼儿一日生活的内容 ······ 193
第二节　幼儿生活中各类活动的组织和指导 ······ 194

第十九章　学前教育与家庭、社区及小学 ······ 200
第一节　学前教育与家庭及社区 ······ 200
第二节　幼儿园与小学的衔接 ······ 204

第二十章　相关的法律和法规知识 ······ 215
第一节　《中华人民共和国未成年人保护法》节选 ······ 215
第二节　《中华人民共和国劳动法》和《中华人民共和国教育法》节选 ······ 218
第三节　《幼儿园管理条例》和《幼儿园工作规程》节选 ······ 219
第四节　《托儿所、幼儿园卫生保健制度》节选 ······ 224
第五节　《学生伤害事故处理办法》节选 ······ 229

第一章

保育员的职业道德

第一节　职业道德的基本知识

一、职业和职业道德的基本含义

1. 职业的概念和特征

《现代汉语词典》对职业是这样定义的："个人在社会中所从事的作为主要生活来源的工作。"这个定义虽然揭示出了职业的基本特征，但不够全面。我们知道，职业是伴随社会劳动分工的深化而产生和发展起来的，可以说社会越发达，社会劳动分工就会越细，要求也就更高，这就是职业的专门性。因此，较准确地概括职业的概念应该是：人们在社会中所从事的并以此为生的具有特定职责的专门性工作。职业的特征包括两个方面：一是谋生手段，即必需性；二是职责特定，即专门性。

2. 职业道德的概念

职业道德，是一般社会道德在各个职业领域内的具体体现。顾名思义，职业道德就是指人们在从事某种职业、履行其职责过程中，在思想和行为上所必须遵循的行为准则和道德规范的总和。由于职业的专门性特征，各行各业都有其专门的职业道德要求，是从业者在其职业生涯中每天都要面对的。

二、保育员的职业道德

1. 保育员职业道德的概念和内涵

职业道德与职业活动及职业要求有着密切的联系。保育员的职业道德是保育员在教育、教学活动中应当遵循的行为规范的总和。从广义上讲，保育员的职业道德包括教师的职业道德、职业精神、思想观念、道德品质等属于意识形态领域的诸多内容。随着社会、经济的发展及素质教育的要求，其内涵又增加了培养创造性、开拓性、实践性人才等更丰富的内容。今天的保育员不但应有科学的世界观、人生观、价值观，无私奉献的敬业精神，良好的职业道德和健康的心理素质，还要努力拥有新时代所推崇的新思想、新观念，具有新时代特点的先进的道德意识。

2. 保育员职业道德的重要作用

（1）保育员的地位和作用要求保育员要具有高尚的职业道德

学校教育是目前我们国家的主要教育形式，它是有目的、有计划地对学生进行教育和培养，使之能够系统地获取知识和技能，形成正确的世界观、人生观、价值观。而在此之前的学前教育，需要幼儿园为幼儿创造良好的学前教育环境，为学前儿童成长及进入学校教育打下坚实的基础。保育员是完成这项重要工作必不可少的人员。在这个过程中，保育员要以社会需要为基础，将各种科学文化知识及符合社会发展要求的思想观点、行为规范等传授给学前儿童，以此推动社会的不断前进。从这个意义上讲，保育员首先必须具备两个条件：一是要有渊博的知识，二是要有高尚的品德。一直以来，社会对保育员的道德品质要求要高于其他职业者。保育员的品德在很大程度上对学前儿童的品德培养起着至关重要的作用。因此，作为一名保育员，首先要不断加强自身修养，培养自己高尚的职业道德。

（2）保育员工作的对象和工作环境要求保育员必须具备高尚的职业道德

保育员的工作对象是各方面都尚未定型，敏感、活跃又易受外界影响，可塑性很强的学前儿童。这些儿童处于身体、智力、品德、行为等各方面发展的关键时期。在进入幼儿园后，保育员是他们接触最多的人，也可以说是对其影响最大的人。保育员的榜样作用是家庭和父母无法取代的。同时，保育员要协助教师完成教育和教学任务，就必须要处理好与学前儿童、集体、学校、家长等各方面的关系，这些都要求保育员不断增强社会责任感和使命感，加强道德修养，努力使自己具有高尚的职业道德。

3. 保育员职业道德的基本要求

保育员的职业道德要求，涵盖了其所应尽的职业义务及所担负的职业责任。这主要包括：忠于国家，献身教育，教书育人，勤奋学习，热爱学前儿童，遵纪守法，团结协作，以身作则等。因学前教育工作对象的特殊性，职业道德反映出教育活动的特殊要求和行为调节的特殊方面，与其他阶段的教职人员相比有更高的要求，体现在热爱并尊重幼儿、团结协作及勇于创新等几个方面。

第二节 保育员的职业守则

一、爱岗敬业，热爱幼儿

1. 爱岗敬业

任何一种职业道德首先要求对该职业的热爱，学前教育工作也不例外。它要求从业者首先要具备高度的敬业精神，也就是对工作的满腔热情及将这种热情持之以恒的精神。这种建立在对职业正确认识的基础上的热爱，是做好工作的基础。学前教育工作是一项工作对象特殊、专业性强、工作难度和强度都相对较大的工作。它是基础教育的基础，是我们祖国未来的一代人健康成长的基础，是国家兴旺发达的基础。只有对学前教育事业的性质、任务、意义等有正确的认识，才能为自己所从事的事业感到骄傲和自豪，才能具有高度的责任感，圆满完成自己的工作任务。而且，由于我国现阶段正处于中国特色社会主义初级阶段，各方面都有待发展，学前教育也不例外。如教育投入不足，教师工资偏低，有的地方甚至还会出现拖欠教师工资的现象。教师的付出和回报大都不成比例。特别是幼儿园的保育员，工作强度大，责任重，工资待遇低，有时还会遭到社会上某些人的误解。在这种艰苦的条件下，保育员之所以还能够踏踏实实地工作，靠的就是对孩子、对工作、对事业高度负责的爱岗敬业精神，有了这种精神，就可以帮助其克服任何困难，做好本职工作。

2. 热爱幼儿

因学前教育工作对象的特殊性，所以爱护幼儿、尊重幼儿成为做好这项工作的首要条件。高尔基说过：“谁爱孩子，孩子就爱他；只有爱孩子的人，他才可以教育孩子。”教师的一举一动，甚至于一个眼神，都可能对孩子产生很大的影响。例如，有一天，妈妈接上小班的鸣鸣时发现，孩子尿裤子了。鸣鸣很小就会自己大小便了，为什么在幼儿园会尿裤子呢？妈妈问鸣鸣是怎么回事。鸣鸣说：“我不敢上厕所。”“为什么？”妈妈问。呜呜说：“老师不喜欢。”“你怎么知道老师不喜欢呢？是老师说了不许去吗？”呜呜说：“老师没说。”“那你是怎么知道老师不喜欢你们上厕所的？”呜呜说：“今天小路举手说要去大便，老师翻了个白眼说‘去、去、去’。我怕老师也对我翻白眼，所以我不敢上厕所……”由此可见，孩子对保育员的行为是很敏感的。心理学研究表明，成人的爱是孩子身心健康发展的精神需要。缺乏爱的孩子，不仅身体发育迟缓，智力和个性发展也会有障碍。在进入幼儿园后，保育员仅次于父母，成为孩子生活中最有影响力的成人，保育员的爱本身就是一种重要的教育力量和教育手段。爱护幼儿是教育幼儿的前提，只有热爱幼儿，才能真正地了解幼儿，有目的地去教育幼儿，而且只有建立了相互热爱的师幼关系，保育员在幼儿心中才能有威信，才更易达到教育的目的，取得良好的教育效果，完成教育的任务。

保育员的爱是一种广义的爱，因为保育员的爱不仅要包含母爱的深刻和细腻，还要以理性的方式和客观的态度对待所有学前儿童。保育员不仅要爱护幼儿，而且还要尊重幼儿，严格要求。保育员应该以公正的态度，耐心、细心地对待他们，对他们提出合理的要求坚定支持，鼓励孩子的进步，耐心帮助其改正缺点。同时，保育员还要有一颗童心，以随时感知孩子的喜怒哀乐，体察其各方面的需要，更好地了解其心理，从而因时施教、因人施教。

由此可见，热爱幼儿，是热爱学前教育事业的具体体现，是做好学前教育工作的前提条件。

二、为人师表，遵纪守法

已故著名学者丰子恺先生把人格比作一只鼎，而支撑这只鼎的三只足是：思想——真，品德——美，情感——善，只有“三足鼎立”，真、善、美和谐统一，才能为人师表。保育员道德品行素质首先表现为完善健全的人格。我国汉代哲学家杨雄说：“师者，人之模范也。”教师不仅要以其人格魅力令学生敬佩，还要以最佳的思想境界、精神状态和行为表现，积极地影响和教育学生，使他们健康成长。教师应把言传和身教完美地结合起来，以身作则，行为示范；热爱学生，关心学生，建立平等的师生关系；仪表端庄、举止文雅，以自己的言行和人格魅力来影响学生，使他们“亲其师”“信其道”。学前教育工作的对象是可塑性和模仿性都很强的幼儿，因此对保育员品德修养的要求就更高。学前儿童在幼儿园生活的这段时期，正是其个性与品德的形成时期，尽管社会环境、家庭氛围等对其个性形成和品德发展具有一定的影响，但许多研究表明，保育员的作用很大，这其中很重要的一方面就是通过保育员的人格特征、言行举止等对孩子的影响来实现的。保育员的言行潜移默化地影响着学前儿童的个性和品德的发展。总而言之，作为保育员必须要以身作则，要求孩子做到的，自己首先要做到，要求孩子不做的，自己坚决不做。时刻保持庄重的举止，彬彬有礼的言谈，表里如一的形象，以自己的品行、仪表给孩子以积极的影响。

三、积极进取，开拓创新

保育员要能结合工作对象的特殊性，出色地完成教学任务，实现幼教工作的目标，这就要求做到：一要深入学习教育学、心理学、教育方法等方面的知识，把教育理论的最新研究成果引入教学过程，使教育学的科学性和艺术性高度完整地统一起来；二要熟练掌握现代教育技术的操作和应用，能够利用现代教育技术，恰当有效地选择教学方法和方式，直观形象地展示教学内容，把教学知识传授与创新思维结合起来，培养学前儿童各方面的能力；三要有创新的精神，积极开展教育和科学研究，探索新的科学的教育模式，在实践中拓宽视野，在教学中实现自我更新、自我完善。

四、尊重家长，热情服务

家园共育是促进学前儿童全面和谐发展的重要保证。保持家园协调一致，使学前儿童全方位地接受正面教育，会收到事半功倍的效果。因此，保育员在施教的过程中，必须要取得家长的理解、支持和配合。要做到这点，一方面要加强与家长的交流，在此过程中全面了解学前儿童的情况，了解其成长环境；另一方面要认真并善于听取家长的意见和建议，使其能积极参与到教育孩子的过程中，更好地配合幼儿园开展工作。同时，要对家长给予必要的指导，因为大多数的家长对学前教育虽然比较重视，但对有关专业知识了解得并不很多，这就需要保育员在平时的交流中主动向家长讲解一些学前教育的基本理论和方法，有的放矢地帮助家长解决在幼儿教育过程中出现的一些问题，使家长和教师能“统一口径”，形成教育的合力。需要注意的是，作为保育员必须要一视同仁地尊重和对待每位家长，与其建立诚挚平等的关系，这也是教育公正的要求之一。

五、文明礼貌，团结协作

保育员的职业特点之一就是集体性，它要求保育员彼此协调，相互宽容，发挥集体的教育力量。保育员集体是一个由共同的教育任务组成的复杂整体，要使其能够作为一个统一体有效地进行工作，所有成员力量的协调一致就成为重中之重。同时保育员还要面对众多个性鲜明的孩子组成的团体，必然不会风平浪静，所以保育员必须具备处理团体工作的能力和方法，成为团队工作的专家。另外，未来社会的劳动分工将更加细致，生产过程的技术含量更高，人与人之间的联系途径日趋多样。保育员必须教育孩子学会宽容，发现别人的长处，学会与别人一起游戏。因此，保育员的团队精神必须贯穿整个教学活动的始终。

总之，保育员是一个既崇高又平凡的职业，说它崇高，是因为它肩负着培养祖国下一代的重任；说它平凡，是因为它是社会千千万万个职业中的一种。但不管怎样，具有良好的职业道德是保育员做好工作的基础和关键。每一位保育员都要自觉地加强职业道德修养，努力提高自己的职业道德水平，真正做到为人师表，承担起国家和人民赋予的重任。

第二章

对学前教育的认识

第一节　学前教育的产生和发展

一、学前教育的含义

学前教育是教育的组成部分，要了解学前教育的含义必须先明确教育的含义。

教育有广义和狭义之分。广义的教育是指一切能增进人们的健康和知识经验，陶冶人们的道德情操，形成和改变人们思想意识的活动，如电影、电视、报纸、杂志等对人们的影响。狭义的教育专指学校教育，它是学校根据社会发展与个体发展的需要，对受教育者实施的有目的、有计划、有组织的影响，使受教育者按照期望的方向发展的活动。

学前教育是以零岁到入学前儿童为对象的教育，也有广义和狭义之分。广义的学前教育是指一切能对学前儿童发展产生影响的教育活动；狭义的学前教育是指由专门的学前教育机构实施的，根据社会的要求和学前儿童身心发展的特点和需要，对学前儿童实施有目的、有计划、有组织的影响，使之能够在德、智、体、美等方面都得到全面、和谐发展的教育活动的总和。

二、学前教育的产生和发展

1. 学前教育的产生

现代学前教育是教育的重要组成部分，它是相对于学校教育而言的。但在人类社会形成的初期，由于还没有专门的学校教育，教育只是作为一种社会现象整体存在着。因此，严格地说，现代意义上狭义的学前教育在当时并没有出现。广义上的学前教育是随着人类教育活动的产生而同时出现的，因此它同教育一样，是人类在不断的生产劳动实践过程中形成的特有的社会现象。

在原始社会，原始人为了生存，要寻找食物，要与野兽争夺生存的空间，为了满足自己的生存需要，更多地获取食物和保障安全，他们开始制造和使用工具。在这个过程中，原始人的双手逐渐灵活起来。在劳动中原始人的感官得到了锻炼，刺激了大脑的发育，为思考打下了基础。在劳动中人们要表达自己的看法，需要交流，因而产生了交际的工具——语言。大脑、双手功能的发展和语言的出现，为教育现象的产生打下了物质基础。

在生产劳动中，人们积累了一定的经验与方法，为了继续生存下去，就要把这些经验与方法传授给下一代，教育因此而产生了。随着人类的不断进步与发展，积累的知识和经验越来越多，需要下一代学习的内容也越来越多。如何让下一代学得更快、更多、更好，就成为教育需要不断研究和解决的问题，教育也在这一研究和实践的过程中发展起来。因此，教育是随着人类社会的产生而产生，并随着人类社会的发展而发展的。

2. 学前教育的发展

（1）原始社会的学前教育

原始社会由于生产力低下，没有多少剩余产品，成年男女都要参加生产劳动，这样才能维持生存。学前儿童主要由年老体弱的老人来集体照管，主要任务是保证他们的存活。孩子们在从事着力所能及的劳动过程中学习着父辈的生活经验。由于在原始社会实行的是原始共产主义，社会还没有划分等级，孩子归氏族内部公有。因此，他们所受到的教育是平等的、共同的，没有阶级性与等级性。教育的内容主要是维持生存所必需的基本的知识经验和技能，教育的形式和手段也都非常简单和原始。

（2）古代社会的学前教育

随着生产力的发展，社会财富逐渐丰富了，私有财产出现了，人类社会进入了有阶级的时代——奴隶社会和封建社会（统称为古代社会）。教育打破了原先那种在生活中口耳相传的局面，表现出与原始社会颇为不同的特点。统治阶级为了维护自己的统治，使其统治地位能够代代相传，就要让其子女接受专门的教育，学习“治人”的本领；平民的子女则被要求学习“治于人”的态度以及劳动的技能与知识，以便能更好地接受统治和为统治阶级服务。因此，古代社会的教育表现出强烈的阶级性和等级性。同时，为了提高教育的效率，在这一时期，出现了专门的学校教育机构，但还没有独立的学前教育机构。对学前儿童的教育主要是在家中个别完成的。

（3）近代社会的学前教育

随着社会生产力的进一步发展，到了 17 世纪中期，近代资本主义及生产力迅猛发展，急剧地改变了社会生活，人类社会进入近代社会。在这一阶段，大机器的工业化生产极大地丰富了社会财富，同时也对教育提出了新的要求。与古代教育相比，近代教育不仅要培养统治者，还要快速、大量地培养有文化、懂技术的劳动者。因此，教育的内容与形式发生了极大的转变，产生了专门的学前教育机构。但学前教育机构产生之初是慈善性质的，教育的功能很少。这是由于生产的社会化使大量的农民和手工业者破产后被迫进入工厂做工，许多家庭的妇女也走出家庭外出工作，造成大量学前儿童无人照管，流落街头，产生了非常严重的社会问题。一些慈善机构因此创办了慈善性质的学前教育机构，专门收容那些无人照管的工人子女。其中由英国空想社会主义者和教育改革家欧文于 1809 年创办的以招收 1 ～ 6 岁工人子女为对象的“幼儿学校”（后改名为“性格形成新学园”），被认为是世界上第一所幼儿社会教育机构。后来，随着生产力的进一步发展，学前教育对社会和个人发展的价值才逐渐受到重视，真正意义上的学前教育机构才开始出现。世界上第一所正式命名为“幼儿园”的学前社会教育机构，是由德国教育家福禄贝尔于 1840 年创办的。

（4）现代社会学前教育发展的特点

随着社会的进步和对人发展价值的进一步尊重，特别是人类进入 20 世纪后，现代科技的高速发展，对人的素质提出了更高的要求，早出人才、快出人才成为社会对教育的新要求。加之教育学、心理学研究的新成果不断涌现，促使整个社会重新审视教育对人的潜能开发和终身发展的价值。因此，学前教育受到了各国政府及社会各界的高度重视，进入了一个崭新的发展阶段，主要表现在：确立了学前教育在终身教育中的地位；学前教育理论得到长足的发展；学前教育法律、法规日益健全；学前教育机构类型多样化；重视学前教育与家庭和社区教育的联系。

三、学前教育思想的发展

学前教育思想最初没有形成独立的理论体系，大多融合在伦理学、政治学之中。许多思想家和教育家在论述自己的哲学思想和教育主张的时候，阐述过有关学前教育的主张，如古希腊哲学家柏拉图在其著作《理想国》中，曾经提出过幼儿公育的思想。随着教育思想的发展，到了近现代，学前教育思想才逐渐形成独立的理论流派，并对后人的教育实践产生了重大影响。

1. 卢梭的自然主义学前教育思想

卢梭（Jean Jacques Rousseau，1712—1778）是18世纪法国著名的启蒙思想家和教育思想家。1762年出版的半论文、半小说体裁的著作《爱弥儿——论教育》是反映其自然主义教育思想的代表作。

卢梭认为，教育应该回到自然，适应自然。这个自然主要是指儿童的天性。他认为，儿童在生长发育的过程中，有其节律性和阶段性，教育要遵循儿童发展的自然进程，考虑其年龄特征，要顺应儿童的天性。其教育的名言是“大自然希望儿童在成人以前就要像儿童的样子”。卢梭认为儿童有他们特有的思想、看法和感情，呼吁教育者尊重并爱护儿童，珍惜儿童短暂的童年生活，给儿童以真正的自由，让孩子更多地拥有自己管理自己的机会，而不应以成人的偏见剥夺儿童应有的权利。在论述教师的作用时他强调，教育者只需给儿童提供一个促进其自然发展的适当环境，然后就可以放手让儿童发挥本身的积极性，通过各种活动，丰富个人经验，认识生活，进行学习，健康成长。因此，他要求教育者最好做一个“导师”，而不是“教师”。

卢梭的自然主义教育思想在当时产生了很大的影响，其充满了人文关怀的学前教育理论，掀开学前教育新的历史篇章，也使其成为学前教育史上具有划时代意义的人物。后世许多著名儿童教育家和儿童心理学家（如福禄贝尔、蒙台梭利等）在卢梭自然主义教育思想的影响下，进行了广泛的教育实践，使自然主义的教育思想和实践得到进一步的发展，在全世界范围内形成了自己独特的学前教育理论流派。

2. 福禄贝尔的学前教育思想

福禄贝尔（Friedrich Wilhelm August Frobel，1782—1852）是德国著名的学前教育思想家、实践家。他创办了世界上第一个命名为“幼儿园”的学前儿童社会教育机构。他在借鉴前人的基础上创立了学前教育的理论、体系和相应的教育方法、教材和玩具等，揭示了学前教育的规律。他的实践和理论研究，使他成为近代学前教育理论的奠基人，被誉为“幼儿园之父”。他的思想和理论在全世界范围内广为传播，至今仍活跃在世界学前教育的舞台上，世界上许多成功的学前教育机构都是以福禄贝尔的理论为指导的。

福禄贝尔认为，儿童的行为是其内在生命形式的表现，是由内在的动机支配的。通过这些行为，儿童才可以成长和发展。因此，合理的儿童教育必须以观察儿童为前提，要“小心翼翼地追随本能”，即追随儿童的天性。教师的任务在于遵循自然，引导儿童的成长，提供一切智慧的帮助，帮助儿童去除发展中的阻碍，促进儿童内在本质的发展，而不是违背自然，对儿童的成长横加干涉、命令和强制。

福禄贝尔非常重视幼儿期对发展的价值。他认为，幼儿期的教育对发展中的人来说是至关重要的。这一时期发展的好坏，将影响人的一生。

他强调应该以语言、游戏和绘画作为幼儿期教育的主要内容。因此，他认为，学前教育机构的主要任务是通过活动和游戏的方式来培养学前儿童，发展他们的体格，锻炼他们的外部感官，使他们认识人和自然，让他们在游戏、娱乐和天真活泼的活动中，做好升入小学的准备。

福禄贝尔非常重视游戏和玩具对儿童发展的价值，他是第一个系统阐明游戏价值的教育家。他说："能自动自发、用心认真地玩到累了为止的孩子，将来必是个健壮、坚韧，能够牺牲、奉献的人。"他认为玩具在游戏中的地位至关重要。儿童通过玩具"可直觉到客观的世界"。他精心为儿童准备了大量的玩具，并把它们命名为"恩物"。直至今日，还有许多学前教育机构在使用这些玩具。

福禄贝尔是最早专门论述学前教育理论的教育家之一，他的学前教育思想和实践对世界学前教育发展的影响是极其深远的。

3. 蒙台梭利的学前教育思想

蒙台梭利（Maria Montessori，1870—1952）是意大利著名的儿童教育家。她最初的职业是精神科医生，负责研究和治疗身心有缺陷、精神疾病患儿等特殊儿童。她为这些特殊儿童创造了一整套教育训练的方法，并在实践中取得了极大的成功。后来，她将这套方法进行改良后用于对正常儿童的教育，于 1907 年在罗马贫民区创办了"儿童之家"，用她独特的教育方法进行教育实验，取得了极大的成功，引起了社会各界的强烈反响。其教育方法迅速普及开来，世界上许多国家都有蒙台梭利学会，以她的名字命名的学前教育机构和使用她的教学方法、教具的学前教育机构不计其数。其教育思想和实践对世界学前教育的改革和发展产生了巨大的影响。

蒙台梭利的儿童观和教育观深受卢梭、福禄贝尔的自然主义教育思想的影响。她认为儿童存在着与生俱来的"内在的生命力"或称"内在潜力"，教育要激发和促进儿童的"内在潜力"，使之自由地展现和自然地发展。

她对旧教育通过要求孩子上课时呆坐在固定的椅子上，两眼直瞪着老师，小手和小脚都放在规定的位置，不许左顾右盼，不许随意走动的方式来维持课堂秩序的现象，进行了猛烈的批判。她指出，"纪律应该也只能建立在自由活动的基础上"，儿童在自由、自主的活动中才能体验到遵守规则的乐趣和重要性。因此，她要求教育者要为儿童创设"有准备的环境"，让孩子自由地选择和从事"工作"，在自然而然的活动过程中受到纪律与道德方面的熏陶。教师在这个过程中要做的事是仔细地观察和研究儿童，根据每个儿童不同的需要运用科学的方法教育他们，只有这样，才能把孩子们培养成能够独立思考、独立判断和独立工作并适应时代要求的一代新人。

感觉教育在蒙台梭利教育法中占有重要地位。她认为学前儿童正处于感觉发展的敏感期，如果不让儿童进行充分的感觉活动，使其感觉能力得到发展，长大以后不仅难以弥补，而且还会使其整个精神的发展受到损害。为此，她专门设计了儿童感觉训练的方法和教具，如用以训练儿童辨别物体形状、大小、高低、长短的镶嵌板和镶块，练习肌肉活动的纽扣板，辨别声音的音筒，辨别气味的瓶子等。这些教具按照由易到难的原则编排顺序，把复杂的整体感觉分解为简易的几部分来训练，每种教具分别训练儿童的一种特殊的感觉，通过有针对性的反复练习，增进儿童的各种感知能力。

蒙台梭利毕生献给了儿童教育事业，长期从事儿童教育实践研究，她的教育思想和教育实践对当代学前教育的改革与发展产生了深远的影响。她热爱儿童、关心儿童的精神，值得每一位儿童教育工作者学习。

4. 陈鹤琴的教育思想

陈鹤琴（1892—1982），浙江上虞人，1914 年毕业于清华大学，后赴美留学，获美国哥伦比亚大学师范学院硕士学位。回国后一直致力于学前教育的理论与实践研究，创办了我国第一个幼儿教育实验中心——南京鼓楼幼稚园及幼儿教育师资培养体系。他亲自对自己的子女进行了为期三年的跟踪观察和实验研究，详细记录了儿童身心发展的特点，提出了许多教育应注意的原则和方法，其教育理论和实践取得了令人瞩目的成就。

曾经生活在半封建半殖民统治下的陈鹤琴对当时学前教育盲目抄袭外国的现象深恶痛绝，认为生搬硬套外国的教材、教法，全然不顾中国国情的教育是“弄不出什么好教育来的”。他认为幼儿教育的目的是为了培养新一代的中国人。因此，他主张中国的幼儿教育必须符合中国国情，为广大工农大众服务。通过长期的观察和实践，他摸索出了一整套中国化的幼儿教育体系。

他反对压抑人性，读死书、死读书的旧教育，提出了“活教育”的理论。“活教育”的核心就是让儿童通过“做”获得身心的全面发展。其教育目标是让孩子“做人、做中国人、做现代中国人”。为完成这样的目标，他提出幼儿园的教育必须“以自动代替被动”，教师要尊重儿童的自主性，促进儿童主动地活动。要在“做中教、做中学、做中求进步”，把“大自然、大社会当成活教材”。他还提出了“凡幼儿能做的让他自己做，凡幼儿能想的让他自己想”等 17 条“活教育”的原则，告诫教师不能强制灌输，对儿童的自主活动横加干涉，因为那样做是不能取得好的教育效果的。

在大量观察实践的基础上，他指出幼儿园的教学内容应该是相互联系的，虽然活动的内容可以划分为健康活动、社会活动、科学活动、艺术活动、文学活动五项，但这五种活动是一个整体，各项教育内容就像人手掌上的五个指头，是可以活动并互相联系的，他形象地称之为“五指活动”。在教学内容的编排上，他强调应当以自然和社会为中心，可以用单元的方式进行教学内容的组织。陈鹤琴反对分科教学，提出了“把儿童所学的东西整个地、有系统地教给儿童”的“整个教学法”。

同时，通过对自己子女的细致观察，陈鹤琴还系统地提出了家庭教育应该遵循的原则与方法。他指出，父母是幼儿的第一任教师，父母的教育观念与方法对儿童的健康成长有非常重大的影响。因此，他要求幼儿园要与家庭密切合作，使家庭教育与幼儿园教育协调一致，保证儿童得到合理和科学的教养。

陈鹤琴先生毕生致力于幼儿教育的理论与实践研究，是我国现代学前教育工作者的杰出代表。他的学前教育主张对新中国学前教育的发展产生了很大影响。全国各地纷纷成立陈鹤琴教育思想研究会，深入研究他的理论与实践，使他的教育思想与实践能发挥更大的作用。

第二节　我国的学前教育

一、我国学前教育发展简况

1. 封建社会

在近代社会以前，我国的学前教育基本上是在家庭中完成的。孩子们在家庭和日常生活中接受启蒙教育，学前教育长期处于自然的状态，发展十分缓慢。到了清朝末年，我国的国力日渐衰落，列强对我国的侵略和瓜分，使一些有识之士认识到，中国再也不能夜郎自大了，他们发出了“师夷之长技以制夷”的呼声，并开始带动国人向西方学习先进的科学与技术。学前教育在向西方学习的呼声中也产生了一些变化，于1903年（光绪二十九年）在湖北武昌建立了湖北武昌幼稚园（后改名为蒙养院）。这是我国第一个学前社会教育机构，但由于它不是生产力发展的必然要求，所以并没有得到普及。

2. 近代社会

辛亥革命后，我国进入到半封建、半殖民地社会深化时期，学前教育也呈现出半封建、半殖民地社会特有的特点。当时，尽管在社会上出现了一些官办的、民办的、教会办的幼稚园，但数量少、价钱贵，劳动人民的子女根本上不起，幼稚园绝大部分是为有钱人服务的。直到新中国成立前，学前教育尽管有所发展，但速度慢、规模小，没有形成自己独特的理论与实践体系。

与此同时，在中国共产党领导下的解放区，学前教育则呈现出完全不同的景象。为适应战争和生产、生活的需要，解放区出现了许多各种类型的托幼机构。有专门招收烈士子女的保育院，有招收干部子女的托儿所等。在教育理念上，保教工作者提出了“一切为了孩子，一切为了前线”的口号。解放区的学前教育实践，为新中国成立后学前教育的发展提供了宝贵的经验。

3. 新中国成立后

1949 年新中国成立后，我国的学前教育以老解放区学前教育的经验为基础，对旧教育进行了彻底的改造，把过去只是有钱人特权的学前教育，变成了面向广大普通劳动者的大众的、普及的学前教育，明确了学前教育要完成促进儿童的全面发展与解放妇女生产力，为家长解决后顾之忧的双重任务。学前教育呈现出高速发展的态势。

（1）受整个社会政治、经济生活的影响，在 20 世纪 50 年代，我国的学前教育开始全面向苏联学习。这其中，我们虽然学到了不少先进的思想与做法，但同时也丢掉了许多自己宝贵的经验。这表现在学前教育机构迅速增加，入园人数大幅度增多，还颁布了一系列关于办好学前教育的文件。如 1951 年教育部颁布的《幼儿园暂行教学纲要（草案）》等。在这些文件中，对我国社会主义条件下学前教育的地位、目的、任务、内容、方式方法等方面都作了明确的界定。这些文件的颁布和实施，对当时我国学前教育的健康发展起到了保障的作用。

（2）“文革”期间，受极左思潮的影响，整个社会处于混乱的状态，学前教育也遭受了很大的打击和破坏。许多学前教育机构停办，许多学前教育机构教师受到打击，我国学前教育的发展进入到寒冷的冬季。

（3）党的十一届三中全会以后，我们国家结束了“十年动乱”，进入改革开放的新时期，学前教育也随之迎来了发展的黄金年代。首先，恢复和建立了各级学前教育组织机构，颁布和制定了一系列关于学前教育的指导性文件和法律法规，如《幼儿园教育纲要》（1980 年），《城市托儿所工作条例》（试行草案，1980 年），《幼儿园工作规程》（1989 年颁布试行草案，1996 年正式施行），《幼儿园机构管理条例》（这是新中国成立以来经国务院批准颁发的第一个学前教育的法规），《幼儿园教育指导纲要（试行）》（2001 年），《托儿所幼儿园卫生保健工作规范》（2012 年 5 月颁布），《3 ~ 6 岁儿童学习与发展指南》（2012 年 10 月颁布）等。在这些文件和法规中，再一次明确了新时期我国学前教育的性质、任务及学前教育的内容与方法，为我国学前教育的健康发展指明了方向。其次，学前教育机构有了长足的发展，机构数量增加，类型多样，学前教育呈现出前所未有的繁荣局面。与此同时，新时期的幼教工作者还改变了以往只注重保育和教育儿童，不注重教育科研的倾向，大力加强了学前教育科学研究工作，使学前教育走上了科学化、规范化的轨道。在这个过程中，我国的学前教育还扩大了与世界学前教育的接触与交流，使我们的幼教工作者能够在了解世界学前教育发展动态的基础上，也让世界了解到改革开放后中国学前教育发生的巨大变化，在一定程度上促进了学前教育的发展。

二、我国学前教育的性质

《幼儿园教育指导纲要（试行）》（以下简称《纲要》）在总则的第二条里明确指出了我国学前教育的性质，即“幼儿园教育是基础教育的重要组成部分，是我国学校教育和终身教育的奠基阶段”。这一性质决定了新时期的幼儿园教育要把培养学前儿童终身学习的基础和动力作为教育的核心，它要求所有教育活动既要符合学前儿童现实的水平和发展需要，又要有利于其长远的发展。所以，《纲要》要求“城乡各类学前教育机构都应从实际出发，因地制宜地实施素质教育，为幼儿一生的发展打好基础”。因此，新时期的学前教育应该从只重视为儿童入学做好准备，真正转变到为儿童的终身发展奠定坚实的基础，促进幼儿实现健康的、真实的、全面的、和谐的和可持续的发展上来。

在明确新时期学前教育性质的同时，我们也应该看到，我国社会目前正处于新时代中国特色社会主义初级阶段，生产力整体水平还不高，社会主义市场经济正在发展，但还不成熟。社会的性质决定了我国的学前教育也处于社会主义初级阶段，因而也表现出许多初级阶段特有的特征。如尽管国家在大力提倡发展学前教育，但有些地方还存在学前教育机构的教育投入严重不足，学前教育机构教师待遇低下，一些家长在教育孩子的问题上过于追求结果，对学前教育机构的工作提出有悖于终身教育观的要求等，使学前教育在发展过程中遇到重重困难。对此，广大幼教工作者要以正确的态度来对待。应该把这些问题当成发展中必然要经历的过程，在艰苦状态下始终保持乐观向上的信心，只有这样，才能完成好时代赋予我们的使命。

三、我国学前教育的任务

1. 托儿所的任务

在我国，托儿所是对 3 岁前儿童进行集体保育和教育的机构。由 3 岁前儿童身心发展的特点决定，托儿所的保教工作应该贯彻“以保为主，保中有教，教中有保，保教结合”的思想，使婴儿体、智、德、美等几方面都得到发展，为其今后全面、和谐地发展打下良好的身体、智慧和品德、习惯的基础。托儿所的具体工作任务如下。

（1）发展0～3岁婴儿的基本动作，进行适当的体格锻炼，增强婴儿的抵抗力，控制传染病，降低常见病的发病率，维护婴儿的健康，促进其身心的正常发展。

（2）培养婴儿正确的生活卫生习惯，如饮食、睡眠、盥洗、衣着等。

（3）发展婴儿的口语表达能力和初步运用口头语言进行交际的能力。

（4）发展婴儿的智力，丰富其感性经验，初步培养其对周围事物积极探索的兴趣。

（5）初步进行友爱、礼貌、诚实、勇敢等品德教育，培养婴儿活泼开朗的性格。

（6）以婴儿能够接受的方式进行初步的艺术熏陶，萌发婴儿感受美的情趣。

2. 幼儿园的任务

《幼儿园工作规程》（以下简称《规程》）第三条明确指出，我国幼儿园的任务是：实行保育与教育相结合的原则，对幼儿实施体、智、德、美全面发展的教育。促进其身心和谐发展，同时为幼儿家长安心参加社会主义建设提供便利条件。幼儿园的双重任务，是我国学前教育机构的一大特色。幼儿园的一切工作都要服从服务于双重任务的完成。一切为了孩子，方便、服务于每一位家长，是学前教育工作者应尽的职责，不能因为强调保教任务的完成而忽略了为家长服务，也不能为迎合某些家长的要求而对孩子采取急功近利的教育，置幼儿园保教目标于不顾。

现在，我国学前素质教育正在向纵深发展，《幼儿园教育指导纲要（试行）》在《规程》的基础上，进一步强调指出，我国学前教育的根本任务是要“为幼儿一生的发展打好基础”，从而更好地把《规程》中提出的学前教育任务的终极目的凸显出来，体现了终身教育的理念和以儿童可持续发展为本的教育追求。

四、新时期我国学前教育的目标

1. 学前教育目标制定的依据

（1）教育目的

《中华人民共和国教育法》（以下简称《教育法》）规定，我国的教育目的是：教育必须为社会主义现代化建设服务、为人民服务，必须与生产劳动和社会实践相结合，培养体、智、德、美等方面全面发展的社会主义建设者和接班人。这一目的是任何学段教育的出发点和归宿。因此，确立学前教育机构教育的目标，必须要以我国的教育目的为依据。它是国家教育目的在学前教育机构这一学段的具体化。

（2）儿童身心发展的实际水平和需要

教育要想促进儿童身心和谐全面地发展，就要深入研究儿童身心发展的实际水平和需要，并据此制定出符合实际的教育目标。因此，在制定学前教育机构的教育目标时，除了要考虑社会发展的需要，还要考虑是否符合儿童身心发展的规律。只有这样，教育的价值才能得以体现。

2. 学前教育目标的内容

《幼儿园工作规程》在第一章的第三条规定了幼儿园的任务，这一任务实际上也就是幼儿园教育目标概括性的表述。它突出强调了幼儿园的教育目标是对学前儿童实施体、智、德、美全面发展的教育，促进其身心和谐发展。在第五条中，明确提出了我国幼儿园教育的具体目标。

在《幼儿园教育指导纲要（试行）》中，进一步提出了幼儿园教育各个领域的教育目标（各领域的划分使用了幼儿园教师比较熟悉的健康、语言、社会、科学、艺术五个领域），在各个领域的目标中具体阐述了该领域重点追求什么，它主要的价值取向是什么等问题（具体内容见《纲要》第二部分和要求中关于领域目标的论述）。

3. 学前教育目标的层次

如前所述，在《教育法》中规定了我国各学段教育的最终目标。在《规程》和《纲要》中，又具体规定了我国幼儿园教育的总体目标和各个领域的目标。对于每一个幼儿园和幼儿园的每一项教育活动来讲，为了使这些目标真正落实到每个孩子的发展上，还需要根据每个幼儿园的实际情况和每个幼儿的发展需要，具体制定出符合本园、本班和每个幼儿实际水平的教育目标。因此，幼儿园的教育目标应该是划分层级的，最高层是国家的教育目的，接下来是《规程》和《纲要》所规定的幼儿园教育的总目标。在这个目标之下还应该有这样一些层次，具体内容如下图所示，划分的难度不同，各层次的内容也不同。

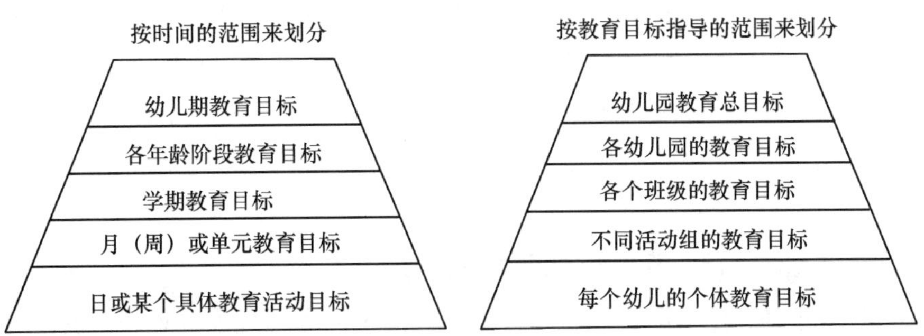

总之，不管按哪种分法，每个幼儿园都应该把国家制定的幼儿园教育目标层层分解，逐步具体化，最终把目标落实在儿童的发展上。

五、新时期我国学前教育的原则

教育原则是教育应该遵守的基本准则。这是对教育基本规律的全面反映，对教育有制约的作用。由学前儿童身心发展的特点决定，学前教育应遵循以下一些原则。

1. 尊重儿童的人格尊严和合法权利的原则

儿童与成人在许多方面存在差异，如年龄、阅历、能力等，因此，儿童与成人在某些方面确实存在着不平等，如儿童作为受教育者要接受成人的教育与引导等。但从另一方面来看，成人与儿童又始终处于平等的地位，那就是在人格上。也就是说，作为一名普通的社会成员，儿童与成人一样，人格尊严应该受到尊重和保护。同时，作为与成人在人格上处于平等地位的社会一员，儿童还享有法律赋予社会公民的一切基本权利，这种权利不因其年龄小、知识经验少而有所削减，相反，由其年龄小、经验少的特点决定，在很多时候儿童还可能享受到一些成人享受不到的特权，如抚养权、游戏权、受教育权等。

为了加强对儿童人格的尊重和对儿童权利的保护，1989 年在联合国大会上通过的有关儿童权利保护的国际性法律——《儿童权利公约》（我国是签约国之一），在尊重儿童的人格尊严和保护儿童的合法权利方面，代表国际社会作出了庄严的承诺。它强调指出：无论儿童来自何种文化背景，无论其社会出身、民族、语言、宗教、性别如何，无论是正常儿童还是残障儿童，都应当在不受任何歧视或忽视的情况下，享有他们的一切权利；整个社会要保障每个儿童生存、生命和发展的权利；凡是涉及儿童的任何事情，都必须以儿童的利益为重，符合儿童的最大利益；每个儿童还应该拥有参与制定那些对他的生活有重大影响的决策，成人应该尊重儿童的观点和意见等。

从《儿童权利公约》的精神中可以看出，现代学前教育应该以尊重为前提，只有真正把儿童当成了与成人在人格上是平等的人来看待时，在教育中才能真正做到从儿童的需要和实际出发，尊重儿童的学习方式、兴趣、爱好、能力、性格特征、意愿等特点，在乎他们在活动中的精神感受，使对儿童的教育真正成为对其生命成长有价值的事情。

2. 促进儿童体、智、德、美全面发展的原则

教育要促进学前儿童体、智、德、美等方面全面和谐地发展而不是片面地发展，也就是说，教育要培养的是一个“完整的儿童”而不是一个“残缺的儿童”。研究表明，学前儿童正处于身心旺盛发展的时期，体、智、德、美等诸方面都处于发展的关键时期。在这一时期，如果能对学前儿童施以正确的教育影响，其各方面发展的潜力就能够被充分地激发出来，对其后续的发展就会产生非常积极的影响。相反，如果在各方面发展都处于关键时期的学前儿童阶段，过分偏重某一方面的发展（如把大量的时间都花在某一项技能的训练上等），当孩子在成人以后，可能会在某一方面有些特长，但孩子获得这些特长的代价是巨大的。因为他们不仅牺牲了童年生活的快乐，还由于把所有时间都投入到某一方面的训练上，其他方面的发展可能会没有时间和精力去顾及，使这些方面的发展因而受到影响。许多教育家的观察实践证明，如果在发展的关键时期得不到很好的教育，错过了发展的最佳期，所造成的缺失是很难弥补的。印度狼孩卡玛拉的例子也证明了这一点。

印度狼孩卡玛拉在还是婴儿的时候就被狼叼走，在狼群里生活了七八年后重新回到人类社会。但此时，卡玛拉已经完全没有人的心理了，除了身手像狼一样敏捷外，其他方面的发展还和他被叼走之前相差无几。后来人们花了大量的时间和精力去教化他，希望他能重新适应人类的生活，学会人类的语言和行为，但直到他 17 岁去世，他的语言能力也只有两三岁孩子的水平，其他方面的发展也微乎其微。从卡玛拉的身上我们可以看出，儿童身心发展的关键期确实存在。

有些学前教育机构为了达到某些经济效益，开办大量的专业训练班，过早地对孩子进行专业定向，孩子的大量时间都被这种专业训练占满了，根本无暇进行自己最喜爱且对其全面发展也最有价值的游戏活动。而且，由于要让家长看到训练的成果，在训练中教师还会经常给孩子提出一些不符合他们实际水平与特点的要求，孩子达不到要求又会遭到教师和家长的指责和批评。久而久之，孩子就会丧失自信，产生错误的自我评价，客观上又对其全面发展造成负面影响。

因此，教育不应该成为一种因促进了学前儿童某一方面的发展而忽视了其全面发展的活动，而应该成为促进学前儿童体、智、德、美等方面全面、和谐发展，为其今后实现更快、更好的发展打下身体、智慧、品德、审美基础的有价值的活动。

3. 坚持正面教育的原则

在计算机的世界里，如果人们把错误的信息输入了计算机，计算机就会作出错误的回答。有人形象地称之为“垃圾进，垃圾出”。学前儿童阶段正是自我意识初步形成的时期。受其年龄特点的影响，对来自外界的影响，孩子的反应就像计算机一样，对输入的东西很少作出正确与否的判断，大多数通通接受下来。如果教师经常说一个孩子“太调皮了”（垃圾进），孩子就会认为自己是“调皮的孩子”，并按照“调皮的孩子”的形象去行动（垃圾出）。以后一旦有人说他很有规矩，他会觉得非常不安，他会认为：这不像我，因为我是一个调皮鬼。因此，在教育儿童的过程中，保育员要坚持正面教育的原则，在教育过程中做到以下几点。

（1）当孩子出现某些行为时，保育员应该及时对行为好的方面进行表扬和鼓励，使之得到强化。

（2）平时多运用榜样、正面引导等方式与学前儿童交往，避免使用讽刺、挖苦、说反话等消极的教育方法。

（3）当孩子出现某些行为问题时，保育员也应耐心细致地帮助他分析问题的原因和后果，帮助他找到解决问题的方法，并给他改正错误的机会。

4. 面向全体和因材施教的原则

《儿童权利公约》指出，儿童拥有平等的受教育的权利。因此，教育要面向全体学前儿童。在教育过程中，保育员对待学前儿童要一视同仁，努力维护所有孩子的受教育权。但这种一视同仁不能简单地理解为保育员用一个标准、一种态度和一种方法教育所有的儿童。保育员应该认识到教育上的一视同仁是指保育员要尊重和保护每个孩子的受教育权，在教育过程中保育员应根据每个儿童不同的特点和需要，采取他们能够接受的方法和手段，进行有差别的教育，使孩子在适合自己特点的教育影响下在原有的基础上实现各自富有特色的发展。要做到这一点，在教育过程中必须要做到因材施教，即根据每个儿童的发展水平和特点以及发展需要的不同，采取他们认同和喜欢的教育方式对他们施加教育影响。具体应做到以下几点。

（1）保育员要端正自己的教育态度，把促进全体学前儿童的发展当成自己的职责，不能只在乎那些聪明、能力强、有礼貌、守纪律的孩子的发展，应该对那些能力较弱、基础较差、胆小懦弱或调皮捣蛋的孩子给予更充分的关注，促进每一个孩子实现在原有水平上的富有个性的发展。

（2）保育员要认真研究每个孩子的特点和需求，了解儿童的年龄特点和个体差异，并对这些特点和差异予以充分的尊重。在教学过程中，允许孩子按自己的学习方式、学习速度进行学习，采取适合他们不同特点的教育方法对他们进行教育，避免千人一面，提高教育的针对性。

5. 整体性的原则

《幼儿园教育指导纲要（试行）》明确指出，幼儿园教育活动的组织应注重综合性、生活性和趣味性。因为学前儿童的发展是整体的，因此，教育也应尽量施以整体、全面的影响，切合他们的发展需要，促进他们的发展。在教育过程中保育员应做到以下几点。

（1）注重一日生活整体的教育价值，使学前儿童在幼儿园的各项活动能够有机地结合起来，发挥其整体的教育价值。学前儿童在幼儿园的生活是丰富多彩的，每一项活动都有其独特的教育价值。有的保育员比较重视专门组织的学习活动，而对生活活动、自由游戏活动、自由交往活动等的教育价值认识不清，造成把精力都放在课堂上的局面。儿童心理学的知识告诉我们，儿童的学习可以发生在任何时候和任何地点，他们无时无刻不在积累着自己需要的知识、经验。孩子在搭积木的游戏中学会区分物体的形状，在交往中学会礼尚往来，在生活活动中学会自我服务……因此，学前教育机构一日生活的各个环节都是教育的机会，保育员要善于利用这些机会来帮助学前儿童获得成长。

（2）学前教育机构、家庭和社区内有许多教育资源，在这些教育资源中有着丰富的教育内容，保育员应该善于对其进行有机的整合，使之协调一致，共同对学前儿童的发展产生积极的影响。如现代幼儿教育的观念是要培养“完整的儿童”，要求教育要珍视学前儿童期的生活价值，使孩子能够享受到童年生活的快乐。因此，在学前教育机构中，孩子们有大量的时间来做自己最感兴趣的游戏活动，并在快乐的游戏活动中进行有效的学习。但有的家长缺乏对学前教育的正确认识，认为只有规规矩矩地坐在书桌前读书才叫真正的学习，对学前教育机构总是想方设法满足孩子游戏的愿望很不理解，经常埋怨孩子们在学前教育机构里什么都学不着，回到家里给孩子不断地加码，刚学完这个又拿起那个。有的家长甚至把学习与儿童最喜欢的游戏对立起来，经常对孩子说“不学完某某就不准玩游戏”一类的话，搞得孩子一提起学习就很苦恼，进而影响了其学习的主动性。因此，作为一名学前教育机构的保育员，不仅要能够根据孩子的特点和需要做好儿童教育工作，而且还应该把做好家长和社区教育工作当成自己分内的事情，认真研究，努力协调，使几个方面的力量方向一致，共同对学前儿童施以科学和正确的教育影响。

6. 游戏性的原则

游戏是学前儿童最喜欢的活动。孩子在其丰富多彩的游戏活动中积累经验，学习知识，进行真实的体验，获得多方面的发展。因此，在学前教育机构中，保育员要善于利用时间、空间、材料和设备，保证学前儿童有更多的机会进行自己深爱的游戏活动，并因此获得发展。在教育过程中保育员应做到以下几点。

（1）正确认识游戏在儿童发展中的价值，保障儿童进行充分游戏的权利。

（2）创造一切机会和条件，激发儿童游戏的愿望，使孩子在愉快的游戏中获得全面发展。

（3）尊重儿童的游戏愿望，允许儿童对游戏有自己的见解和做法，支持儿童在游戏中大胆创新，大胆实践。

（4）多利用游戏化的方式进行教学活动，提高儿童学习的趣味性与适应性。

7. 保教合一的原则

学前教育机构的教育不同于其他任何学段的教育，其中一个重要标志就是学前教育机构不仅要对学前儿童进行体、智、德、美等全面发展的教育，而且还要照料好学前儿童的生活，保教合一，共同对儿童的健康发展形成良好的影响。把握这个原则应明确以下几点。

（1）树立正确的保教观念，把保育和教育看成是学前教育机构工作的两个方面，明确各自的职责。保育和教育是学前教育机构工作的两个方面，它们各自有自己独特的职责。保育工作侧重在为学前儿童的健康发展提供良好的物质条件、精心照料和管理学前儿童的生活；教育则侧重在启发儿童的智慧，培养儿童良好的行为习惯，帮助儿童在各种各样的活动中获得粗浅的感性经验，使儿童拥有必要的知识和技能，为其今后的学习打下良好的基础。这两个方面是学前教育机构工作不可分割的组成部分，应同时并重。

（2）保育和教育工作是彼此联系、相互促进和相互渗透的。在学前教育机构经常可以看到“保中有教，教中有保”的情景，保育工作和教育工作是在同一个过程中实现的。如某班在户外体育活动时，孩子们自由地玩着各种大型器械。忽然，有一个孩子爬到了攀登架的顶部，要下来时却害怕了，孩子着急地大声要求保育员把他抱下来。保育员走过去，张开双手对孩子说：“老师来帮助你，你别害怕。你的手拉住这条横杠，脚放在这里……”就这样指导着孩子自己下来了。当孩子自己下来后，马上兴奋地又开始向上爬。保育员不仅保护了孩子的安全，还成功地帮助孩子认识到自己的力量，树立了信心，保育和教育实现了充分的统一。

（3）保育员和教师在教育过程中应密切配合，共同完成教育目标。那种认为在学前教育机构教育孩子只是教师的责任，而保育员就是“干活儿的”认识是极其错误的。

第三章

对学前儿童的认识

著名教育家卢梭曾经说过："有一种人，他们生命力十分旺盛，他们一刻也不能停止探索，他们在享受快乐的游玩过程中认识世界……这种人就是学前儿童。"

第一节　生机勃勃的学前儿童

学前儿童是指从出生到入学前的儿童。近现代大量儿童生理和心理的研究结果证明，学前儿童无论在身体上还是心理上，都与成人有着极大的不同。他们在身体发展模式、认识事物的方式、情感和社会性发展的特点等各方面，都有非常独特的特点，与成人有着本质的区别。如果教育者对此没有正确而清醒的认识，就不可能对学前儿童的发展提供切实有效的帮助，教育对这种发展的促进作用就无从体现。

一、身体娇嫩、发展迅速的学前儿童

"身体娇嫩、发展迅速"是学前儿童身体发展的主要特点，即学前儿童在用"非常柔弱稚嫩的肌体担负着异常艰巨的生长发育任务"。在学前儿童身体的整个生长发育过程中充满着这样的矛盾，正是在诸多矛盾的解决过程中，学前儿童的身体在高速地向前发展着。

例如，一般而言，新出生婴儿的平均身高为 50 cm，第一年增长 24 cm，此后，一

直到 6 岁左右，平均每年以 10 ~ 12 cm 的速度快速增长。几个月甚至几个星期不见，你会惊喜地发现孩子又长高了很多。而这种事情要是发生在成人身上则会被认为是病态。学前儿童身体发展的这种高速度不会无限期地保持下去，其身体发展的速度是随年龄的增长而呈现递减趋势的，即身体的发展在一定阶段达到最高峰后开始进入发展的衰减期。因此，学前儿童身体的发展存在着关键期。如果在这个发展的关键期内，学前儿童没有得到很好的帮助，其在发展上所遭受的损失是难以弥补的。因为在以后的日子里，除了青春期，我们再也找不到像学前阶段这样，身体如此高速发展的时期了。

又如，解剖生理学的研究告诉我们，学前儿童的心脏容积相对较小，心肌的力量较弱，但学前儿童心脏每分钟跳动的次数却比成人要快许多。这是为什么呢？答案就在学前儿童身体发展的高速度上。

由学前儿童身体发展的高速度决定，其身体发展所需要的养料要远远超过成人，因此，学前儿童的新陈代谢速度比成人要快。而心脏正是通过血液的循环把身体各器官生长发育所需要的养料输送到身体的各个部分，但由于学前儿童心脏的解剖生理特点决定，学前儿童心脏每次跳动所搏出的血液量相对较少，学前儿童身体发展的一个矛盾就这样产生了，即需要多而供应少。为了使供需之间达到平衡，学前儿童的心脏只好加速搏动以解决这一矛盾，因此学前儿童心脏的负荷是很大的。如果不注意保护和锻炼，学前儿童心脏的功能就得不到提高，还有可能影响甚至阻碍孩子身体的发展。

因此，作为一名学前教育机构的保育员，如果能够把握住学前儿童身体发展的主要矛盾，在教育中就能充分认识到保护学前儿童的身体健康与促进学前儿童的生长发育是同等重要的事情，在加强营养、保障健康的同时加强学前儿童身体锻炼，并且做到锻炼得法、讲究科学，使学前儿童能够得到健康的发展。

二、活泼好动、热爱游戏的学前儿童

3 岁的明明总是爬上爬下不停地活动，嘴里还总是念念叨叨地说个不停。一会儿是黑猫警长，一会儿是机器勇士，爸爸开玩笑地称他为“生命不息、活动不止”的“共产主义战士”。尽管明明爸爸的看法有些偏颇，但从另一个侧面却反映了学前儿童在心理发展上的一个特点——活泼好动。

好动是儿童的天性。刚出生的婴儿如果不去束缚他的手脚，他的手脚会一刻不停高速地挥动，并且不知疲倦。如若一个成人也来照此频率挥动手脚的话，不出几分钟他就会大汗淋漓、疲惫不堪了。

儿童发展心理学的知识告诉我们，学前儿童大脑皮层抑制性反射产生的时间比兴奋性反射迟（一般认为 3 ~ 4 个月开始产生，但形成困难，有的孩子在 5 ~ 6 岁建立延缓抑制都很困难），大脑皮层的主动抑制过程比兴奋过程弱，年龄越小，神经的兴奋过程比抑制过程越占优势，兴奋也特别容易扩散。因此，学前儿童都比较好动，让他们活动比较容易，让他们安静比较困难。学前儿童的各种动作正是在这种不断活动的过程中得到了锻炼的机会并逐渐发展起来。即孩子们在走中学会了走，在跑中学会了跑……从新生儿时期只能躺在床上动动脑袋，到上学前不仅学会爬、走、跑、跳、投、钻等基本动作，还能完成一些更为复杂、更为高级的动作，学会一些需要较高技巧才能完成的运动，如游泳、滑冰、跳绳、拍球等活动。这是多么令人激动的事情啊！学前儿童所获得的这一切发展均来自那些看起来毫无意义的活动。因此，保证学前儿童活动的时间与空间，提供相应的活动器械和材料，允许学前儿童自由地活动，是促进学前儿童身心发展的关键。

下雨后地上有水，大人们都挑干净的地方走，只有一个 4 岁多的孩子专门往有水的地方踩，脏水溅了满身满脸，大人们都皱起了眉头，他却高兴得手舞足蹈。学前儿童心理学研究发现，学前儿童主要是通过亲身的体验、探索和实践来认识客观世界的。年龄越小，这种特点就越明显。学前儿童在认识世界的过程中，产生了这样一个矛盾——要求探索、发现、参与活动的愿望与其身心发展的水平之间不一致，即孩子的水平不能满足他们所有的愿望。于是，游戏诞生了。孩子们通过游戏，在假想的世界里满足自己的愿望，探索自己喜欢的世界。这就是学前儿童最喜欢游戏的主要原因之一。

因此，各种各样丰富多彩的活动不仅是学前儿童心理发展的需要，也是学前儿童认识客观世界最重要的媒介。教育者应该提供大量的机会和条件，保证学前儿童能够有足够的时间和空间进行体验活动、探索活动和实践活动，在教育中尽可能地支持和鼓励学前儿童开展各种各样他们喜欢的游戏活动。因此，保育员应该成为儿童满足需要、达成愿望的支持者和鼓励者，而不是儿童活动的限制者。

三、喜爱模仿、勇于实践的学前儿童

明明的妈妈是一位教师，业余时间总是在家里备课。一天，3 岁的明明拿着一张纸问妈妈：“妈妈，你看我备的课好吗？”妈妈一看，笑了好半天。原来，明明很认真地在纸上整整齐齐地画了一行又一行的小黑疙瘩，他以为这就是在“备课”。

学习心理学的研究表明，模仿是学前儿童学习的主要方式之一。他们的学习是从模仿开始的。模仿在学前儿童语言的习得、动作的发展及社会性发展等方面起着很重要的作用。对学前儿童来说，具体生动的榜样比单纯的说教更符合他们的认知特点，因而也更具感染力和影响力。

受学前儿童具体形象性思维为主的特点影响，他们对成人的模仿主要停留在表面的、具体的、外部的行为与动作上，有时还不能准确地理解成人行为背后的含义。对成人行为，特别是那些与他们朝夕相处的保育员行为的模仿，他们最常采用的办法是“拿来主义”，即不管好坏，一律模仿。因此，作为深受学前儿童尊重和爱戴的学前教师，在日常的教育工作中，一定要规范自己的行为，不断提高自身的素质，处处严格要求自己，使自己的言谈举止都能成为学前儿童的榜样，为学前儿童的发展提供最有效的帮助。

四、好奇好问、喜欢探索的学前儿童

3 岁的明明趴在鱼缸前好半天了。突然，他把手伸进鱼缸里抓起了一条鱼。小小的鱼儿离不开水，不一会儿，小鱼就死了，明明吓得哭起来……妈妈跑过来问：“你为什么把鱼掐死了？”明明委屈地说：“我没有掐死小鱼，我是想让它到岸上透透气！它在水里多憋得慌啊。”“你怎么知道它在水里憋得慌呢？”妈妈问。明明说：“昨天我在游泳班，教练把我放到水里后我就喘不上气来，憋得很难受。小鱼天天在水里待着，它多难受啊，所以我把它拿上来了。”原来孩子不是想“迫害”小鱼，而是想帮助它。他用这种方式来表现他的探究心理。

如前所述，从出生开始，学前儿童在身体上和心理上迅速地发展起来。丰富多彩的大千世界对他们来说既新鲜又有趣，孩子们对什么事物都感兴趣，什么都要问一问，什么都要摸一摸。学前儿童的问题可以说是千奇百怪，涉及的领域非常广泛。如，有的孩子会问：“雪是白颜色的，雪化了，白颜色到哪儿去了？”有的孩子会问：“为什么我可以看到电视里的阿姨，而阿姨却看不到我？”也有的孩子会问：“为什么我们不能像鸟一样地飞行？”这些问题反映了孩子探索世界的兴趣和好奇心。

学前儿童的好奇不光表现在爱问问题上，还表现在喜欢动手尝试和探索上。我们经常可以看到这样的情景：在户外活动时，一群孩子长时间地趴在地上观察蚂蚁是如何搬家的，以至于忘记了集合，保育员叫了几次都听不见；小孩子趁家长不在，把家里的钟表拆了，为的是看看它是怎么走的；小孩子把妈妈的口红当成油画棒，还高兴地告诉妈妈：口红不仅能往嘴上画，还能当画笔用……所有这些都是孩子好奇、好问的另一种表现方式，同样也反映了孩子对世界的探索心和求知欲。

作为一名保育员，应该以正确的态度对待孩子的问题。因为好奇、好问是儿童智慧的火花，是他们进一步探索、求知的基础，因此，当孩子问问题时，保育员应该耐心细致、简单通俗地给予解答，保护好孩子的好奇心。对一时解答不了的问题，保育员要与孩子共同讨论，一同追寻问题的答案；当孩子因为探索行为而毁坏了一些东西时，保育员不能只是一味地责备、惩罚，而应首先对其探究的意识加以肯定，再对孩子讲清道理。只有这样，才能保护好孩子的好奇心，进一步激发其求知、求学的意识和行为，为其今后形成良好的学习态度和习惯打下好的基础。

五、个性独特、充满差异的学前儿童

9 月 1 日是学前教育机构新生入园的第一天，家长陆续把孩子送到学前教育机构。3 岁的明明由奶奶陪着来到幼儿园，入园第一天，他的表现令保育员惊讶不已。他一到班里就兴奋得到处跑、到处摸，什么东西都新鲜。一面摸，一面叫：“啊！啊！这么多好玩儿的啊！”一会儿，就把班里所有的玩具都翻了个遍。整个上午，他都是在兴奋和激动当中度过的。离园时他甚至都不肯回家。小红是由爸爸陪着来幼儿园的，入园第一天，她的表现让爸爸担心不已。因为小红一直不肯放开抱着爸爸腿的手，整个上午一直不肯离开爸爸半步，什么玩具和游戏都不能引起她的兴趣，整个上午她只反复说一句话：“我们回家吧，我们回家吧。”在对新环境的适应上，两个孩子各自表现出了非常独特的特点。

“六一”儿童节快到了，保育员教小朋友跳舞。保育员先给小朋友们表演了一遍，有的孩子在认真看，有的孩子则在偷偷地玩，根本不看保育员。当保育员开始教的时候，有的孩子反应很快，一下子就学会了；有的孩子则反应比较慢，总是学不会。显然，在身体动作的模仿学习上，孩子们的差异也很大。

由此可见，尽管学前儿童在发展中表现出一定的年龄特征，但教育者不能因此而忽略了儿童之间存在的个体差异。孩子们不仅在行为的速度、灵活性和强度上存在差异，在兴趣、爱好、水平、需要、学习方式等各个方面的差异也是显而易见的。作为教育者，保育员不仅要了解这些差异，而且还应该针对儿童之间的差异设计出不同的教育方案，使每个孩子都能受到适合的教育影响。那种千人一面的教育，是不能收到满意的教育效果的。

总之，学前儿童是独特的，有他们独特的发展特点和发展规律。正如蒙台梭利认为的那样，儿童存在着与生俱来的“内在的生命力”，这种生命力是一种积极的、活动的、发展着的存在，它具有无穷无尽的力量。教育的任务是激发和促进儿童的“内在生命力”的发现，并按其自身规律获得自然的和自由的发展。

第二节　影响学前儿童发展的一些重要因素

一、自身特点对学前儿童发展的影响

对学前儿童发展有重大影响的学前儿童自身方面的因素，主要是其遗传素质和个人特点。

1. 遗传素质

遗传素质是人从祖先那里继承的、通过遗传物质 DNA 传递的解剖生理方面的特点，如人的肤色、体形、五官、身高、神经组织的类型等。

遗传素质是人发展的物质基础，为人的发展提供了可能性。人正常的生理、心理活动必须以正常的遗传素质为基础。如一个先天的盲人不可能成为画家，一个无脑畸形儿也不可能成为思想家。

遗传素质还对人身体的各器官、系统的成熟时间进行控制。它制约着儿童身心发展的过程和阶段，为在一定阶段儿童身心特点的出现提供了可能性和限制。同时，遗传素质也制约着环境对儿童的影响。如儿童语言的习得是以儿童发音器官的发展、思维能力的发展等为基础的，没有这样的基础，儿童就不可能习得语言。那些标榜能够让新生儿强化训练几个月后就可以习得语言的做法，是没有科学根据的。

遗传素质的差异还带来儿童发展上的差异。这种差异不仅表现在儿童的体态、相貌上，还表现在儿童高级神经系统的生理机能上，进而对儿童的智慧、个性、能力等方面的发展产生影响，形成不同的个体差异。如神经活动过程灵活性较高的儿童，思维就比较敏捷，而神经活动过程灵活性较低的孩子，则比较执拗。

遗传素质虽然对学前儿童的发展起重要作用，但它不能单一地决定儿童的发展，它只是为儿童的发展提供了某种潜在的可能性，而这种可能性能否转化为现实，并在何种程度上转化成现实，则依赖于儿童所处的环境。在整个发展过程中，随着儿童年龄的增长，其他因素对发展的影响作用逐渐增强，遗传素质对发展的影响呈递减趋势。因此，在教育中我们既要重视遗传素质对发展的影响，充分发挥其优势，又要对遗传素质的作用有正确的认识，不能无限夸大它的作用。

2. 个人特点

个人特点是指个体出生后在与环境的相互作用中所形成的独特的特点。

每个孩子的个人特点主要表现在能力、需要、经验、情感、兴趣、认知特点、认知方式、性格特征等方面。如有的孩子胆子大，有的孩子胆子小，有的孩子爱唱歌，有的孩子喜欢舞蹈，等等。这些特点都是孩子在出生后，在主动与环境中的人和物相互作用中形成的。这些个人特点也制约着孩子的发展。

学前儿童在发展的过程中，对于来自外界的影响，他们不是全盘接受，而是根据自己的需要、兴趣和水平有所选择。在这个过程中，儿童是主动的，儿童个人的特点对选择起主要作用。

例如，一个保育员给全班小朋友讲了许多英雄故事，希望孩子们能学习英雄的行为，变得勇敢起来。一天，一条虫子落到了小红的背上，小红吓得大哭起来。保育员走过来拍拍小红的头，安慰她说："别怕，保育员不是给你们讲过英雄解放军的故事吗，你应该勇敢一点……"这时明明也走过来，把虫子拿下来放在手上对小红说："别哭了，一条虫子有什么可怕的，我还敢把它放在手里玩儿呢！"说着把虫子伸到小红的面前，小红吓得转身就跑，早把保育员讲的英雄的故事忘在了脑后。

因此，不同的孩子对相同的环境可能会做出不同的反应，不同的环境对同一个孩子亦可能因为孩子当时的选择不同而产生不同的影响。个人特点在这个过程中起很重要的作用，教育者对此要有清楚的认识。在教育过程中，保育员应该以动态的、发展的眼光看待学前儿童，及时了解孩子的水平、需要、兴趣、爱好、学习方式、性格特征等个人特点，为每个儿童提供适宜的教育影响。

二、环境因素对学前儿童发展的影响

我国著名教育家陈鹤琴先生曾经说过："小孩子生下来大都是好的，到了后来，或者好，或者变坏，这是环境的关系。环境好，小孩子容易变好；环境坏，小孩子就容易变坏。"

1. 环境因素的分类

环境是指一切能对学前儿童的发展产生影响的外部因素的总和。按类型分，环境可分为自然环境和人类生活的社会环境两部分。自然环境是指人类赖以生存和发展的一切自然条件的总和，如空气、水、气候、食物、地理位置、生物资源等。社会环境则是指人类在共同生活的过程中所形成的物质文化、精神文化和社会关系的总和，如社会政治、经济、文化等内容。

按范围分，环境又可以分为大环境和小环境两部分。大环境是指自然环境和社会政治、经济、文化、风俗习惯等。小环境是指学校、家庭、社区、儿童交往的小群体等。

2. 对学前儿童产生影响的主要环境因素

在影响学前儿童发展的诸多因素中，环境因素起决定作用。对学前儿童发展影响比较大的社会环境主要是家庭、学校和社区等因素。

（1）家庭环境对学前儿童发展的影响

家庭是儿童生活的最基本的社会单位，也是对其发展有重大影响的环境因素之一。儿童年龄越小，家庭环境对他们的影响越大。

学前儿童与父母有着天然的血缘关系，这是任何关系都无法替代的。他们每天有大量的时间与父母生活在一起，父母的言行举止、待人接物的方式等无时无刻不在影响着他们。可以说父母是孩子的第一任教师。每个孩子都从自己的家庭生活中获得独特的行为与习惯，养成不同于他人的为人处世的态度与方式，形成自己独特的特点。

良好的家庭环境有利于学前儿童的发展，而不良的家庭生活环境则会给学前儿童的发展带来极大的伤害。古今中外许多事例都证明了这一点。例如，有的家长下班回到家，除了看电视就是打麻将，从来不读书、看报。生活在这样家庭的孩子极有可能向其父母学习，养成不爱读书的习惯。又如，有研究表明：家庭生活的氛围在学前儿童社会性发展的进程中起着非常重要的潜移默化的影响。吵吵闹闹、剑拔弩张的家庭生活氛围，会让孩子感到极不安全，久而久之，会给其社会性的发展造成伤害。

因此，帮助每一个家庭创造尊重平等、和谐温馨、鼓励支持、清洁安全的家庭生活环境，搞好家庭教育，是每个教育者义不容辞的责任。

（2）幼儿园环境对学前儿童发展的影响

幼儿园环境是影响学前儿童发展的主导环境。在所有的环境因素中，幼儿园环境对学前儿童的影响最大。

1）幼儿园担负着教育儿童的重任。同家庭一样，幼儿园也是学前儿童每天生活的地方。在幼儿园中，每天由受过专业训练的教师和保育员对学前儿童进行大量的根据他们身心发展需要而设计的有目的、有计划、有组织的教育活动，在活动中教师和保育员不断地观察儿童的反应，不断调整自己的教育影响，使每个儿童都能得到适合的教育。同时，幼儿园的环境氛围、文化品位、人际关系等因素也在潜移默化地影响着学前儿童。因此，幼儿园不仅要根据学前儿童的特点设计合适的教育方案，还要非常注意幼儿园文化的建设，规范教师和保育员的言行举止，创造和谐宽松、积极向上的环境，使学前儿童受到良好的环境熏陶，促进学前儿童的发展。

2）幼儿园还担负着筛选、协调、整合各种对儿童发展有影响的因素的职责。对学前儿童发展有影响的因素有很多，要想使它们都对儿童发展产生好的影响，就必须做好筛选、协调和整合的工作。由于幼儿园是专门研究和实施教育的机构，在筛选、协调、整合各种因素方面占有一定的优势，因此，筛选、协调和整合对儿童教育的各种影响因素的工作应该由幼儿园完成。

3）与家庭和社区共同创设适合学前儿童发展的良好环境。作为影响学前儿童发展的主导环境的幼儿园，不仅担负着教育孩子的责任，而且还担负着指导家长、与家庭和社区合作的重任。在教育中，保育员应该主动与家长接触，了解孩子在家庭里的情况，与家长共同分析孩子的特点和需要，帮助家长解决教育过程中遇到的困难和问题，使他们掌握一些与学前儿童交往的技巧和教育学前儿童的正确方法，使家庭教育和学校教育形成合力，共同促进学前儿童的发展。同时，幼儿园还应该主动与社区取得联系，关心、帮助社区教育的发展，参与社区文化的建设，充分发挥社区内各种资源对教育的作用，对各种不良的因素加以控制和筛选，使社区形成对学前儿童发展有利的小环境。

（3）社区环境对学前儿童发展的影响

社区是在一定地域内的人群从事经济、政治、科学文化活动，并由此构成一定的生产关系与社会关系的小社会。在影响学前儿童发展的诸多环境因素中，社区环境由于其广泛性、潜移默化性和不可控性的特点决定，对学前儿童产生的影响是最复杂的。

对学前儿童来说，其生活的社区是他们最熟悉的社会环境。社区的物质和精神文化环境在儿童的成长过程中起着重要的影响作用。古代孟母之所以要三迁其家，就是为了要给小孟子提供一个良好的社区环境，使小孟子可以受到良好的环境熏陶。

一个环境幽雅、美观，充满自然情趣的社区环境，可以陶冶学前儿童的性情，而一个到处充斥着垃圾、废物的社区环境，则会干扰甚至妨碍学前儿童良好习惯的形成。如，有一个街区上的人们风行饲养宠物，为了保持自己家的干净整洁，人们总是把宠物带到室外的草坪上，甚至在马路上去大小便。不久，原本茵茵绿草和整洁的马路上就留下了很多宠物们的粪便。孩子生活在这样的环境中怎么会形成爱护自然、保护自然的意识和态度呢？有的社区则非常注意环境的美化和文化的建设。社区内的绿地有居民来主动认养，社区内的公共设施也有专人维护，使它们常年保持干净、整洁。社区内的居民都像爱护自己的家一样爱护社区的环境，路灯坏了有人修，路面脏了有人扫，饲养宠物的人们带着宠物到户外玩的时候，大都带着一些废报纸和塑料袋，以便在宠物排泄粪便后收拾好。社区内还有居民自发组织的互助组，以用自己的一技之长为别人服务而感到无比自豪和快乐。儿童生活在这样环境优美的社区中，每天感受着人与人之间相亲相爱的关系，体会着帮助别人和被别人帮助的乐趣，对萌发他们初步的道德情感、形成良好的行为习惯是非常有益的。

因此，社区环境也是学前儿童发展的重要影响因素，教育者要把帮助社区建立优美的环境和高雅的文化，作为自己教育工作的一部分。

第四章
婴幼儿各系统的生理卫生

第一节　运 动 系 统

运动系统由骨、关节和骨骼肌三部分组成，是人们从事劳动和运动的主要系统。

一、婴幼儿运动系统的特点及保育

1. 婴幼儿骨骼的特点及保育

（1）骨骼的发育特点及保育

1）特点。婴幼儿的骨骼含蛋白质多、钙磷少，所以柔软、弹性大、硬度小，受压容易变形弯曲。

2）保育方法。培养婴幼儿形成正确的姿势；注意婴幼儿钙、磷、维生素 D 等营养物质的摄取；坚持户外运动，刺激骨骼的发育。

（2）各部分骨骼的发育特点及保育

1）颅骨要经过闭合过程

①特点。前囟门闭合的时间为 1 ~ 1.5 岁。婴儿的颅骨骨化尚未完成，骨的边缘彼此还没有镶嵌起来，存有一些骨缝，胎儿经过产道时，骨缝可以使胎儿的头颅变得狭长，以便顺利通过产道娩出。同时骨缝的存在有利于婴儿脑组织的生长。这些缝的地方由结缔组织膜相连，膜的部分叫囟门。在婴儿的额骨和顶骨之间有一个菱形的前囟门，比较大，其正常的闭合时间是 1 ~ 1.5 岁。当患有营养不良或佝偻病时，骨化

过程发生障碍，囟门闭合较晚，应去医院进行检查。

②保育方法。注意囟门的清洁卫生，及时清理头皮表面的积垢。注意保护囟门的安全，远离尖锐、具有伤害性的物品。

2）腕骨未完全骨化

①特点。婴幼儿腕骨的发育是逐渐进行的。新生儿的腕骨是由软骨组成的，7岁左右儿童腕骨才有比较明显的骨化，10 ~ 13岁儿童腕骨的骨化才完成。

②保育方法。婴幼儿的腕骨、掌指骨都未骨化，承受重物的能力很差，手部动作的耐力差，极易疲劳。所以在婴幼儿的生活中应注意：第一，婴幼儿使用的玩具宜轻不宜重；第二，婴幼儿从事手部的游戏不宜过于细腻，时间不宜过长，如折纸、用剪刀、写字绘画、弹钢琴等；第三，保育员不能强迫婴幼儿搬运力所不能及的重物或从事成人的劳动，如搬运幼儿园的桌椅、运动器械、被褥、全班的饭菜等；第四，应适当锻炼婴幼儿的掌、指骨，如撕纸、捏泥等。

3）脊柱生理弯曲尚未定型

①特点。脊柱是人体的支柱，它在人体的前后方向上呈现4个生理弯曲，即颈前曲、胸后曲、腰前曲和骶后曲。生理弯曲的作用是缓冲振荡、平衡身体。人的生理弯曲是随着动作的发展而出现的。3个月，会抬头，出现颈前曲；6个月，会坐，出现胸后曲；1岁，会行走，出现腰前曲。这些弯曲开始形成时都不固定，横卧时便消失。只有到生理成熟期，生理弯曲才完全固定。

②保育方法。婴幼儿脊柱生理弯曲尚未定型，不良的体姿及一切可能导致不良体姿的因素，如睡软床、桌椅比例与身材不相匹配等都可以导致脊柱变形，脊柱的功能也将受到影响。脊柱的保育措施是：

a. 培养婴幼儿良好的体姿。正确的体姿是指坐、立、行走时的正确姿势，坐时，两脚平放在地上，背部挺直，不耸肩，身子坐正；站时，身子正，腿不弯，抬头挺胸；行走时，抬头挺胸，不全身乱扭。

b. 婴幼儿的生活用品应该符合健康的要求。婴幼儿不睡软床；婴幼儿使用的桌椅高矮要以身材比例而不应以年龄为标准；婴幼儿负重不得超过体重的1/10，背双肩带的书包。总之，健美的体姿不仅使人看上去有精神，还可以预防驼背和脊柱侧弯。

4）骨盆未长成一块完整的骨骼

①特点。成人的骨盆已经骨化为完整的骨骼，而婴幼儿的骨盆与成人不同，它是由若干块骨头借助软骨连接在一起的，一般要到25岁才能成为一块完整的骨骼。

②保育方法。不让孩子过早地穿高跟鞋。在组织活动时，不要让婴幼儿从较高的

地方跳到坚硬的地面上，以免使未愈合的骨盆出现移动、错位，导致骨盆畸形。

2. 关节的发育特点及保育

（1）特点

婴幼儿关节附近的韧带较松，关节窝较浅，在过度牵拉的情况下容易脱臼。婴幼儿较为常见的脱臼是肘关节半脱臼，即“牵拉肘”。

（2）保育方法

成人在带着婴幼儿上楼梯、过马路或帮助婴幼儿穿脱衣服时，应避免用力牵拉、提拎孩子的手臂。

3. 婴幼儿肌肉的发育特点及保育

（1）特点

1）婴幼儿的肌肉容易疲劳。

2）大肌肉群发育早，小肌肉群发育晚。人的走、跑、跳等大肌肉的动作发展较早，而手部小肌肉的动作则发展较晚，因此，婴幼儿完成精细动作还十分困难，很难十分熟练地系扣、绘画、使筷子。

（2）保育方法

婴幼儿一日生活内容的安排要动静交替，避免长时间保持一个姿势，以免造成婴幼儿的疲劳。在组织婴幼儿户外活动时，要注意激烈运动和安静游戏交替进行，适时休息，避免过度疲劳。在锻炼婴幼儿大肌肉的同时，要注意小肌肉的训练，让婴幼儿穿珠、拾豆子、系扣子、使勺子和筷子等，都可以起到锻炼手眼协调、手部精细动作等能力的作用。

二、保育小结

1. 培养婴幼儿坐、立、行的正确姿势，婴幼儿生活用品的准备和使用要得当。
2. 多进行日光下的锻炼，日光和锻炼是婴幼儿骨骼生长的“营养素”。
3. 身体的锻炼要全面、均衡、多样化。
4. 注意运动的安全。

第二节 呼吸系统

一、呼吸系统的简介

呼吸系统由鼻、咽、喉、气管、支气管、肺组成。肺是气体交换的场所。其余的器官是气体的通道。鼻、咽、喉被称为上呼吸道，气管和支气管被称为下呼吸道。

1. 鼻

鼻是呼吸道的开始部分，也是嗅觉器官。鼻腔的作用是：鼻毛过滤空气；鼻黏液阻挡、吸附灰尘和细菌；黏液能湿润空气；黏膜上的血管能温暖空气；黏膜上的嗅觉细胞能够产生嗅觉。

2. 咽

咽是呼吸和消化系统的共同通道。在鼻咽部两侧壁上有一对小管的开口，小管与中耳相通，这一对在鼻咽部后侧上方通向中耳的小管叫耳咽管，也叫咽鼓管。咽向下与食道相连，所以，咽是呼吸系统和消化系统共同的通道。

3. 喉

喉是呼吸的通道，也是发音的器官。喉腔的支架是软骨，它可以保持气体的畅通。喉腔的支架有甲状软骨、环状软骨和会厌软骨。

会厌软骨形状如树叶，是喉口的盖，其作用是掌管喉口的开放与闭合。吸气时，会厌软骨打开，使气流通过；吞咽时，会厌软骨反射性地盖住喉口，食物滑入食道，不会落入气管。

在喉腔中部侧壁上，左右各有一条声带。吸气时，声带放松，声门裂扩大，便于气流通过；说话时，声带收缩拉紧，呼出的气流使声带发生振动，进而发出声音。

4. 气管与支气管

气管和支气管管壁内覆盖着有纤毛的黏膜，能分泌黏液，粘住空气里的灰尘和细菌。黏膜上的纤毛不停地自下而上向咽喉方向摆动，将尘粒和细菌随黏液一起运送到咽，经咳嗽排出体外，这就是痰。痰是呼吸道的垃圾。

5. 肺

肺位于胸腔内、心脏的两侧，是气体交换的场所。

二、婴幼儿呼吸系统的特点及保育

1. 鼻腔的特点及保育

（1）鼻腔

1）特点。婴幼儿鼻腔短小、狭窄，黏膜柔嫩，容易感染和鼻堵。

2）保育方法

①擤鼻涕的正确方法。当婴幼儿鼻腔内有大量的鼻涕时，不应用手挖，应该擤出来。正确的擤鼻涕的方法是：轻轻堵住一侧鼻孔，先擤一侧，然后再擤另一侧。擤鼻涕时不要过于用力，不要把鼻孔全捂上使劲擤。

②鼻堵的正确处理。婴幼儿鼻堵时，可遵照医嘱用滴鼻药，或采用热敷、清洗、按摩鼻部等方法。孩子鼻子通畅，才能吃得饱，睡得香。

3）用口呼吸的危害。婴幼儿鼻腔堵塞后会影响睡眠和进食，甚至会导致用口呼吸。用口呼吸不利于健康，睡眠时张口呼吸，会鼾声大作，睡眠不安，白天精神萎靡；用口呼吸易给病菌造成入侵的条件，引起鼻炎、扁桃体炎、喉炎等；长时间用口呼吸，会引起上唇翘起，开唇露齿；因呼吸浅，肺部扩张不全，可致“漏斗胸”；吃饭时忙于喘气，则“囫囵吞枣”，日久会消化不良，易患贫血。由于氧气和营养供应不足，婴幼儿的身心发育均受到影响。所以，要及时发现和治疗造成用口呼吸的病因，纠正用口呼吸的习惯。

4）不要养成在脸上和鼻孔内乱抠的习惯。在面部、口、鼻周围的皮肤里，血管很丰富，其静脉与颅内静脉相通。面部长疖子一定不能挤压，以免将细菌挤进静脉，随血液流入颅内，引起颅内感染，甚至危及生命。这就是所谓的“面无善疮”，所以应培养婴幼儿不在脸上乱抓乱摸的习惯。

（2）鼻部易出血区

1）特点。鼻部易出血区在鼻中隔的前下方，鼻黏膜柔嫩，血管密集，表浅。挖鼻孔、擤鼻涕太用力、空气太干燥、发烧等原因，都会引起鼻出血。

2）保育方法。鼻出血的处理见第十四章第二节“婴幼儿意外事故处理”。

2. 耳咽管的特点及保育

（1）特点

婴幼儿的耳咽管短、粗、平直，易患中耳炎。耳咽管的开口在平时是关闭的，若擤鼻涕过于用力，会使耳咽管打开，鼻腔的细菌会进入中耳，引起中耳炎。

（2）保育方法

如果鼻腔堵塞，应按正确的方法擤鼻涕，擤鼻涕避免过于用力。

3. 喉腔的特点及保育

（1）会厌软骨

1）特点。会厌软骨反应迟钝。婴幼儿神经系统对会厌软骨的调节能力较差，喉头反应迟钝，若在吃食物时说笑、哭泣，食物容易呛入气管，造成气管异物而危及生命。

2）保育方法。保育员在工作中应格外细心，婴幼儿在吃饭时，不批评他们，也不催促他们吃饭，让他们安静进餐。教育婴幼儿不说笑打闹，待他们将碗中的食物全部咽下，才可以离开饭桌，防止口含食物外出游戏。吃午点和零食时更应注意，吃光后才能去玩，防止他们将零食放在口袋里玩耍时食用，此时极易出现异物进入呼吸道。晨检时要检查他们的口袋，避免他们将小玩具和食物带入教室，防止异物入呼吸道。

（2）声带

1）特点。婴幼儿的声带肌肉娇嫩，容易疲劳。如果长时间地大声喊叫容易引起声带疲劳，声音嘶哑。

2）保育方法

①教师应注意婴幼儿说话和唱歌习惯的培养，用好听的声音说话，不大喊大叫。多唱幼儿歌曲，唱歌和说话的时间都不应过长。

②选择或提供适宜的唱歌场所。保育员应在婴幼儿唱歌前对唱歌场所进行湿性扫除，保持唱歌的场所空气新鲜湿润，避免尘土飞扬。

③在寒冷季节，提醒婴幼儿不在寒风中大声喊叫、歌唱。伤风感冒要多喝水、少说话。

（3）气管与支气管

1）特点。气管、支气管容易感染。婴幼儿的气管和支气管壁较狭窄、娇嫩，分泌黏液少而干燥，纤毛运动较差，自净能力差，易引起呼吸道感染，以致呼吸困难。

2）保育方法。保证婴幼儿的生活环境空气新鲜，少烟尘、少污染。

（4）肺

1）特点。婴幼儿胸腔狭窄，肺泡数量少，容量也小，肺活量小，呼吸频率快。年龄越小，呼吸次数越多。因为婴幼儿新陈代谢旺盛，对氧气的需要量大，而肺活量小，每次呼吸带来的氧气少，所以，只有加快呼吸的频率，才能满足机体的需要。不同年龄段婴幼儿每分钟的呼吸次数见表 4-1。

表 4-1　不同年龄段婴幼儿每分钟呼吸次数

年龄	呼吸次数	年龄	呼吸次数
新生儿	40 ~ 45	4 ~ 7 岁	20 ~ 25
2 ~ 3 岁	25 ~ 30		

婴幼儿的呼吸以腹式呼吸为主。婴幼儿胸腔狭窄，肋间肌肉力量小，其呼吸主要靠膈肌的上下运动来完成，所以婴幼儿以腹式呼吸为主。婴幼儿喘气时，很难看到胸脯的运动。婴幼儿的呼吸次数主要通过腹部的起伏观察，每一起一伏算一次呼吸。

2）保育方法。婴幼儿生活的环境应该空气清新，少污染。户外空气新鲜，含氧量高，应多让婴幼儿进行户外活动，以获得丰富的氧气。保育员应该做好活动室、寝室的开窗通风工作，以保证婴幼儿获得充足的氧气，减少疾病传播的机会。

三、保育小结

1. 培养婴幼儿的好习惯：用鼻呼吸；掌握正确擤鼻涕的方法；不随地吐痰；不蒙头睡觉；不乱挖鼻孔。
2. 开窗通风，保持室内空气新鲜。
3. 保护婴幼儿的“金嗓子”。

第三节　循环系统

人体的新陈代谢需要不断地得到氧气和养料，同时又要把体内产生的二氧化碳和废物不断地排出体外，这个过程由循环系统完成。循环系统包括血液循环系统和淋巴循环系统。

一、循环系统的简介

血液循环系统包括血液、心脏、血管。心脏和血管组成一个遍布全身的封闭的管道系统。心脏是血液循环的动力器官；血管是运送血液的管道，包括动脉、静脉和毛细血管。血液由心脏搏出，经动脉、毛细血管、静脉再返回心脏，如此周而复始。血液在循环全身的过程中，把携带的氧气和营养物质输送给组织和细胞，再把二氧化碳和代谢废物运送到肺和排泄器官。

血液由血浆和血细胞组成，血细胞由红细胞、白细胞、血小板组成。红细胞能够运输氧气和二氧化碳，主要成分是血红蛋白，血红蛋白是含铁的蛋白质，它能够帮助红细胞运输氧气和二氧化碳。红细胞和血红蛋白减少到一定程度就称为贫血。白细胞的作用是产生抗体、防御疾病、保护人体。血小板的作用是促进止血，加速血液凝固，血小板减少会使出血时间延长。

淋巴循环是血液循环的一部分，它由淋巴管和淋巴结组成，淋巴细胞具有吞噬细菌的作用。人体最大的淋巴结是扁桃体。

二、婴幼儿循环系统的特点及保育

1. 血液

（1）特点

婴幼儿易贫血，且血液凝固慢。

（2）保育方法

婴幼儿需要补充铁和蛋白质，防止贫血。血红蛋白是由铁和蛋白质组成的，健康婴幼儿每 100 mL 血液中血红蛋白不低于 12 g。为婴幼儿补充丰富的铁和蛋白质可以防止婴幼儿患缺铁性贫血，应让婴幼儿多吃含铁和蛋白质丰富的食物，如猪肝、瘦肉、芝麻酱、蛋黄、豆制品等。

平时注意安全，避免跌倒和磕碰及锐器划伤，防止出血事件的发生。

2. 心脏

（1）心跳

1）特点。婴幼儿心跳快，年龄越小，心率越快。这是因为婴幼儿心肌薄弱，心脏容量小，每次收缩射出的血液量少，为了满足新陈代谢的需要，心跳较成人快。不同年龄段婴幼儿心跳次数见表 4–2。

表 4–2　不同年龄段婴幼儿心跳次数（平均值）

年龄	每分钟心跳次数	年龄	每分钟心跳次数
新生儿	140 左右	2 ~ 6 岁	110 ~ 95
1 岁内	120 左右		

2）保育方法

①适度锻炼有利于心脏。经常进行体格锻炼，可以使心肌粗壮结实，提高心肌工作能力及血管壁的收缩能力，促进循环系统的发育。但身体锻炼要适度，避免运动量

过大，身体疲劳。疲劳的表现是：恶心、面色苍白、心慌、大汗淋漓，甚至吃不下饭、睡不着觉。

②动静交替，劳逸结合。休息有利于心脏的健康，婴幼儿每日生活内容的安排应该有条理、有规律，动静交替、劳逸结合，避免心脏过度疲劳。

（2）脉搏

1）特点。婴幼儿脉搏不稳定，容易受各种因素的影响，如进食、运动、哭闹、发热等，体温每升高 1 ℃，脉搏增加 10 ～ 20 次，运动时脉搏也会有明显的增加。因此，应在婴幼儿安静时测量他们的脉搏，这样较为准确。如果婴幼儿脉搏显著增快，睡眠时也不见减慢，应考虑有心脏的疾病。

2）保育方法。测量脉搏应在婴幼儿安静状态下进行。

3. 淋巴结

（1）特点

1）扁桃体。扁桃体是人体最大的淋巴结，4 ～ 10 岁时达到发育的高峰，所以婴幼儿常因呼吸道的感染而患扁桃体炎。

2）颈部淋巴结。人体表面的一些部位的淋巴结可以摸到，主要分布在颈部、腋下、大腿根等处。这些淋巴结分别负责清除人体不同区域淋巴液中的病菌。颈部淋巴结负责头、面部淋巴液的清除工作，当婴幼儿患口腔炎、扁桃体炎、中耳炎或头上长疖子，都可使颈部淋巴结肿大。

（2）保育方法

幼儿园在进行晨、午检查时应把淋巴结和扁桃体的检查作为重要的内容之一，以便及时发现感染，及早给予治疗。

三、保育小结

1. 适度锻炼可以强心。

2. 科学饮食，多吃含铁丰富的食物防贫血。形成良好的饮食习惯，预防动脉硬化。

第四节　消化系统

一、消化系统的简介

消化是指食物通过消化管的运动和消化液的作用，被分解为可吸收成分的过程。消化系统由消化管和消化腺两部分组成。消化管包括口腔、咽、食道、胃、小肠、大肠、肛门等。消化腺主要有唾液腺、胃腺、肠腺、肝脏和胰腺等。

消化过程：消化管是通过牙齿的咀嚼和胃肠的蠕动，将食物磨碎、搅拌，与消化液混合，并向肛门方向推进。消化腺分泌的消化液与食物相混合，食物在消化液中消化酶的作用下，可被分解为可吸收的物质。消化好的营养物质被吸收进入血液，剩下的食物残渣则变为粪便，通过肛门排出体外。

二、婴幼儿消化系统的特点及保育

1. 牙齿及口腔

（1）牙齿

1）乳牙

①生长情况。乳牙共 20 颗，出牙时间一般为出生后 6 ~ 8 个月，2.5 岁左右基本出齐。出生后 4 ~ 10 个月出第一颗牙均属正常。从 6 ~ 7 岁开始，乳牙松动，先后脱落，逐渐换上恒牙。13 岁左右换牙完毕，共 28 ~ 32 颗。

②乳牙的作用

a. 咀嚼食物，帮助消化。出牙后，食物由流质逐渐过渡到半流质、固体，通过咀嚼，人体才能对这些食物进行消化吸收。

b. 促进颌骨的发育。婴幼儿时期正是颌面部迅速发育的时期，咀嚼的刺激可以使颌骨正常生长，使面容自然、和谐。

c. 有助于准确地发音。

d. 诱导恒牙的萌出。乳牙整齐有利于诱导恒牙顺利地萌出；相反，则容易引起恒牙的排列不齐。

③乳牙的特点。牙釉质薄，牙本质软脆，牙髓腔大，易患龋齿。当食物残渣在乳酸杆菌等产酸细菌的作用下产生酸，酸使牙齿脱钙，出现小洞，就形成龋齿。

④保育方法

a. 注意营养和日晒。钙、磷等无机盐是构成牙齿的原料，需要从饮食中获得，人的皮肤在阳光中紫外线的照射下，可以产生维生素 D，维生素 D 促进钙、磷的吸收，所以营养和日晒必不可少。乳牙的钙化始于胎儿 5 ~ 6 个月，所以，乳牙的坚固与否取决于孕妇的营养状况。从出生到 2.5 岁是乳牙发育的重要时期，同样离不开营养和日晒。

b. 适宜的刺激。乳儿 5 ~ 6 个月长牙前，应给乳儿提供“手拿食”，即烤馒头片、面包干等较硬的食物，刺激牙床，促进牙齿萌出。断奶后，应添加一些耐嚼的食物，如菜末、粗粮等，有利于牙齿和颌骨的正常发育。较大的婴儿也不要总吃细食，要适当地吃粗纤维或稍硬的食物，让孩子反复咀嚼，促使乳牙、上下颌骨、面颊肌肉和牙槽的良好发育。

c. 注意口腔清洁。乳儿的口腔也需要清洁，每次进食后，可用消毒后的纱布蘸盐水轻擦口腔，或喝水清洁口腔。较大的婴儿可采用喝水、漱口等方法清洁口腔。3 岁的幼儿可以学习刷牙，并培养幼儿早晚刷牙、饮食后漱口的好习惯。

d. 不吃过冷过热的食物和不用牙咬硬物。在组织婴幼儿进食时，不要让他们吃过冷过热的食物，或冷热食物交替吃，以防牙釉质断裂，诱发龋齿。婴幼儿乳牙根浅，牙釉质薄，硬度差，最怕硬碰硬。硬碰硬容易引起牙齿损伤，使乳牙更易患龋齿。所以，应尽量避免婴幼儿用牙咬坚果、玩具等硬物。

e. 防止牙列不齐。常见的牙齿排列不齐有：“下兜齿”，即下牙咬在上牙的外面；“开唇露齿”，即上下牙咬不到一起；“虎牙”，等等。这些畸形的现象不仅使面部失去和谐自然的面容，而且影响咀嚼能力，甚至说话也会漏风走音。排列不整齐的牙齿经常被食物填塞，不易清理干净，更容易发生龋齿。

换牙期间，若出现“双排牙”，即乳牙未脱落恒牙已长出的现象，要及时拔掉滞留的乳牙。恒牙萌出后，禁止用舌头舔新牙。

改掉“吃手”“吃指甲”“托腮”等坏毛病。

培养幼儿双侧牙齿轮流咀嚼的习惯。

f. 及时发现和治疗龋齿。幼儿园每年应检查牙齿 1 ~ 2 次，发现孩子出现龋齿，应敦促家长及时去医院填补。

另外，婴幼儿应慎服抗生素，以免对牙齿发育带来不良影响。

2）恒牙

①生长情况。乳牙脱落后生长出的牙齿是恒牙，数量共 28 ~ 32 颗，出牙时间为

6 ~ 13 岁。

②换牙。恒牙依次代替乳牙的过程是换牙的过程。其中，有 20 颗恒牙与乳牙交换，12 颗磨牙在乳牙后边增生出来。最先萌出的恒牙是第一恒磨牙，在幼儿 6 岁时萌出，又称六龄齿，它不与乳牙相交换，而是在最后一颗乳牙的后面萌出，上下左右共 4 颗。六龄齿是咬合的中心，并起着诱导恒牙萌出的作用，其作用十分重要，应特别注意保护六龄齿。此外还有 4 颗智齿，通常在 25 岁出齐，有的人终生不出。

（2）口腔

1）黏膜

①特点。婴幼儿口腔小，口腔黏膜柔嫩，容易受损伤和感染。

②保育方法。保持口腔的清洁卫生，培养细嚼慢咽的习惯。为婴幼儿提供的食物应柔软细腻、无骨无刺，防止口腔的损伤和感染；保育员应为婴幼儿提供适合他们口腔大小的勺子，不催促孩子吃饭，不比赛吃饭，培养孩子小口吃饭、细嚼慢咽的习惯。当婴幼儿吃较干的食物而难以下咽的时候，保育员应及时给孩子水、汤或奶等饮品，协助孩子咽下。平时应注意婴幼儿口腔的清洁，多吃含维生素 B_2 的食物，保证口腔的健康。

2）唾液

①特点。婴儿有生理性流涎。唾液腺的功能是分泌唾液。新生儿唾液腺发育不完善，唾液分泌量较少，口腔干燥。出生后 3 ~ 4 个月，开始吃辅食了，唾液分泌增加。出生后 6 ~ 7 个月，唾液的分泌就更加旺盛。但婴儿口腔浅，不会及时把口水咽下去，所以经常流口水，称为生理性流涎。

②保育方法

a. 用软纱布或毛巾及时擦去婴儿的口水，以免浸泡皮肤。

b. 要求婴幼儿吃东西要细嚼慢咽。

2. 胃

（1）胃的简介

胃是消化管中最为膨大的器官，它上面与食道相连，下面连接小肠。胃的作用是暂时贮存食物，初步消化食物，并把食物送入小肠。

食物进入胃后，要在胃内暂时储存一段时间，然后经胃的蠕动将食物一点一点送入小肠，这种食物由胃进入小肠的过程叫胃的排空。胃的排空时间依进食量和食物的性质而定，一般而言，流体比固体排空得快。例如，水只需 10 min 即可排空，糖类排空需 2 h 以上，蛋白质排空较慢，而脂肪的排空更慢，需 5 ~ 6 h，所以吃了油腻的食物不易感到饥饿。混合性食物的排空时间为 4 h 左右。

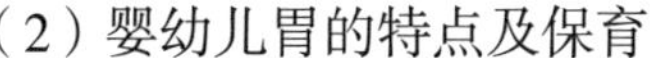

（2）婴幼儿胃的特点及保育

1）特点

①容量较小，排空快。婴幼儿胃比较小，进食量较少，胃排空比较快，容易饿。婴幼儿胃的容量见表 4–3。

表 4–3　婴幼儿胃的容量

年龄	容量（mL）	年龄	容量（mL）
3 个月	100	4 岁	760
1 岁	250	5 岁	830
3 岁	680	6 岁	890

②溢奶。婴儿常发生溢奶。婴儿胃的上口较松弛，而且胃又呈水平状，当婴儿吞咽下空气时，奶就容易随着打嗝流出口腔，这就是溢奶。

③消化能力差。婴幼儿胃的特点是胃容量小，胃黏膜薄嫩，胃壁发育差，伸展和蠕动能力差，胃腺数目少，胃液的质和量都不如成人，所以消化能力差。婴幼儿经常出现呕吐的现象，在胃肠受到过强刺激的情况下（如吸入冷空气、吃得过饱、咳嗽、吃药等）都可能出现呕吐。

2）保育方法

①婴幼儿正处于生长发育最旺盛的时期，对营养和热能的需要量都较大，所以婴幼儿的膳食应该少食多餐，在一日三餐以外还应增加 1 ~ 2 次的加餐。

②为了减少溢奶的出现，喂奶后应让婴儿趴在成人的肩头，轻拍婴儿的后背，让其打嗝排出咽下的空气，然后再放其躺下。如果采用人工喂养，奶瓶的倾斜度应大些，使奶液全部充满奶嘴处，避免婴儿吞入大量的空气。

③保育员应提醒婴幼儿吃东西时细嚼慢咽，不给其吃汤泡饭，应避免婴幼儿饭前大量饮水，并控制其甜味饮料的饮用量。

婴幼儿出现呕吐时，保育员态度要和蔼，不得表现出厌恶的表情或批评孩子，及时清理孩子衣服上和桌面、地面的呕吐物；注意观察孩子呕吐的次数和呕吐物的性状；让孩子卧床休息，头偏向一边，以防呕吐物呛入气管；呕吐后清洁口腔，较大的孩子用温水漱口，较小的孩子多喂水；孩子不想吃东西，不可强迫进食，食欲好的孩子要少食多餐；饮食要清淡，以流食、半流食为好，忌食油腻酸辣食物；频繁呕吐应及时上医院。

3. 肠

（1）小肠

1）特点。婴幼儿的小肠吸收能力强。

2）保育方法。为婴幼儿准备的膳食应符合他们胃、肠的特点，做到碎、细、烂、软、嫩，便于消化和吸收。

（2）大肠

1）特点。婴幼儿易便秘。食糜经小肠消化吸收后，食物残渣便随着肠道的蠕动进入大肠，在大肠内暂时储存，大部分水分在肠道吸收，食物残渣经细菌发酵和腐败作用而变成粪便。粪便在大肠内存留的时间越长，也就变得越干燥。由于婴幼儿肠壁肌肉组织弹性较差，肠的蠕动能力比成人弱，肠的内容物通过较慢，使粪便过于干硬，并且出现排便困难，这就是便秘。

2）保育方法

①培养婴幼儿定时排便的习惯。利用婴幼儿的胃结肠反射训练定时排便的习惯。婴幼儿在进餐中和进餐后有明显的排便感觉，这是因为食物进到胃里，就会反射性地引起肠子加快蠕动，将粪便推向直肠、肛门。所以，在喂过奶、吃过饭以后，让婴幼儿坐盆，可帮助训练排便。

②培养婴幼儿专心排便的习惯。不能在排便时吃东西、玩玩具或看书听故事等。排便时间不宜过长，一般以 5 ~ 10 min 为宜。

③在饮食方面，多吃蔬菜、水果，搭配吃粗粮，都有利于大便通畅。

4. 肝脏

（1）特点。婴幼儿肝脏发育不完善，分泌胆汁少，对脂肪的消化能力差。肝脏的解毒能力差。肝脏储存糖原少，婴幼儿饥饿时容易出现低血糖，表现为心慌、出冷汗、无力、有饥饿感，甚至出现低血糖休克。

（2）保育方法

1）为婴幼儿准备的膳食不应过于油腻。

2）应重视婴幼儿的早点，如果进食量过少，孩子不到中午就可能出现低血糖的现象。如果早餐以蛋白质代替主食，也会发生低血糖。

三、保育小结

1. 细嚼慢咽，不吃汤泡饭。
2. 饭后漱口，睡前刷牙。
3. 不比赛吃饭。
4. 不在吃饭时批评婴幼儿。
5. 培养定时排便的习惯。

第五节　泌 尿 系 统

一、泌尿系统的简介

人体新陈代谢过程中的终产物，包括多余的水分和无机盐，需要不断地排出体外。其中二氧化碳和一部分水由呼吸系统通过呼气排出，一部分废物由皮肤通过汗液排出，大部分废物则是由泌尿系统通过尿液排出体外的。

泌尿系统包括肾脏、输尿管、膀胱和尿道。肾脏是产生尿液的器官，尿液是人体代谢的废物，它的成分是尿酸、尿素、部分无机盐和水分，这些废物必须不断地排出体外，否则对人体十分有害。肾脏产生尿液后，经输尿管流入膀胱，在膀胱内暂时储存。当膀胱充盈后，膀胱壁上的压力感受器兴奋，神经将兴奋传到脊髓的低级排尿中枢，然后再传到大脑皮层产生尿意，大脑根据情况决定是否排尿。排尿时，膀胱壁收缩，尿道括约肌放松，尿便经尿道排出体外。正常成人的排尿过程受大脑意识的支配，可以随意控制。婴幼儿因大脑的发育尚未完善，对排尿的抑制能力较弱，夜间容易遗尿。

二、婴幼儿泌尿系统的特点及保育

1. 特点

（1）婴幼儿的排尿由无约束排尿到有约束排尿

婴幼儿膀胱肌肉层薄，弹性组织发育尚未健全，储尿机能差，故排尿次数较多。出生 1 周的新生儿每天排尿 20 ～ 25 次，1 岁时每天排尿 15 ～ 16 次，学前期每天排尿 6 ～ 7 次。

婴幼儿大脑皮层发育不完善，对排尿的约束能力差，所以不易主动约束排尿，年龄越小，表现越突出。

（2）尿道短，易感染

婴幼儿尿道短，黏膜薄嫩，又与外界相通，因此容易受感染。感染后细菌可以经尿道上行到膀胱、肾脏，引起膀胱炎和肾盂肾炎。

2. 保育方法

（1）针对排尿

1）提醒排尿。在组织集体活动前和睡眠前，保育员要提醒孩子排尿，特别是贪玩的孩子。

2）不频繁排尿、不憋尿。注意不要太频繁地让婴幼儿排尿，也不要让婴幼儿长时间地憋尿。

3）做好遗尿婴幼儿的防范工作。

4）按照正确的方法训练婴幼儿排尿（见《国家职业技能等级认定培训教材——合编版：保育员（初级　中级　高级）》的高级部分）。

（2）针对尿道感染

1）每晚睡前提醒孩子清洗外阴部。女孩在每天晚上睡眠前要清洗外阴部，男孩也要用水洗去包皮污垢。

2）教会孩子正确擦屁股的方法，即从前向后擦，以免粪便污染尿道。

3）清洗外阴的毛巾、盆等要专用，毛巾用后要消毒。

4）充足饮水，及时排尿。

三、保育小结

1. 训练婴幼儿控制排尿的能力。
2. 做好男孩和女孩外阴的清洁卫生。
3. 提醒婴幼儿足量喝水。
4. 清洗、消毒毛巾和便盆。

第六节　皮　　肤

一、皮肤的简介

1. 皮肤的结构

皮肤由表皮和真皮构成。表皮分为角质层和生发层，角质层是死掉的表皮细胞，其下面的生发层能产生新的上皮细胞，而且还有黑色素细胞，有保护皮肤的作用。

2. 皮肤的功能

（1）感觉

在皮肤里广泛分布着各种感觉神经的末梢，可分别感受触觉、压觉、痛觉、温觉、冷觉等，所以皮肤是感觉器官。人们常说的眼、耳、鼻、舌、身五种感官，其中“身”主要是指皮肤。

（2）保护人体

皮肤覆盖在人体的表面，柔韧而有弹性，是保护人体的一道防线，所以要保护好它。

（3）调节体温

皮肤在调节体温上起着重要的作用。皮肤受到冷的刺激，收缩血管，减少散热；受到热的刺激，舒张血管，增加汗腺分泌，从而加快散热。体温的相对稳定是维持生命正常活动的重要条件。

（4）排泄

皮肤还是排泄器官，随着汗液的分泌，一些代谢的废物被排出体外。

（5）代谢

表皮内有一种胆固醇，经阳光中紫外线的照射，能转变为维生素 D，因此，婴幼儿常晒太阳，能预防佝偻病。

二、婴幼儿皮肤的特点及保育

1. 特点

（1）婴幼儿皮肤保护机能差

婴幼儿皮肤娇嫩，保护机能差，因此容易损伤和感染。如受到尿液等的刺激，会出现“腌屁股”的现象；夏季受到汗液的刺激易长痱子等。

（2）调节体温作用差

婴幼儿皮肤毛细血管网较密，通过皮肤的血液量相对比成人多，皮肤表面积相对比成人大，所以皮肤散失热量多，容易受凉。婴幼儿神经系统对体温的调节作用不稳定，在外界温度变化的影响下，往往不能适应，这是婴幼儿易于感冒的原因之一。

（3）皮肤的渗透作用强

婴幼儿的皮肤薄嫩，渗透作用强。药物、化妆品、涂料等容易经过皮肤进入体内，引起中毒。

2. 保育方法

（1）针对保护机能

1）婴幼儿的内衣要柔软，以纯棉为好；洗涤用品应无毒、无刺激；洗澡的水温要适宜。

2）保持皮肤清洁。每天洗脸、脚、屁股；手脏了就洗，还应养成饭前、饭后，便前、便后洗手的好习惯；经常洗头、洗澡、剪指甲。手指甲剪成圆的，每周剪一次；脚指甲剪成平的，每两周剪一次。

（2）针对体温调节

1）冬季防冻疮，夏季防中暑。冬季婴幼儿户外活动时，应穿便于活动的棉背心，戴帽子，鞋要保暖、大小适宜。

2）增强婴幼儿对冷热变化的适应能力。无论天气冷热，每天坚持户外锻炼和游泳可以提高婴幼儿对冷环境的适应能力。总之，要组织婴幼儿充分利用空气、阳光和水进行锻炼，提高婴幼儿的适应能力，提高身体素质。

3）培养婴幼儿用冷水洗手、洗脸的习惯。

（3）针对皮肤渗透

1）凡盛过有毒物品的容器要妥善处理，决不能让婴幼儿当作玩具玩。

2）在皮肤上涂擦药物也要注意药物的浓度和剂量，不得过量。

三、保育小结

1. 增强婴幼儿对冷热变化的适应能力。
2. 婴幼儿的洗涤用品、衣物应无毒、无刺激。
3. 保持婴幼儿皮肤的清洁卫生。

第七节　内分泌系统

一、内分泌系统的简介

内分泌系统是由一系列内分泌腺组成的，内分泌腺分泌的物质是激素，它对人体起着调节作用。

二、婴幼儿内分泌系统的特点及保育

1. 特点

人体生长发育离不开内分泌系统。婴幼儿身体的长高要受生长激素的影响，生长激素分泌不足，婴幼儿的身长（高）会受到限制。生长激素主要在夜间人入睡后分泌，所以，保证婴幼儿睡眠的时间和质量，有助于身高的增长。

婴幼儿的生长发育和智力发展离不开甲状腺素。甲状腺素的生成需要碘作为原料，如果婴幼儿身体缺碘，会造成甲状腺素合成不足，进而影响智力的发育，造成智力低下等多种残疾。

2. 保育方法

（1）为了帮助婴幼儿长高，应保证婴幼儿的睡眠，既要时间充足，又要睡得踏实。

（2）在婴幼儿的膳食中，应使用加碘的食盐，防止碘缺乏。

三、保育小结

1. 保证婴幼儿的睡眠，有利于生长发育。
2. 婴幼儿应摄取加碘的食盐。

第八节 神 经 系 统

一、神经系统的简介

神经系统是人体生命活动的主要调节机构。机体各器官、系统在神经系统的统一调节下，进行不同的生理活动，从而使人体成为对立统一的整体。神经系统包括中枢神经和周围神经，中枢神经由脑和脊髓组成，周围神经由脑神经和脊神经组成。

在中枢神经系统的参与下，机体对来自内、外环境的刺激作出的反应，叫反射。反射是神经系统调节人体活动的基本方式。完成反射活动的全部神经结构叫反射弧，反射弧包括感受器、传入神经、神经中枢、传出神经、效应器五个部分。

在大脑的表面有一灰色的神经细胞层，称为大脑皮层。大脑皮层是神经系统的最高部位，是人类行为的最高调节器和心理活动机构。大脑皮层各不同部位的机能不同，可划分为许多机能区，不同的区域分管不同的行为，如专门负责躯体运动的区域，专门负责躯体感觉的区域，专门负责视觉的区域，专门负责听觉的区域，专门负责语言的区域等。

大脑有左、右两个半球，它们存在着功能的差别。左脑负责理解语言和抽象逻辑思维，如文学语言、数学计算；右脑专管形象思维和空间知觉以及创造力，如音乐、绘画、空间想象等。左右脑对全身的支配遵循对侧支配的原则，即左脑支配身体的右侧，右脑支配身体的左侧。习惯用右手的人，优势半球在大脑左半球，其左脑开发较充分，右脑较弱些。而右脑的开发十分重要，它能使人获得尽可能多的信息，发挥每个人的形象思维能力和创造潜力。可见婴幼儿时期不可忽视右脑的开发。

大脑的代谢很旺盛，需要有充分的氧气和营养才能保证其正常的活动，对缺氧、低血糖、血压降低等都很敏感。此外，大脑组织容易受有毒物质的损害和某些环境因素的影响，如铅、一氧化碳等都能损害脑功能，强烈的日晒、高温环境、长时间的噪声、通风不良、住房拥挤、污染严重等都会使脑的功能减退。因此，婴幼儿生活的环境应纯净、少污染，保育员应给予婴幼儿细心的照顾，尽量免除生活环境中一切不利于大脑发展的因素，使孩子健康地成长。

二、婴幼儿神经系统的特点及保育

1. 特点

（1）婴幼儿大脑皮层易兴奋，不易抑制

婴幼儿的大脑皮层容易活跃起来，不容易平静下去。主要表现在：好动不好静，容易激动，注意力不容易集中，容易随外界刺激而转移等。

（2）婴幼儿大脑皮层容易疲劳

婴幼儿大脑皮层比较脆弱，虽然容易兴奋，但也容易疲劳，表现为做一件事坚持不了多久。

（3）婴幼儿睡眠时间较长

婴幼儿年龄越小，需要的睡眠时间越长。婴幼儿的睡眠时间见表 4–4。

2. 保育方法

（1）针对婴幼儿易兴奋

1）对婴幼儿形成的不良行为和情绪，应采用转移注意力的方法纠正。

表 4-4　婴幼儿的睡眠时间

年龄	睡眠时间（h）	年龄	睡眠时间（h）
1 ~ 6 个月	16 ~ 18	2 ~ 3 岁	12
7 ~ 12 个月	14 ~ 15	3 ~ 6 岁	11
1 ~ 2 岁	13 ~ 14		

2）在教婴幼儿做事和学知识时，要想方设法引起他们的兴趣。

（2）针对婴幼儿易疲劳

组织婴幼儿活动的时间不能太长，活动的内容不宜过难，而且需要经常变换活动的内容、方式，使婴幼儿不觉疲劳。

（3）针对婴幼儿睡眠时间长

保证婴幼儿充足的睡眠时间，使大脑皮层的疲劳得到充分缓解。婴儿 3 个月后，白天可以睡 3 个觉，9 个月后白天睡 2 个觉，2 岁后中午睡午觉。

三、保育小结

1. 生活有规律。

2. 保证婴幼儿充足的睡眠。

3. 创设轻松愉快的精神环境。保育员应该热爱孩子，尊重孩子，给孩子充分的自由，创设宽松、愉快的精神环境，促进婴幼儿的成长。

第九节　感觉器官

一、视觉器官——眼睛

1. 眼睛的简介

眼的主要部分是眼球，还有眉、眼睑、睫毛、泪腺和动眼肌等。眉、眼睑和睫毛有保护眼球的作用；泪腺能分泌泪液，使眼球经常保持湿润；动眼肌可使眼球在眼窝内转动。

眼由眼球及其附属物组成，眼球由眼球壁和透光物质组成。

眼球前面有透光的角膜和透光的晶状体，它们起着屈折光线、聚光的作用。角膜后有瞳孔，能根据外界光线的强弱自动调节，扩大或缩小，控制进入眼球内部光线的量。眼球壁的最里面一层是视网膜，可以感受光线的刺激，产生视觉。

视觉的形成：外界物体反射的光，经过角膜、晶状体、玻璃体等透光的部分照射在视网膜上，刺激视网膜上的感光细胞产生兴奋，兴奋沿视神经传导到大脑皮层视觉中枢，产生视觉。

2. 婴幼儿视觉的特点及保育

（1）特点

1）5 岁前可能有生理性远视。婴幼儿眼球比较小，前后距离较短，物体成像在视网膜的后面，称为生理性远视。随着眼球的发育，眼球前后距离变长，5 岁后视力逐渐转为正常。

2）晶状体有较好的弹性。婴幼儿晶状体弹性好，既能看清眼前的物体，也能看清较远的物体。但如果看书、写字距书本过近，则会使眼球处于疲劳状态，长此以往，会形成近视眼。

（2）保育方法

注意婴幼儿用眼卫生，预防近视。

1）培养婴幼儿良好的用眼习惯。要求婴幼儿不在过暗处和阳光下看书，乘车、行走、躺在床上不看书，每次看书、看电视、玩游戏机的时间不应过长；看书、写字时，眼睛距书本的距离应保持 1 尺（约 33 cm）；集中用眼一段时间后，应望远、看绿色等，使眼睛消除疲劳。

2）科学采光。婴幼儿读书、写字、绘画时，光线应来自身体的左上方，当室内不够明亮时，应采用人工照明。

3）远离危险。教育婴幼儿不玩小刀、剪子、竹签、弹弓、鞭炮等可能伤害眼睛的物品。

4）防止斜视。幼儿园应定期为婴幼儿调换座位，防止婴幼儿斜视。

3. 婴幼儿视觉的异常

（1）视觉异常的简介

婴幼儿时期是治疗视觉异常的最佳年龄。婴幼儿时期是视觉发育的关键期和可塑性最强的时期，也是预防和治疗视觉异常的最佳年龄。这一时期婴幼儿常见的视觉异常有斜视和弱视。

斜视会发生“斜视性弱视”。弱视会使幼儿失去立体视觉，影响幼儿眼睛的正常发育。治疗弱视的最佳时期是 3 ~ 6 岁，治疗后，病眼的视力会得到恢复。所以无论是斜视还是弱视都要抓住这个关键期，及早发现和治疗。

（2）婴幼儿视觉异常的表现

1）婴儿

①对小玩具不感兴趣。

②当一只眼睛被挡住时，引起婴儿反感、哭闹或用手撕扯遮挡物，遮挡另一只眼时，却无反应。

2）幼儿

①两眼不对称，或内斜，或外斜。

②看东西经常偏着头，经常眨眼、皱眉、眯眼。

③眼睛经常发红、流泪。

④看书时眼睛距离过近，经常混淆形状相似的图形，看图片只喜欢大的。

⑤手眼协调差。

⑥不活泼，活动范围小，动作缓慢。

（3）保育方法

及时发现婴幼儿视力的异常。

二、听觉器官——耳

1. 耳的简介

耳是听觉器官，也是位置感觉器官，由外耳、中耳、内耳三个部分组成。

（1）外耳

外耳包括耳郭、外耳道和鼓膜。耳郭的作用是收集声波，外耳道的作用是传导声波。外耳道壁的皮肤可以分泌一种黏液，叫耵聍（俗称耳屎），具有保护外耳道和黏附灰尘等作用。耵聍可以自行脱落。外耳道的最里面是一层薄膜，叫鼓膜。鼓膜的里面是中耳。

（2）中耳

中耳内有一个腔，叫鼓室，内有三块听小骨，鼓膜振动会带动三块听小骨，听小骨把声音放大并传向内耳。

中耳借助耳咽管与鼻咽部相通。耳咽管在鼻咽部的开口平时是关闭的，当人吞咽、张大嘴等时会使耳咽管打开，于是空气进入鼓室，调节鼓室内的压力，使鼓膜两侧的压力相等，保证鼓膜的正常振动。

（3）内耳

内耳里有感受声波的耳蜗和感受人体位置的前庭和半规管，外界的声波由三块听小骨传入内耳，使耳蜗内的听觉感受器兴奋，并沿听神经将兴奋传至大脑皮层听觉中枢，使人产生听觉。

2. 婴幼儿耳的特点及保育

（1）特点

1）婴幼儿的耳郭容易生冻疮。耳郭由两层皮肤夹着一层软骨组成，脂肪少，容易生冻疮。

2）婴幼儿外耳道狭窄，进入脏水后容易引起外耳道疖肿。外耳道疖子疼痛难忍，因为婴幼儿外耳道十分狭窄，几乎呈一条缝隙，一旦红肿化脓，对神经的压迫和刺激极重，甚至在孩子张嘴、咀嚼时也会加重疼痛，影响孩子睡眠和进食。

3）婴幼儿易患中耳炎。婴幼儿的耳咽管短、粗，位置水平，擤鼻涕的方法不正确可以使鼻咽部的细菌沿耳咽管进入中耳，引起中耳炎。

（2）保育方法

1）针对耳郭易生冻疮。冬季婴幼儿进行户外活动时，应该戴上帽子，防止耳郭受冻。

2）针对外耳道狭窄

①及时清理进入外耳道的污水。婴幼儿外耳道比较狭窄，如果洗澡和游泳使污水进入外耳道，很容易留在外耳道的深处，使细菌在此处繁殖形成疖肿。

②不用锐利的工具给婴幼儿挖耳。如果经常给婴幼儿挖耳朵而损伤外耳道皮肤，也可造成外耳道受损感染，而生疖子。

3）针对中耳炎

①要教会婴幼儿正确擤鼻涕的方法。先擤一侧，再擤另一侧，擤鼻涕时不要太用力，更不要按住两个鼻孔同时擤，以免鼻腔分泌物经耳咽管进入中耳。

②不要让婴幼儿躺着进食、喝水。

③及时清理进入耳内的污水。若在洗头或游泳时有污水进入耳内，可将头偏向进水一侧，单脚跳，将水控出，或用棉签将污水清理干净。

3. 婴幼儿听力异常

婴幼儿听力出现异常的表现为：

（1）对突然的或过强的声音反应不敏感。

（2）与人交流时总盯着对方的嘴。

（3）听人说话喜欢侧着头，耳朵对着声源。

（4）不爱说话，或发音不清、说话声音很大。

（5）平时很乖、很安静，睡觉不怕吵。

（6）经常用手搔耳朵，说耳闷、耳内有响声等。

三、保育小结

1. 眼睛

（1）培养婴幼儿良好的用眼习惯。

（2）调换座位防斜视。

（3）不用手揉眼，毛巾、手绢专用且清洁，防眼病。

（4）定期检查视力。

2. 耳

（1）不用锐利的工具挖耳。

（2）保持外耳道清洁。

（3）教会婴幼儿正确擤鼻涕的方法，预防中耳炎。

（4）保护婴幼儿的听力，减少生活噪声。

（5）及时发现婴幼儿听力异常。

第五章

婴儿的心理发展

孩子从出生到 3 岁是心理发生发展的初期阶段，心理活动从无到有，从被动到主动，成就巨大。我们这里所说的婴儿主要是指出生后的第二年、第三年。在这一阶段，婴儿开始学会走路，能比较灵活地用双手操作，初步学会语言。学会了这些，他们显得更加活泼好动，有惊人的好奇心，更热衷于探索环境；又因为自我意识的发展，行为上则表现得执拗。

对婴儿来说，学会走路是重大进展。婴儿活动的范围随着学会走路而扩大。当婴儿看到远处的东西，他们能够自由地走去接触那些东西，而不必依赖照顾者抱他们到那里去。

婴儿能较熟练地用双手操作物体，使得他们可以把玩具或其他物件拿来观看，或配合身体动作进行大肌肉活动。这种进展，能激发婴儿继续学习运动技能的兴趣。对物体的好奇，则鼓励他们对环境的探索。婴儿在进行运动和探索的过程中，不仅获得动作的技能，也发展了认知和语言的技能。

这一时期的婴儿也开始学习说话。他们一旦掌握了简单的语言，便会发现语言的神奇效果，当他们尝试说出简单的字或词，就会促使成年人与他们说更多的话。他们甚至会发觉可以用说话来引起成年人不同的反应，如他们想撒尿，只要说“尿尿”，成年人便会飞快地走来带他们上厕所或递上便盆；他们想吃饼干，说句“饼”便可能得到。

学会走路、能较熟练地用双手操作和初步学会语言，使婴儿有了很大的成就感，他们对自己的感觉也就大不一样了。他们觉得自己对环境和事物具有支配的能力，独立自主的意识和自信心也因而增强。如果在这个阶段他们处处遭受挫折或受到限制，或由于照顾者的疏忽而造成身体上的伤害，那么，他们对人、对自己和对事物都会失去信心，从而影响他们参与学习和活动的兴趣，并影响他们日后性格的形成。这一时期是孩子身心发展的重要时期，对孩子未来身心成长非常重要，因此需要好好把握这一机会，为婴儿提供良好的教育和辅导。

第一节　婴儿动作的发展

动作的发展不仅促进婴儿体格的发育，还可以扩大他们活动的范围，促进他们对环境的认识能力以及适应能力，使他们增加与人们的交往，促进智力发展。婴儿期是动作发展最迅速的时期，他们的大肌肉动作和小肌肉动作在继续发展，比以前熟练、复杂，而且增加了随意性，可以比较自如地调节自己的动作。

一、大肌肉动作的发展

婴儿在 13 ~ 14 个月时，一般就能独立行走。开始时，身体各部分不能配合协调，整个身躯前倾，两臂不会自然摆动，两脚不会交替前进，蹒跚学步，容易跌倒。

其后，在成人扶持、鼓励下，并经过反复练习，他们逐渐能够控制身体重心，身体各部分逐渐协调，因而走路时身体平稳，姿势自然，速度加快，两脚能够有规律地交替前进。此外，还慢慢学会了上下楼梯、上下台阶、单足站立、横走后退、跨越简单障碍等。在婴儿期结束时，可以走较长的路，为进入幼儿园创造了条件。

婴儿能够独立行走后，便能自由行动，主动接近别人，和其他儿童一起玩，接触更多事物，这对婴儿期儿童独立性、社会性和认知能力的发展均有积极作用。

二、双手（小肌肉）动作的发展

婴儿期儿童的双手动作在成人指导和不断练习中发展，而且参与生活的各个方面。

在游戏中，两三岁的儿童喜欢用各种方式摆弄物体，有时用手抓取，有时敲打物体，有时一只手紧握，有时双手推送，有时举在头顶，有时抱在胸前。用手摆弄物体是一种游戏。

婴儿期双手动作的发展，使儿童可以进行自我服务。他们在成人的指导和帮助下，逐渐学会自己吃饭、穿衣、洗手、拿取和收拾玩具等。他们的双手动作也在自我服务中逐步发展。婴儿 1 周岁以后，就可以学习自己用匙吃饭，2 岁时就可以比较熟练地用匙进食。婴儿期儿童对于自己穿脱衣服鞋袜也很感兴趣。但一般来说，2 岁时还不能独立进行，成人可以让他们参加一部分活动，例如穿衣时让婴儿自己找出袖管，再由成人帮助穿上；或由成人把纽扣放入纽孔一半，让婴儿自己把纽扣完全拉出扣好。近 3 岁时，逐渐能在成人帮助下穿脱衣服。

婴儿期儿童一般喜欢自己洗手、洗脸，但常常同时玩水，成人要加以指导和帮助。

婴儿期儿童的双手动作发展得复杂多样，不论在速度、稳定性或双手协调等方面都明显增进。

总之，在婴儿期，儿童的动作明显发展，比乳儿的动作更加复杂多样，更加敏捷协调，更有随意性。动作的发展对婴儿期心理的发展具有积极影响，也为进入幼儿园学习、掌握复杂的知识技能做了准备。

三、动作发展的一般规律

儿童动作的发展有一定的规律，是按照一定的方向和固定的顺序进行的。

1. 从整体动作到分化动作

婴儿最初的动作是全身的、笼统的、泛化的、非专业化的，这是运动神经纤维没有髓鞘化的结果。以后逐渐分化，使泛化性全身动作分化成局部的、准确的、专门化的动作。例如，看见想要的玩具，开始时全身倾斜，手脚一起使劲，逐渐发展成用一只手去拿。

2. 从上部动作到下部动作

婴儿躯干以上的动作发育比下肢快，他们先发展起来的是头部动作，然后自上而下，学会抬头、翻身、坐、爬、走。这就是我们平时所说的婴儿身体发展的“首尾方向”。

3. 从大肌肉动作到小肌肉动作

婴儿躯体的动作比四肢动作发展得早，手指小肌肉的精细动作发展得最晚。

4. 从无意动作到有意动作

婴儿最初的动作都是无意动作，不知自己在干什么。以后发展为有意动作，例如，想要玩具就伸手去拿。

第二节　婴儿语言的发展

婴幼儿学习说话需要一个相当长的过程，既需要具备生理的条件，例如发音器官的成熟，也需要婴幼儿本身积极学习，包括学习发音、理解语言和学习说话。

1 岁以前婴儿的发展，为婴儿期语言的发展奠定了必要的基础。婴儿期语言发展可分为三个阶段。

一、单词句阶段（1 ~ 1.5 岁）

婴儿到了 1 岁以后便学习说出别人能听懂的话了。这个阶段婴儿说的话有两个特点：用重叠的单音字和以声响替代物体命名。

1. 用重叠的单音字

婴儿说话时，会发出重叠的单音字，例如“妈妈”“车车”“饼饼”，而不是“妈”“车”“饼”，更不是“阿妈”“汽车”“饼干”。而这些名词，婴儿运用起来却是有时当名词，有时当动词。例如，当婴儿指着奶瓶说“奶”，他的意思可能是“给我奶喝”“我喝过奶了”或是“这是奶”。当婴儿叫妈妈时，他的意思可能是“妈妈抱我”“妈妈快来”“妈妈给我饼饼”，或者是指任何他想说而还说不完整的与妈妈有关的事情。这个阶段的婴儿，就是这样用单字代替句子，在不同情况下，表达不同的意义。

2. 以声响替代物体命名

以声响替代物体命名是这个阶段婴儿说话的另一特色，例如“汪汪”代表狗，把猫称作“喵喵”，“嘀嘀”代表汽车等。婴儿说话时有这种特色，可能是受成年人的影响，因为很多成年人与婴儿交谈时，都采用这种以其声指其物的方式，也可能由于以物体本身发出的声音命名容易产生联想，使婴儿印象更深刻。

二、多词句阶段（1.5 ~ 2 岁）

1.5 ~ 2 岁的婴儿语言能力进展有以下几个方面。

1. 词汇迅速增加

婴儿的词汇量迅速增长在两个时期表现得更为突出。一个时期是在出生后 12 ~ 15 个月，另一个时期是在 18 个月以后。在词汇量迅速增长后，会出现一段两三个月的间歇期，婴儿吸收新词的进度会慢下来，这可能是由于在此期间需要巩固前一阶段所学会的新词。

婴儿在出生后 12 ~ 15 个月这一段时期，能运用的词汇量增长很快，前后增加大约 6 倍；到了 2 岁，词汇量几乎为 1 岁时的 100 倍。词汇量的迅速增长，使婴儿具备了进一步发展口语的能力。

2. 开始能说多词句

到 1.5 岁，婴儿的语言渐渐由单词句转为多词句，例如，“毛毛，怕”（我怕绒毛），“妈妈抱，街街”（妈妈抱我上街去），“糖糖，吃”（给我糖吃）。在成年人看来，婴儿说的话虽不算完整，且常常只用名词和动词，但明显地有了动词，而婴儿在 15 个月以前所说的话，几乎全都是名词；到 1.5 岁左右，动词开始多了起来；到接近 2 岁时，更可以运用少量的形容词，如“花花，美”“糖，好吃”“苹果，大，香香”。婴儿说的话多是短句，通常不超过五六个字。由于 1.5 岁以后的婴儿学会了较多词语，对词语的运用逐渐多样化起来。使用最早和最多的是名词，继而是动词，再接着是形容词，到了 2 岁或 2 岁以后，便懂得使用“我”“你”“他”了。

三、简单句阶段（2 ~ 3 岁）

婴儿一旦掌握了一些常用的基本词汇，并能说简单的句子，便开始有浓厚的兴趣与成年人交谈，而爱发问是他们其中的一种表现。婴儿发问的目的，一是想要知道“这是什么东西”，另一个是想与成年人有所沟通；同时，婴儿在不断发问“这是什么”时，也从成年人的回答中学到更多词语。此外，婴儿可以简单地描述看到的情形。例如，婴儿看到爸爸关上门出去了，会对妈妈说：“爸爸走了。”当婴儿看到爸爸从外面回来，会高高兴兴地走去告诉妈妈说：“爸爸回来了。”

2 岁的婴儿可以向成年人说出自己的想法。例如，某婴儿的妈妈上班时曾对他说：“妈妈要上班，赚钱买东西给宝宝吃。”妈妈上班和他告别时，要是他心里高兴，他便会说：“妈妈要上班，宝宝吃。”要是他不想妈妈离去，就会哭着说：“妈妈不要上班，宝宝不要吃。”

第三节　婴儿的认知活动和自我意识的发展

一、婴儿期的认知活动

婴儿期儿童双手动作的发展，使他们便于抓握摸弄物体，认识物体属性，而躯体动作的发展使他们扩大了认识范围。这些都对婴儿认知的发展起着积极作用。婴儿语言的发展，有助于他们辨认物体和动作特征，认识事物的共同特征，有助于他们扩大视野，丰富见闻。

1. 视觉

眼睛的主要功能是看东西，分辨物品的大小、形状、颜色以及不同距离、深度、空间等。新生儿的眼球已具备和成人相同的完整结构，但婴儿出生后不久，其视觉功能会继续发展。1 岁时，看到熟悉的物品或人物，已有特殊的反应；2 岁左右，手眼的协调能力开始发展；2 岁以后，会注意十分细小的东西。

2. 听觉

耳朵是负责听觉和身体平衡的主要器官。婴儿利用耳朵听到各种声音和口语，去学习语言和认识各种事物，由此可见耳朵的重要性。新生儿已具备和成人类似的听觉能力，有些研究指出，胎儿在母亲的子宫内已对声音有所反应了。婴儿早期就会聆听和分辨不同人的声音。婴儿期儿童对语音的分辨力受到锻炼，语音听觉迅速发展。

3. 触摸觉

触摸觉是婴儿期儿童认识世界的重要手段。婴儿手的探索活动就离不开触摸觉。因此，要为他们提供适当的刺激，发展婴儿的各种感觉器官，进而实现对客观事物的更精确的反应。

4. 思维

婴儿期儿童的思维活动还很简单，还处于开始发展阶段。其思维明显带有视觉性和行动性。婴儿在行动中进行思维，离开了行动和视觉，思维便停止或转移。例如，婴儿堆搭积木时，堆搭到哪里，想到哪里，停止堆搭，也就不再思索。

二、婴儿期的自我意识

自我意识就是人对自己和自己心理的认识，是人的意识的一种表现。认识自己，需要一个比认识外界事物更复杂、更为长久的过程。婴儿刚出生时不能意识到自己，他不能把自己作为一个主体同周围客体区分开来。1 岁前，婴儿甚至不能意识到自己身体的存在，如吃自己的手、脚；1 岁左右的婴儿能把自己的动作和动作的对象区分开来。随着语言的发展，在掌握了有关的词以后，他们开始把自己作为客体来认识。通过学习耳朵、眼睛等名词，婴儿渐渐意识到自己身体的各部分。当别人问他们："眼睛呢？耳朵呢？"他们会一一用手指指向自己的眼睛、耳朵。

在婴儿期掌握了代名词"我"，是自我意识形成过程中的重要进展。这时婴儿不再把自己看作一个客体，而开始把自己作为一个区别于一切客体的主体来认识。这种认识使婴儿在同别人的关系和对自己的态度上发生本质的变化。

第六章

幼儿心理发展的一般年龄特点

第一节　幼儿心理发展的一般特点

一、认识活动以具体形象性为主要特征

幼儿认识活动的主要特点是具体形象性。幼儿主要是通过感知、依靠表象来认识事物的，头脑中留下的事物的表象左右着幼儿的整个认识过程，甚至思维活动也常常难以摆脱知觉印象的束缚。

1. 通过感知认识世界

幼儿在认识活动中，是借助于形状、大小、颜色、声音等具体的、形象的东西来认识世界的，不像成人那样，依靠大量的语言符号和概念来认识世界。

幼儿的认识方式是对事物的直接认识，只有通过自己的感觉器官，亲眼看到、亲耳听见、亲手摸过等才能认识事物。如果单纯依靠语言，给幼儿讲述一个他没有接触过的玩具，幼儿不能理解。这就是为什么大人苦口婆心地向幼儿讲道理，幼儿往往没有反应的原因。

幼儿的思维活动也同样离不开对事物的直接感知。例如，两排一样多的硬币一对一摆放时，幼儿知道是一样多的，将一排聚拢，问幼儿哪个多、哪个少，幼儿会认为横排摆放的硬币多，因为这一排长一些。可见，幼儿辨别数目的多少是受硬币排列形式的干扰，思维活动受直接感知的影响。

幼儿的记忆过程，也依赖直接感知的具体材料。从幼儿的记忆内容看，幼儿记住更多的是事物的形象，是形象生动、情节具体的材料。

2. 表象活跃

在幼儿的认识活动中，表象是最活跃的。

表象是客观事物在人头脑中所保留的形象，是事物不在眼前时，在头脑中出现的有关这个事物的形象。例如，一说到长城时，尽管长城不在眼前，我们头脑中仍然会出现长城的形象。表象是具体的、生动的形象，它具有具体性的特点。幼儿头脑中充满了事物的具体形象，他们依靠这些表象进行记忆、思维和想象，使他们的认识活动带有具体性的特点。

3. 思维具体形象

整个幼儿期，幼儿思维的主要特点是具体形象性。不过应该指出的是，幼儿的思维已经出现了抽象的萌芽。

二、心理活动及行为的无意性占优势

幼儿控制和调节自己心理活动和行为的能力很差，很容易受其他事物的影响而改变自己活动的方向，因而表现出很大的无意性。

1. 认识过程以无意性为主

认识过程的无意性是指没有目的、不需要任何努力、自然而然地进行的认知活动。例如颜色鲜明、形象生动、有动感的东西，很容易吸引幼儿的注意。幼儿在看动画片、看电视、玩游戏等活动时，主要运用无意注意。

2. 情绪对活动影响很大

幼儿认识过程的无意性，还体现在情绪在认识活动中起重要作用。他们在愉快的情绪状态下，能对所接受的任务坚持较长时间，完成任务的效果也比较好。如果不高兴，则活动的效果就差。

3. 自我控制能力差

幼儿认识过程的无意性还突出地体现在自我控制能力不足。幼儿的行动，一般是根据成人的指示进行，或者是受外界环境的影响，其行动具有很大的偶然性，常常是不假思索就开始行动。例如，老师正在组织活动，窗外的树上飞来两只喜鹊，孩子们高兴地叫了起来：“喜鹊，喜鹊！”早把老师组织的活动忘了。

三、幼儿的情绪外露、易变、不稳定

喜、怒、哀、乐是人的情绪表现。情绪不仅可以表达人的需要和愿望，也能够与人进行交流。幼儿的情绪情感表现很丰富，高兴与不高兴都写在脸上，是表露在外的，他们不会掩饰自己的情感，这也是幼儿纯真的一个表现。

幼儿的情绪比较容易变化，不稳定，尤其年龄较小的幼儿不会控制自己的情绪，常常表现得比较冲动。刚刚因为玩具被别人拿走，伤心地哭了，有了新玩具又高兴地笑了起来，而脸上还挂着泪珠呢！

四、幼儿的个性开始初具雏形

幼儿期是人的个性开始形成的时期，表现出初步的稳定性。这一时期幼儿的各种心理活动逐步结合成为一个整体，从零散的、混乱的心理活动逐渐形成一个独特的个性，也可以说，个性初具雏形。

1. 心理活动稳定性的增强

幼儿在初期，还没有表现出对他人和周围事物稳定的态度和行为方式。随着他们与他人的交往以及活动的发展，开始出现一些带有倾向性的心理特征。例如，3 岁幼儿的心理过程常常随着外界环境的变化而变化，观察的持久性差，做事往往有始无终。他们的情绪易变，没有主见，这都是心理不稳定的表现。随着年龄的增长，心理活动的有意性有所发展，5 ~ 6 岁的幼儿已能按照预定的目的完成任务，并排除活动过程中的干扰，对事物有了自己稳定的态度。在大班，如果他们认为好的，大人说不好，他们会反问："为什么？"

2. 最初性格特点的表现

每个人个性都有其不同于别人的特点。幼儿在活动中逐渐形成了对人、对事、对物的相对稳定的态度和行为方式。如，有的幼儿喜欢帮助别人，有的幼儿则关注自己；有的幼儿善于与人交往，有的则很内向；回答同样的问题，一个孩子语言表达比较生动，另一个则条理性强；等等。尽管在幼儿期离个性基本形成还很远，但个性的奠基是很重要的，它影响到以后个性的形成。

第二节　不同年龄幼儿心理发展的年龄特征

一、3 ~ 4 岁幼儿心理发展的年龄特征

幼儿 3 岁以后，在生活和活动上发生了很大的变化。进入幼儿园这个新的环境，这对于多数幼儿来讲是个重大的变化，3 岁是他们生活上的一个转折年龄。正是从

3 岁起，幼儿才开始离开父母进入幼儿园，过起了集体生活，这需要有一个适应过程。如何使幼儿更快地适应集体生活，其中最关键的因素是保教人员与幼儿之间要建立感情，因为这一时期幼儿突出的特点是情绪性强。

1. 行为受情绪支配

在幼儿期，情绪对幼儿的作用比较大，对 3 ～ 4 岁的幼儿作用更大。他们的行动常常受情绪的支配，而不像成人那样受理智支配。

小班幼儿情绪性强的特点表现在多方面。例如，高兴时听话，不高兴时说什么也不听；常常为一件小事哭个不停；不喜欢大灰狼，就把图书上狼的眼睛都戳成洞洞；喜欢哪位老师，那位老师组织的活动就特别爱参加；等等。

小班幼儿的情绪很不稳定，很容易受到外界环境的影响，也很容易受周围人的感染，看见别的孩子哭了，自己也莫名其妙地哭起来，老师拿来了新玩具，马上又破涕为笑了。

了解了幼儿以上的特点，对教育工作有重要意义。如每年开学初，小班教师都面临一个接待新入园幼儿的问题。对大多数初次离开妈妈的幼儿，刚入园的几天总爱哭，有经验的教师一边用亲切的态度对待每个孩子，稳定他们的情绪，一边用新鲜事物（如新奇的玩具、儿童喜爱的小动物等）吸引他们的注意，使他们不知不觉地加入伙伴的行列。

2. 爱模仿

小班幼儿的独立性差，模仿性却很强。看见别人玩什么，自己就玩什么，看见别人有什么，自己就要什么。玩娃娃家时，看见别人当妈妈，自己也要当妈妈，他们才不管一个家里有几个妈妈呢！因此小班玩具的种类不必太多，但同样的玩具要多准备几套。在教育过程中，多为幼儿树立模仿的对象。例如，当着全班幼儿的面，表扬某位小朋友："看小明坐得多直呀！"马上全班幼儿都挺起了小胸脯。如果需要集中幼儿的注意，可以说："马悦小朋友学习最认真了，眼睛使劲看着老师呢！"如果老师说："小朋友，不要看外面了，外面没什么好看的！"则会引起更多的小朋友看外面。

3. 思维带有直觉行动性

依靠动作和视觉进行思维，是 3 岁前婴儿的典型特点，小班幼儿仍保留着这个特点。例如，让他们说出手中小汽车的个数，他们只会用手指点着小汽车去数才能数清，而不会像大班幼儿那样在心里默数。

由于小班幼儿的思维还要依靠动作和视觉，因此，他们不会计划自己的行动，只能先做后想，或者边做边想。例如，在画画之前往往说不出自己要画什么，而常常是在画出某种形象后，才突然有所发现地说"我画的是太阳""是饼干"。

由于小班幼儿的思维很具体、很直接，他们只能从表面去理解事物，因此对小班幼儿更要注意正面教育，而不能讲反话。例如，在教学活动时，有一个幼儿要上厕所，其他幼儿也要上厕所，教师不高兴了，说："都去都去"，结果孩子们果真都去了。此外，对小班幼儿提要求也要具体，因为他们不容易接受一般性的、抽象性的要求。

二、4～5岁幼儿心理发展的年龄特征

中班幼儿已经适应了幼儿园的生活，加上身心各方面的发展，显得非常活泼好动。与小班相比，中班幼儿比较突出的特点如下。

1. 爱玩、会玩

幼儿都喜欢游戏，但小班幼儿虽然爱玩却不大会玩，大班幼儿虽然爱玩，也会玩，但由于学习兴趣日益浓厚，游戏的时间相对少了一些。中班属于典型的游戏年龄阶段，是角色游戏的高峰期。中班幼儿已能计划游戏的内容和情节，会自己安排角色。怎么玩，有什么规则，不遵守规则应怎么处理，基本都能商量，但游戏过程中产生的矛盾还需要保育员帮助解决。

2. 活泼好动

正常的幼儿都是活泼好动的，他们总是手脚不停地变化姿势和活动方式。如果要求他们安静地坐一会儿，很快就会表现疲倦的样子，如果此时让他们自由活动，一个个立即又生龙活虎一般。

活泼好动的特点在中班幼儿身上表现得特别突出，甚至表现为顽皮、淘气。不少保育员都反映"中班的孩子最难带"。与中班相比，小班幼儿还不大熟悉和习惯幼儿园的集体生活，有些还"怯生生的"，加上动作、语言的速度相对慢些，头脑里的主意也不多，所以比较"乖"；而大班幼儿懂得的道理比较多，兴趣比较稳定，自我控制的能力也有所增强，对自己喜欢的事能比较长时间地集中注意，因此显得比较懂事。中班的幼儿介于两者之间，既不像小班那样乖巧听话，又不像大班那样懂事，但他们的可爱之处恰恰在于他们的"活泼好动"。因为活泼好动锻炼了他们的身体，增强了他们的活动能力，扩展了他们的视野。不少研究发现，中班是幼儿许多心理品质发展最快的时期。

3. 思维具体形象

中班幼儿的思维可以说是典型的幼儿思维。他们在解决简单问题时，可以不再依赖实际的尝试性动作，但却必须借助于事物的形象。事物的形象常常影响他们的思考

和对问题的理解。比如，在他们的头脑中，“儿子”的形象是小孩或年轻人，而长胡子并满脸皱纹的人是“爷爷”的特点，因此，当听人说某个符合爷爷特点的人是某某的儿子时，常常感到不解。又如，他们理解，“能吃苦”的意思就是“能吃掉很多带苦味的东西”。

三、5～6岁幼儿心理发展的年龄特征

幼儿晚期，儿童的心理特点开始接近小学生。

1. 好学、好问、好探究

好奇是幼儿的共同特点，但大班幼儿的好奇与小班、中班有所不同。小班、中班幼儿的好奇心较多表现在对事物表面的兴趣上，看见什么都想去摸摸，去摆弄摆弄。他们经常向成人提问题，但问题多半停留在“这是什么”“那是什么”上。大班幼儿不同，他们不光问“是什么”，还要问“为什么”。问题的范围也很广，上至天文地理，下至花鸟鱼虫，无所不包。他们不仅希望成人帮助解答，同时希望通过自己的尝试、实验，发现问题，寻求答案的主动性、积极性更加提高。

好学、好问是求知欲的表现，甚至一些淘气行为也反映了幼儿的求知欲。这个年龄的孩子特别喜欢拆拆卸卸，他们把玩具汽车拆开，是为了看看它里面有些什么，它为什么会动，为什么会发音；想拆收音机是要找里面说话的阿姨。所以保教人员应该保护幼儿的求知欲。不因嫌麻烦而拒绝回答孩子的提问。对类似拆坏玩具的行为也不要简单地训斥了事，而应该加以正面引导：为幼儿提供一些可以自由摆弄的材料，支持他们的探究行为，对探究过程中的失误应采取宽容的态度，并适时地教给他们一些科学的探究方法。

2. 抽象概括能力开始发展

大班幼儿的思维仍然是具体形象的，但已有了抽象概括的萌芽。例如，他们已经开始掌握一些比较抽象的概念（如左、右概念），能对熟悉的物体进行简单的分类（白菜、西红柿、茄子都是蔬菜，苹果、梨、葡萄都是水果），也能初步理解事物的因果关系（针是铁做的，所以沉到水底了；火柴是木头做的，所以能浮上来）。由于大班幼儿的抽象概括能力开始萌芽，所以可以也应该进行简单的科学教育，引导他们去发现事物间的各种内在联系，促进其智力的发展。

3. 个性初步开始形成

大班幼儿初步形成了比较稳定的心理特征。他们开始能够控制自己，做事也不再“随波逐流”，显得比较有“主见”。对人、对己、对事开始有了相对稳定的态度和行

为方式：有的热情大方，有的胆小害羞；有的活泼，有的文静；有的自尊心很强，有的有强烈的责任感……

对于幼儿最初的个性特征，成人应当给予充分的注意。教育者在面向全体幼儿进行教育的同时，还应该针对每个孩子的特点因材施教，使他们全面、健康地发展。

第七章
幼儿认知能力的发展

幼儿是通过感觉、知觉、记忆、思维、想象等心理过程来认识周围世界的。幼儿在成长过程中，不断以旧有的经验为基础，再吸收新的经验，使学习到的事物不断增加。从起初对事物不理解到后来不断扩展对环境中事物的认识，并通过语言把这些认识固定下来，互相交流，使个人的认识成为大家的认识。这便是幼儿认知活动发展的一种体现。在认知发展过程中的感觉、知觉、注意、记忆、思维、想象等心理现象，会因年龄的变化而各有不同的特点。下面就这方面的内容加以介绍。

第一节　幼儿感知觉的发展

感知觉是认识活动的开端，人对客观世界的认识过程是由感知觉开始的。在认识事物的过程中，感觉和知觉是同时进行的，它们是认识活动的基础，是形成记忆、思维、想象等复杂心理过程的基础。有了这些复杂的心理过程，才能实现对客观事物进一步的认识。

一、视觉

1. 视敏度

视敏度是指视觉敏锐的程度，是幼儿分辨细小物体或远距离物体细微部分的能力，也就是人们通常所说的视力。

有人认为，年龄越小，视力越好。但对幼儿期的孩子来讲，并非如此。对幼儿进行视敏度的调查发现，在视力测量表上看清某一图形，4 ～ 5 岁的平均距离是 2.10 m，5 ～ 6 岁的是 2.70 m，6 ～ 7 岁的可达 3 m。调查还发现，随着幼儿年龄的增长，视敏度也在逐渐提高，但发展速度不是均衡的。5 ～ 6 岁与 6 ～ 7 岁的幼儿视敏度水平比较接近，而 4 ～ 5 岁与 5 ～ 6 岁的幼儿视敏度水平相差较大。

2. 颜色视觉

（1）颜色视觉的发展阶段

颜色视觉就是辨别颜色的能力。幼儿的辨色能力随着年龄的增长而发展起来。

1）3 岁的幼儿可以辨认黑、白、红、黄、绿、蓝等颜色，并能把相同的颜色正确地配对出来，但还不能完全正确地说出各种颜色的名称。在辨别一些混合色如橙色、紫色时，常常会发生错误。此外，他们还不能很好地区分出同一颜色的不同深浅程度，如蓝与天蓝、红与粉红等。

2）4 岁幼儿能正确辨认出各种基本颜色，也开始辨认出近似的颜色如黄色、橙色等，并能说出它们的名称。

3）5 岁幼儿开始能正确说出黑、白、红、黄、绿、粉红、紫等颜色的名称，并且能辨别出更多的混合色。

（2）视觉的保护

视觉是人重要的感觉通道，有人估计，约有 80% 的信息来自眼睛。对于婴幼儿来说，视觉的作用就更大。因此，从小就应该注意用眼卫生，保护视力，预防近视。保育员要努力做到：

1）幼儿看书时要有充足的光线，光线不足时，保育员应及时提醒。

2）培养幼儿正确的阅读和握笔姿势。

3）不要让幼儿长时间看小人书和电视，否则会引起眼睛的过度疲劳。

4）给幼儿选择的书、图画和教具，字体应该较大而清晰。

幼儿辨别物体的能力随着年龄的增长而提高。

二、听觉

听觉对幼儿认知发展起着重要作用。通过听觉，幼儿学习到语言，尤其是在学前早期，听觉的发展对幼儿掌握口语有重要作用。

1. 听觉感受性

听觉感受性是指分辨出最小声音的能力。幼儿的听觉感受性有很大的个别差异，但这种个别差异并非天生不变，随着年龄的增长和教育，听觉感受性在不断发展和完善。

2. 言语听觉

幼儿辨别语音是在交际过程中发展和完善起来的。学前中期的幼儿可以辨别语音的微小差别。到学前晚期，几乎可以毫无困难地分辨本民族语言包含的各种语音。作为保育员要注意幼儿听觉方面的缺陷，尤其注意“重听”现象。“重听”是指有些幼儿虽然对别人所说的话听得不清楚、不完整，但他们常常能根据说话人的面部表情、嘴唇的动作及说话时的情境，正确地猜出别人所说的内容。这种现象往往被人忽视，但对幼儿言语听觉、言语能力和智力发展都会带来危害，应当引起人们的重视。

三、触摸觉

触摸觉是运动觉和皮肤觉的结合。人们借助于它可以感知物体的轻重、软硬、光滑或粗糙等。触摸觉的感受能力在幼儿期随着年龄的增长而提高。例如，要幼儿用手先掂一掂积木的重量，再从许多积木中拣出一块重量相同的积木来，结果 4 岁儿童的错误率达 70%，而 7 岁儿童的错误率只有 37%。

四、空间知觉

空间知觉是一种比较复杂的知觉，是由视觉、听觉、运动觉等多种分析器联合活动组成的。只有当幼儿能用手或身体去接近物体产生运动觉和视觉配合时，才会有关于物体大小、远近、形状等空间知觉。

1. 形状知觉

学前期幼儿辨认形状的能力会随着年龄的增长而发展。3 岁幼儿一般可以辨别圆形、正方形和三角形；4 ~ 5 岁，幼儿能把两个三角形拼成一个大三角形，并能把两个半圆形拼成一个圆形；6 岁左右，幼儿能进一步认识椭圆形、菱形、五角形、六角形等形状。

2. 方位知觉

幼儿是先学会分辨上下，然后是前后，最后才是左右。其具体发展趋势是：3 岁能辨别上下方位；4 岁能辨别前后方位；5 岁开始能以自身为中心辨别左右方位，但常有错误；6 岁的幼儿已能完全正确地辨别上下前后四个方位，但以自己的身体为中心来辨别左右方位仍未达完善程度；到 7 ~ 8 岁时，辨别左右才有稳定的表现。事实上，对学前期幼儿来说，识别左右是十分困难的。即使幼儿已辨别自己的左右手和左右脚，也不能辨别站在他对面人的左右方位，不能理解自己的右手和对方的右手并不在同一边的道理。

3. 距离知觉

距离知觉是指对物体远近的知觉。这是一种比较复杂的知觉。学前晚期的幼儿可以分清楚他们所熟悉的物体或场所的相对远近，对于比较广阔的空间距离，他们还不能正确认识。幼儿常常不懂得近物大、远物小，近物清楚、远物模糊等感知距离的视觉信号。因此，幼儿还不善于在图画中理解和表现现实物体的距离位置及大小等空间特性和关系。例如，在一幅图中，近景画了一个大皮球，远景画了一个太阳，只从图上看，皮球是大于太阳的，那么，幼儿就会直觉认为皮球比太阳大。

五、时间知觉

学前期幼儿已有一些初步的时间观念，但这种观念要和具体的生活活动相互联系起来才能掌握。他们的时间知觉水平比较低，既不正确，又不稳定。其主要原因是缺乏具体形象的支持，而对时间正确反应的关键是具有高度发展的抽象思维能力和其他认知能力。另外，表示时间的词往往都具有相对性，幼儿要理解这样的词是很困难的。

幼儿在实际生活中已初步产生了和具体生活相联系的某些时间观念。例如，3 ~ 4 岁的幼儿知道“早晨”是天亮起床的时候，“晚上”是爸爸、妈妈下班的时候。4 ~ 5 岁的幼儿能辨别今天、明天、昨天等，但对较远的时间还不能掌握。5 ~ 6 岁的幼儿已能辨别较远的时间，如前天、后天、大后天，能认识计时工具钟表的整点、半点等，但对更大或更小的时间单位，如几个月、几分钟等辨别仍有困难。

六、观察力

观察是一种有目的、有计划、比较持久的知觉过程，是知觉的高级形态，是人类对客观现实认识的主动形式。幼儿的观察力是指幼儿在观察方面所表现出来的能力。观察力的培养和发展，对儿童心理的发展和认识世界具有重大意义。

3 岁前儿童缺乏观察力。因为他们的知觉主要是被动的，是由外界刺激物的特点引起的，而且他们对物体的知觉往往是和摆弄物体的动作结合在一起的。

幼儿期是幼儿观察力初步形成的时期。但就整个幼儿期来讲，他们观察的有意性较差，容易受外界新异刺激的干扰而不能持久，而且受情绪影响很大。另外，幼儿的观察缺乏一定的顺序性和系统性，观察不仔细，很容易注意事物外表的、明显的特征。还有，幼儿由于知识经验缺乏，观察的概括性差，不善于从整个事物中发现内在的联系。例如，观察一幅图画时，只能说出画面上的个别事物或个别人的动作，而不能说出这幅画的主题思想。因此，要求幼儿给一幅画定一个合适的名称是很困难的。

七、幼儿观察力的培养

观察力是构成智力的主要成分之一，也是智力发展的基础成分。幼儿的观察力是在生活环境和教育的影响下，经过系统的培养和训练逐渐发展起来的。为了培养发展幼儿的观察力，提出以下几项原则供参考。

1. 观察要有明确的目标

观察要有明确的目标，也就是说，进行观察时要告诉幼儿观察些什么。观察的目标越具体明确，观察效果越好，漫无目的的观察容易受到与观察无关的刺激所干扰。因为幼儿观察的特点之一就是容易受到外界事物的干扰而转移目标，如果观察时再漫无目的，幼儿就更不知道要观察些什么了。

2. 观察的对象要有吸引力

如果要激发幼儿观察的兴趣，激发起他们积极去观察某些事物的愿望，就必须使所观察的事物本身具有吸引力，能引起他们的好奇心，这样，幼儿就会怀着兴趣进行观察。要做到这一点，就要考虑到幼儿认知能力的发展水平。如果让幼儿观察的事物过于简单或者他们已经十分熟悉，他们会觉得厌倦，提不起兴趣去观察；相反，如果所观察的事物过于复杂、难度太大、与幼儿以前的经验距离太远，他们会因得不到成功感而降低观察的兴趣，甚至加以回避。

3. 指导幼儿掌握简单的观察方法

幼儿观察的特点之一是不够细致全面，容易出现遗漏的现象。因此，要针对幼儿的这些特点，通过语言的指示，让幼儿学习观察的方法，包括指导幼儿按一定的顺序来进行观察。例如，从上至下、从左至右、从整体到部分、从部分到整体等，以及提示幼儿注意哪些重要的特征。以观察鸭的外形特征为例，可以提示幼儿先看看鸭的整个外形，然后顺序地注意鸭的嘴巴、脖子、体形、脚、趾蹼等。在观察中依次逐个提出问题，让幼儿按提问去观察，这将大大提高幼儿观察的效果。

4. 鼓励幼儿独立地观察

幼儿的观察不够独立，容易受到他人的影响。因此，在观察过程中，保育员要引导幼儿进行独立的观察，即让他们学习靠自己去看、去寻求答案，而不是仅靠保育员传授，把答案告知他们。在观察中保育员不要急于让幼儿把观察到的事物用语言描述出来，这样便会减少幼儿独立观察的机会。例如，让幼儿围着看一只小鸡，并向他们解释："大家看，小鸡的毛是黄澄澄的，嘴巴尖尖的，脚没有趾蹼。"这样，幼儿的观察力便难以有所进展，因为他们没有经过自己独立观察而只是听着保育员的描述。

保育员对幼儿观察力的培养起着很大的作用，幼儿观察力的发展又会影响到他们的认知能力，所以保育员必须重视幼儿这方面能力的培养和发展。

5. 保护幼儿的感官

幼儿感觉器官的健康发展，是其感知能力发展的必要前提。因此，保育员在日常活动中，要经常提醒幼儿注意用眼、用耳卫生，重视幼儿感官卫生教育，同时要保护幼儿的感官，防止发生病变。

第二节　幼儿记忆能力的发展

一、记忆的概念和意义

记忆是人脑对经验的反映。记忆是一个复杂的心理过程，包括识记、保持、再认和回忆。识记也是一个反复感知的过程，经过反复多次的看、听、想、触摸等逐渐识别和记住了事物，是积累知识经验的过程；保持是指巩固已获得的知识经验，使其保持下来；再认是指过去感知过的事物重新出现时，我们能感到熟悉，确认是我们感知过的；回忆是指感知过的事物不在眼前时，能把它重新回想起来。再认和回忆实际就是在不同条件下恢复经验的过程。

识记、保持、再认、回忆是密切联系的。识记、保持是再认和回忆的前提，再认、回忆是识记和保持的结果和证明。识记和保持就是把外界的信息在大脑中进行储存、编码，是"记"的过程。在一定条件下，通过再认和回忆，又将储存与编码的信息从大脑中提取出来，这是"忆"的过程。从识记到再认、回忆的整个过程就叫作记忆。

记忆在人的生活中具有重要意义。人的一切知识经验的积累，技能、技巧的获得，以及各种习惯的形成，都离不开记忆。没有记忆，人们永远处在婴儿状态，永远在认识 1、2、3，小白兔……此外，记忆也是思维、想象、情感、意志等心理过程和能力、性格等个性心理特征发展的基础。

二、幼儿记忆的特点

1. 无意记忆占优势

无意记忆就是事前没有明确的记忆目的和意图。3 岁前，儿童头脑中的信息基本上是在无意之中获得的，3 岁左右，带有明确目的和意图的有意记忆开始出现。但幼儿期的记忆仍以无意记忆为主，特别是在幼儿初期，那些形象鲜明、具体生动的事物，或者是能够满足幼儿个体需要的事物，很容易自然而然地被他们记住，能激起幼儿强烈情绪体验的事物，更容易成为幼儿记忆的内容。幼儿无意记忆的效果随着年龄的增长而提高。

随着语言的发展，在教育的影响下，五六岁幼儿的有意记忆有了明显的发展。

2. 形象记忆效果好

形象记忆是借助具体的形象进行记忆，而具体的形象具有直观性、鲜明性，因此，学前期的幼儿最容易记住的是那些具体的、直观形象的材料，而抽象的词语记忆则出现得较晚。

对于各年龄阶段的儿童来说，无论形象记忆还是语词逻辑记忆的能力，均随着年龄的增长而提高，并且语词记忆的发展速度大于形象记忆。

3. 记忆的精确性差

幼儿的记忆往往不够精确。例如，幼儿复述一件事时，常常会遗漏和忘记某些情节，或者用他自己臆造出来的情节来代替。有时，某些情节或事物可能是发生在另一件事情上，但由于分辨不精确，幼儿会不自觉地把两件事混淆在一起。此外，幼儿也容易歪曲自己感知到的事物。

4. 记得快忘得也快

幼儿很容易记住一些新学习的材料。首先，是因为他们的神经系统有极大的可塑性，很容易在大脑皮层上留下记忆的痕迹；其次，是因为他们缺乏经验，许多事物对他们来说都是新鲜的，能够引起他们的惊讶、兴奋等情绪体验，从而加深对新事物的印象，而且较少受以往经验的干扰。幼儿记忆的特点是记得快忘得快，不易持久，因此，在引导幼儿识记时一定的重复和复习是非常必要的。对于一些幼儿必须掌握的基础知识和技能，保育员不能满足于“教过了”，还必须帮助幼儿进行复习和巩固，同一内容要经过多次的反复才能被幼儿所掌握。

三、培养幼儿记忆力的原则

1. 给幼儿明确的记忆任务

幼儿如果明确知道自己要记住些什么，记忆效果会较好。所谓明确记忆任务，就是预先告知幼儿要记住些什么。这样，也有助于幼儿有意记忆的发展。还应指出的是，除记忆的任务明确、恰当之外，如果再对记忆任务的完成情况给予及时的肯定和赞扬，那么记忆的效果会更好。

2. 帮助幼儿理解记忆的材料

心理学研究资料和日常生活中的许多事实说明，幼儿对熟悉、理解的事物记得很牢。随着幼儿接触的事物越来越多，仅靠机械重复的记忆方法是很不够的，需要在理解的基础上进行记忆。因此，为了提高幼儿的记忆力，要尽量帮助幼儿理解所要记忆的材料，要让他们对相类似的材料进行分析比较。

3. 给幼儿的记忆材料要形象，方法要有趣

幼儿的记忆是以形象记忆为主的，因此，应选择那些色彩鲜明、形象具体生动的内容，以此来吸引幼儿。同时在记忆方法上，以一定的形象为支柱，就可提高记忆的效果。例如，在记忆数字时用形象的比喻“1”像小棍子，“2”像小鸭子，“3”像小耳朵等，记忆的效果就很好。

4. 使用多种感官参与活动

一件新鲜的事物，如果只是听别人说，记忆就不易巩固也不精确，如果是既听又看，还能用手摸摸、玩玩，就容易记得既完整、精确又很牢固。因此，应让幼儿使用多种感官参与记忆过程。

第三节　幼儿想象力的发展

一、想象的概念和要素

想象是指人脑对感知到的事物的形象加以改造，形成新形象的过程。例如，幼儿听保育员讲故事时，通过保育员的描述，故事中的人物和景物会在他头脑中一一呈现出来。但这些在他头脑中出现的事物，可能和保育员所描述的不大一样，因为它们都是经过幼儿的想象而塑造出来的。又如，幼儿抱着娃娃喂奶，就是把自己想象成喂奶的妈妈的一种表现。

想象包括以下三个要素。

1. 想象依靠原有的表象

表象是客观事物在人脑中的形象。想象并不是凭空产生，要用在头脑中的已有的形象作为原材料才可能进行。例如，某幼儿看见天上的云彩，说是“有个小孩在骑大马”，这是一种想象，怎么会产生这种想象过程呢？这是因为他把云彩与头脑中的小孩和骑马这些表象联系在一起了。

2. 想象依靠感知和记忆

幼儿头脑中的表象又是从哪里来的呢？它是过去感知过的东西，依靠记忆，在头脑中保存下来的。如果幼儿没有看见过人骑马，就不会产生小孩在天上骑马的想象。

3. 想象是创造新形象的过程

想象和记忆不同，记忆是已有的表象在头脑中重新出现，想象是对已有的表象的加工改造。想象的素材必定来源于人所感知过的东西，但想象的形象又是人没有接触过的，可以是千奇百怪，甚至是人世间所没有的。

二、想象的作用

想象不是毫无意义的空想，不是在浪费时间和精力。想象对幼儿的生活、学习和活动都起着重要作用。幼儿需要有丰富的想象力，不仅是智力发展的体现，而且是他们进行创造活动不可缺少的条件。爱因斯坦曾经说过：“想象力比知识更重要，因为知识是有限的，而想象力概括着世界上的一切，推动着进步，并且是知识进化的源泉。严格地说，想象力是科学研究中的实在因素。”对幼儿来讲，有了丰富的想象力，才能领会故事、进行音乐活动、搭积木、玩娃娃家等游戏。

1. 想象对幼儿学习和游戏的意义

人对客观事物的认识可以靠自身的感知获得，也可以靠自身的活动获得，但人的活动空间有限，不可能什么都看到、听到、做到等。因此，就有必要通过他人的描述间接地获得对客观事物的认识。有了想象，可以帮助幼儿掌握抽象的概念，理解较为复杂的知识，创造性地完成学习任务。例如，在续编故事的教育中，就是要让幼儿通过想象编出不同的结尾来。想象在游戏中的作用更是不可言喻的，如果没有想象，游戏这种“虚构性”的活动就无法开展。

2. 想象是创造思维发展的核心

一个人的创造力主要表现在创造思维方面。评价幼儿创造思维水平也主要从幼儿想象力的水平出发，丰富的想象力是幼儿创造思维的表现。因此，我们要充分发展幼儿的想象力，以更好地促进幼儿创造思维的发展。

三、幼儿想象的特点

1. 无意想象为主和有意想象开始发展

无意想象是指没有预定的目的，而是在某种刺激物的影响下，不由自主地想象出某种事物的形象的过程。有意想象是指主动的、有目的的想象，它是根据一定的任务而进行的。幼儿期儿童的想象以无意性为主要特征。

（1）想象的主题不稳定

在幼儿初期，想象几乎没有主题和预定的目标。他们在活动之前，往往并不知道自己到底要做什么，常常看到什么就玩什么，究竟要怎样玩也不明确，虽然有时也能说出活动的目的，可实际上对其想象活动的开展并不起作用。例如，一个 3 岁的女孩问妈妈要纸和笔，声称要画一个大的彩色电视机。可是由于后来画不成方形，就说要画个红苹果，最后看着自己的画，又说画的是气球。从观察中我们也发现，幼儿初期的想象似乎经常与知觉过程相纠缠，想象的主题常常以当前的感知对象为转移。在游戏中也是这样，看到别人玩什么，自己也玩什么，游戏的主题经常变换。

（2）想象受兴趣的影响

凡是感兴趣的事都能引起幼儿的想象。例如，他喜欢听故事，便会百听不厌，对于能激发情感的情节更会要求保育员或家长一次再一次地继续讲下去。尤其是内容中有许多象声词的故事，更是如此。他们会一边听一边想象，故事情节发生变化时，他的想象也会跟着变化，好像十分享受想象的过程。也许正因为如此，即使某些故事明明听过许多遍，幼儿仍然表现出十分爱听的样子。因为一些为幼儿熟悉的东西，往往能引起他们的兴趣，也最容易激发他们的想象。

（3）有意想象开始发展

有意想象是在无意想象的基础上发展起来的。幼儿中期（中班）的想象进一步发展，可以围绕一定的主题进行想象。例如，一个 5 岁多的小女孩，画之前说："我想画小猫咪。"先画了猫头、猫耳朵，再画猫眼。然后画了条地平线，画了些小草和绿草，接着又画小兔子，说："哎呀，不像！不像！像什么呢？像小火车。"但这时又突然想起来：小猫还没有嘴呢！也没画胡子。边画边说："小猫笑了，胡子翘老高。哎呀，画成红眼睛了，应该是绿眼睛。"这个小女孩的想象基本是围绕主题进行的。虽然有时偏离主题，但能够自动回到主题上来。可见，有意想象是在无意想象的基础上逐渐形成、发展起来的。

有意想象在幼儿晚期（大班）表现得更明显。想象活动展开之前，已能确定主题，并围绕主题进行想象。例如，能预先商定游戏的主题，然后根据游戏的主题设想出大致情节，确定游戏规则，进行分配角色，准备游戏材料。

2. 再造想象为主和创造想象开始发展

再造想象是依据语言的描述或图片、符号等，在脑海中再造出新形象的心理活动过程。创造想象则并不是依据别人的描述或意念去加工形成新的形象，而是完全由个人进行想象、构思和设计出别出心裁的形象，它在幼儿本身的生活中从未出现过。

在学前期，幼儿的再造想象比创造想象多。例如，幼儿玩娃娃家的角色游戏或者扮演医生、上市场购物等游戏时，都是把日常生活中见过、感知过的事物再现出来，有很大的复制和模仿成分。幼儿想象中的形象多是记忆表象的极简单加工，缺乏新异性、独特性。但是，随着幼儿年龄的增长、知识经验的丰富和抽象概括能力的提高，幼儿的再造想象中逐渐出现了一些创造性的因素。他们开始可以独立地去想象。虽然想象的内容还带有浓厚的再现性质，但其中也有一些独立创造的成分，具有一定的新异性。例如，一位小朋友画的自己在月牙下荡秋千，就是创造性想象的初步表现。

3. 想象夸张

夸张是幼儿想象的一个突出特点。幼儿画画时，会把他认为重要的人物画得特别大。例如，幼儿常常把自己画得比别的孩子大，或者把兔子的耳朵画得特别长。他们在讲述自己的事情时，也喜欢用夸张的手法："我哥哥可有劲了，天下第一！"至于说的这些是否符合实际，幼儿是不关心的。这也是幼儿心理发展的一个特点。

四、想象有时与现实混淆

幼儿时期，常常把自己的想象当作真实的事情，如有的幼儿看到别人有冲锋枪，他会说："我们家也有。"可事实上没有。把希望发生的事情当成已经发生的事情描述，如某个幼儿对保育员说："我爸爸带我去小学报名了，老师考我计算，我都算出来了。"保育员信以为真，后来问了她的爸爸，才知道根本没有这么回事。保育员询问她为什么这么说，她回答："因为我长大了，我也想上学。"这就是孩子的心理。她一心想上学，就把脑子里想的事情，当作真实的事情讲了出来，把想象当成是事实。明白了幼儿的这个特点，便不会对她的这种言行产生误会，以为她学会了故意说谎，斥责她。

五、培养幼儿想象力的原则

想象不是凭空产生的，是对头脑中已有的表象进行加工、改造，形成新形象的过程。一方面，想象出来的新形象，都是以生活的体验、对环境的认识以及以言语活动为基础的；另一方面，幼儿本身也需要具备自信和开朗的性格。依据这些条件，培养幼儿的想象力便可以从下列几个方面着手。

1. 丰富幼儿的知识经验

头脑中的表象是想象的材料，是发展想象力的基础。表象越丰富、越准确，想象就越新颖、越深刻，如果表象贫乏、失真，那么想象也就必然是肤浅荒诞的。因此，要丰富幼儿的表象，首先要丰富幼儿的知识经验，帮助他们积累各种事物的表象。例如，通过散步，让幼儿认识各种交通工具、各种树木；通过参观动物园，让幼儿了解一些动物的名称、形态和习性等，使幼儿获得丰富多彩的比较准确的表象，为想象提供材料。

2. 加强幼儿的语言能力

语言在发展幼儿想象力方面发挥极大的作用。幼儿的想象活动是在语言的调节下进行的，而且经常以语言的形式表达出来。因此，为了丰富幼儿的词汇，教师可以使他们通过讲故事、看图画、学儿歌等游戏活动，增加词汇和学习运用语言，提高幼儿的想象能力。

3. 让幼儿进行充分的游戏活动

想象是游戏不可缺少的，游戏又是发展幼儿想象的重要手段。在游戏活动中随着扮演的角色和游戏情节的发展变化，幼儿的想象异常活跃。没有想象，游戏就玩不起来，也发展不下去。因此，要组织幼儿开展游戏活动，充分利用游戏活动发展幼儿的想象力。在开展游戏活动时要注意下列问题。

（1）要保证幼儿有充分的游戏活动时间。

（2）为幼儿提供游戏材料，激发幼儿开展游戏。

（3）对幼儿游戏活动要给予指导和启发，因为这样更有助于促进幼儿有意想象和创造想象的发展。

第四节　幼儿思维能力的发展

一、思维的概念和特点

思维是人脑对客观事物间接的、概括的反映。它是在感知、记忆等过程的基础上发生的，是高级认识过程。思维有两个突出的特点。

1. 思维是间接的反映

上述章节中我们已经介绍了感知是对客观事物的直接的反映，思维则是间接的反映。例如，早晨推开窗户，一股清新的空气扑面而来，再看地面都湿了，据此我们可以判断，昨晚下雨了。这不是直接反映，而是把过去感知而记住的下雨地面就会湿的表象和当前感知到的情景联系起来，进行推理而反映出来的。这是间接的反映，是思维过程。

2. 思维是概括的反映

思维不像感知那样，只反映事物的个别属性或个别具体的事物。思维反映的是一类事物的本质属性，或事物之间的规律性联系。前面提到的推理出“昨晚下雨了”的过程，就是把多次见到的下雨的情景和地湿的情景概括起来进行加工的心理活动过程。

二、幼儿思维发展的一般趋势

思维不是与生俱来的，是高级的认识活动。幼儿思维的发展，是一个从低级到高级、从不完善到完善的漫长而复杂的过程，经历了直觉行动思维、具体形象思维、抽象逻辑思维几个阶段。

1. 直觉行动思维

直觉行动思维是在对客体的感知中，在自己与客体的相互作用中进行的思维。3 岁前儿童的思维主要是直觉行动思维。这种思维比较低级，跟自身的动作和对物体的直接感知紧密联系着，实际是“手和眼的思维”。一方面，这种思维离不开对具体事物的直接感知；另一方面，这种思维又与行动分不开，只有在行动中才能进行思维。离开了感知的具体客体，脱离了实际动作，思维就会随之终止或者转移。例如，孩子手中拿着娃娃，他就会想到抱娃娃睡觉并玩娃娃家的游戏，当娃娃被拿走，游戏也就结束了。

2. 具体形象思维

这是 3 ~ 6 岁幼儿思维的主要形式。这种思维主要是凭借事物的具体形象或表象进行的，而不是凭借对事物的理解，即不是凭借概念、判断、推理进行的。它是在知觉行动的基础上形成和发展起来的。随着幼儿年龄的增长、知识经验的增多，幼儿解决问题的方式不再是通过外部的、展开的动作进行，而是逐渐被表象所代替。因此，思维过程不像直觉行动思维那样外显，而变得隐蔽起来。随着幼儿思维凭借表象的成分增多，思维的具体形象性在直觉行动中孕育起来，并逐渐发展为幼儿期思维的主要形式。

3. 抽象逻辑思维

抽象逻辑思维是依靠词所代表的概念以及判断、推理来进行的思维。它反映的是事物的共同本质属性和规律性联系。它是人类所特有的思维方式。抽象逻辑思维是在低级思维形式的基础上逐渐形成的。幼儿晚期（大班），开始出现抽象逻辑思维的萌芽。例如，保育员讲故事时，幼儿仅可以凭借保育员的讲述，无须借助图片也能理解故事的情节。对于一些问题，幼儿也能互相讨论、交流。这些都表现出他们抽象逻辑思维的能力。

幼儿思维的发展虽然经历了以上三种不同的水平，但这并不意味着这三种思维方式之间是彼此对立、相互排斥的，不同年龄的幼儿的思维方式会有所不同。有一点要注意的是，对于已初步具有抽象逻辑思维能力的幼儿来说，三种不同水平的思维方式是可以同时并存的，即当较高层次的思维方式出现后，幼儿有时仍会进行较低层次的思维方式。例如，一个 6 岁的幼儿既可以有知觉行动思维和具体行动思维，又可以有抽象逻辑思维。

三、幼儿思维的基本过程及特点

思维就是一个人的思考活动，是人类心理过程中的最高级部分，是人类智慧的核心。思维虽然看不见、摸不着，但人们一般都要把感知获取的材料经过分析、综合、比较、抽象、概括等基本过程，形成解决问题的方案，这就是思维的过程。

1. 分析和综合

分析就是把事物的个别方面从整体中区分出来，认识这些不同方面的个别特点的思维过程。综合是指把事物的各个部分或不同特点、不同方面结合起来的心理过程。

分析和综合是彼此相反而紧密联系的对立统一的过程，是同一个思维过程中不可分割的两个方面。例如，在认识小兔子时，首先要认识兔子的嘴、眼睛、耳朵、尾巴等各个方面，也就是把兔子的个别方面的特点如红眼睛、长耳朵、短尾巴等特点从兔子这个整体中区分出来，这就是分析。幼儿认识了兔子的个别方面的特征后，再把这些特征拼合起来，便得出小兔子的整体形象，这就是综合。如果没有综合，便不能准确地认识小兔子，因为小兔子的有些特征也是其他动物所具有的，因此，要正确地、全面地认识小兔子便要有综合的过程。

2. 比较

比较是指把各种对象和现象加以对比，并确定它们之间的异同。人对事物的认识是通过比较来实现的。4 ~ 5 岁的幼儿还不善于对事物进行比较，他们对事物进行比较时，会出现以下特点。

（1）不容易找出相应的部分

幼儿在比较画有两个孩子的图片时，他们最多只能找出两三个相应部分。例如，“这个孩子有皮球，那个孩子没有皮球”，“这个孩子戴帽子，那个孩子没戴帽子”。然后看物体不相应部分时，只是说出它们每个部分的名称。

（2）经常按颜色比较不同物体

对幼儿提出比较任务后，他们就去对比相同颜色的东西。

（3）找相同和不同点

只会找不同点和相同点，不会找相似点。

3. 抽象和概括

抽象是指在人头脑中抽出事物的共同特征，而舍弃其非共同特征的过程。

概括则是指把具有共同特征的事物归类的过程。例如，幼儿通过对各种鸡进行比较以后，抽出“有鸡冠”“有羽毛”“是家禽”等共同属性，而舍弃其非共同属性（如不同颜色和大小、公鸡和母鸡等），这就是抽象。幼儿把具有以上共同特征的家禽都归入鸡这一类中，这就是概括。幼儿概括的特点是：

（1）概括的内容比较贫乏。

（2）概括的特征很多是表面的、非本质的特征。

（3）概括的内涵往往不精确，例如，“用的东西”就是家具，“儿子”代表小孩。

四、幼儿思维的基本形式及特点

概念、判断和推理是思维的基本形式。这里我们主要从思维的基本形式来看幼儿思维的特点。

1. 幼儿掌握概念的特点

（1）掌握日常概念

幼儿所掌握的主要是一些日常概念，而不是科学概念。幼儿所获得的日常概念，通常来自交往活动、游戏活动等，是在学习语言的同时，结合自己的生活经验和对具体事物的印象而掌握的。由于幼儿概括能力水平较低，所以他们能掌握的都是日常生活中的具体概念。

（2）掌握具体概念

幼儿所掌握的是具体概念。掌握概念要依靠概括过程。幼儿常常从事物外部的、非本质的特征进行概括，所以，幼儿的概念也总是具体的。例如，幼儿认为家具就是家里的东西，因此它把自行车也归入“家具”这个概念，而对那些抽象概念如时间概念、道德概念等，掌握起来就比较困难。

2. 幼儿判断和推理的特点

由于幼儿期的思维主要是具体形象思维，他们的逻辑思维刚刚萌芽，其判断、推理有如下特点。

（1）按表面联系进行判断和推理

幼儿初期，常常根据事物的表面联系和外部特征来进行判断、推理。例如，问幼儿“书为什么要包书皮？”他根据自己因为怕冷而要添衣服，得出书要加上书皮“是因为书怕冷”的推理。

（2）按生活的逻辑进行判断和推理

幼儿往往不能按照事物本来的客观逻辑进行判断、推理，而是按照自己的生活经验或个人情绪来进行判断、推理。例如，看见木头浮在水面，他会说“木头想游泳”；认为球从斜面上滚下来，是因为“球不愿意待在桌子上”。有人又把这种判断、推理的方式称作“自我中心逻辑”。

（3）缺乏依据或依据不明

幼儿对事物的判断、推理常常是不明确的，尤其是年龄小的幼儿，其判断往往没有自己的依据。例如，对一个 3 岁幼儿说出的判断问他为什么是这样时，他常常说不出来，或者说：“爸爸说的。”到幼儿晚期，幼儿逐渐知道判断应有依据。

3. 幼儿理解的发展

幼儿思维的发展也表现为理解能力的发展。所谓理解，就是懂得了事物的本质，它反映思维的水平。由于幼儿的知识经验不丰富、思维具体，所以对事物的理解一般是不深刻的，但随着年龄的增长，幼儿的理解能力也在不断提高，其发展趋势如下

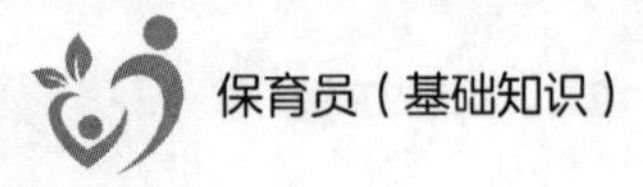

所述。

（1）从对个别事物的理解，发展到对事物关系的理解

幼儿对事物的理解，总是从个别开始的。例如，在理解故事过程中，幼儿往往是先理解个别的词、个别情节、个别人物，然后理解整个句子，理解整个句子的思想主题。

（2）从依靠具体形象来理解，发展到依靠语言来理解

幼儿初期，幼儿常常依靠动作、依靠具体形象来理解。例如，3 岁幼儿在听到或自己讲到“大象用鼻子把大灰狼卷起来”时，总是用手做出“卷”的动作，说到“把大灰狼扔到河里去”，又用手做出“扔”的样子。随着幼儿言语的发展，他们可以借助词的描述来理解故事的内容。如果有插图的帮助，理解的效果会更好。

（3）从对事物简单的和表面的理解，发展到对事物比较复杂的和深刻的理解

幼儿初期，他们对事物的理解是很直接的，也很简单，只能理解事物的表面现象。例如，妈妈吃了酸的东西后，说：“我的牙都快要倒了。”幼儿会说：“妈妈，我帮你扶起来。”把一杯水倒入比原来窄或宽的杯子里，幼儿看到水面升高或降低，会认为水变多或变少了。但实验也表明，部分大班幼儿已经开始摆脱表面现象的干扰，能作出正确的判断。

五、幼儿思维能力的培养

1. 不断丰富幼儿的感性知识

思维是在感知的基础上产生和发展的。人们对客观世界正确、概括的认识，决不是主观臆造或凭空虚构的，而是通过感知获得大量具体、生动的材料后，经过大脑的分析、综合、比较、抽象、概括等思维过程才达到的。只有这样，才能反映事物的本质和内在的联系。因此，在培养幼儿的思维能力时，首先要丰富幼儿的感性知识经验，并且要让幼儿学会对日常生活中常见的事物或现象进行大量的分析、综合、比较、分类等思维过程，而不是通过灌输大量的知识，让他们逐渐认识到事物的本质和内在联系。例如，向幼儿介绍交通工具时，并不是把海陆空所有的交通工具应有尽有地罗列出来，而是要让他们发现各种交通工具的主要特征，如陆上交通工具和车轮之间的关系，水上交通工具和浮力有关等。总之，在丰富幼儿感性知识的同时，更要让幼儿充分运用分析、综合、比较、抽象、概括等思维能力，这样更有助于幼儿思维能力的发展。

2. 增强幼儿的语言能力

幼儿的思维，一方面借助具体事物的刺激，另一方面借助语言来进行思维，进而

形成概念，所以语言能力与思维能力有着密切关系。幼儿语言的发展，直接影响到思维的发展。因此，增强幼儿的语言能力对促进思维能力很重要。在日常生活、游戏和教育过程中，应该有计划地不断丰富幼儿的词汇，给幼儿提供语言表达、进行交流、讨论的机会，并帮助幼儿正确理解和使用各种概念，促进思维能力的发展。

3. 激发幼儿的求知欲和保护幼儿的好奇心

提出问题、解决问题的过程，也就是积极思维的过程。思维总是从提出问题开始的。幼儿好奇心很强，能频繁提出各种问题。例如，“热水瓶盖子为什么会自己跳出来？”“鱼在水里为什么不闭眼睛？”“鱼睡觉吗？”等。面对这种情况，保育员和父母都必须主动、热情、耐心地对待幼儿的问题，决不能采用冷淡或压制的态度，特别是在幼儿提出难以回答的问题时更应注意态度，可以告诉幼儿：“让我想想再告诉你。”同时鼓励幼儿好问、多问，称赞他们会动脑筋。另外，成人要为幼儿提供能引起观察和探索行为的情景，并引导他们自己发现问题、寻求答案。也可以经常向幼儿提出各种他们能够接受的问题，引导幼儿去思考、去观察。例如，“猴子、小白兔、狗熊各自拿一个锅做饭。猴子用的是铁锅盖，小白兔用的是木头锅盖，狗熊用的是冰锅盖。请小朋友想想，他们谁能把饭烧好，谁烧不好，为什么？”又如，“两个大小、颜色完全相同的球，一个是木头做的，另一个是铁做的，请你想想，用什么办法才能把它们区别出来？办法想得越多越好”。经常向幼儿提出一些难度适中而具有启发性的问题，使幼儿保持对周围事物的好奇心和探索愿望，使幼儿的思维经常处于积极的活动状态之中，有助于思维的发展。

第五节　幼儿注意力的发展

一、注意的概念

注意是一种心理状态。它是指在一段时间内，全神贯注在某一件事情上，是神经系统对外界刺激所起的一种反应。在生活中人们总是要注意看、注意听、注意思考、注意做各种动作，平时我们所说的“目不转睛”“全神贯注”“聚精会神”等，指的就是注意。

二、注意与心理过程的关系

注意不是一个独立的心理过程，它总是与其他心理过程相伴并保证着心理过程的顺利进行。有了注意，就开始了心理活动；伴随着注意，心理活动才可能继续进行，并指向一定的方向，使人们越来越清楚而完善地认识事物，提高了心理活动的效率。注意对幼儿认知的发展起着重要的作用。幼儿无论是在游戏中还是在学习过程中，都需要这种心理活动。例如，幼儿玩串珠时，要集中注意力把珠子串起来；当转换活动时他们又要集中注意力听保育员的指示，按要求收拾玩具，离开活动区。在学习过程中，幼儿也要把注意力集中在要学习的事物上，否则，就听不到或听不全保育员的指示，看不见事物已经发生了变化，记不住学过的东西。因此，从小就要培养幼儿良好的注意品质。

三、幼儿注意的特点

1. 无意注意占优势

无意注意是指没有预定目的、不需要意志努力而是因受到刺激物的吸引所引起的注意。例如，幼儿正在安静地听故事，突然有人大叫一声，幼儿就会不由自主地寻声看去。这就是无意注意。

幼儿期主要是无意注意。容易引起幼儿无意注意的事物可分为两大类。

（1）强刺激或新奇多变的事物，颜色鲜艳、形象清晰、有声响、能活动的东西，容易引起幼儿的无意注意。

（2）感兴趣的事物容易引起幼儿的无意注意。例如，有的幼儿对昆虫感兴趣，遇到昆虫，不仅不怕，而且还要仔细地摆弄摆弄，进行观察。有的幼儿，昆虫飞到他的身边，他顶多看一眼，就继续玩他的游戏去了。

2. 有意注意开始发展

有意注意是指有预定目的、必要时还需要付出一定努力的注意，它服从于我们生活、学习的需要和任务。例如，我们认真听老师讲课、读书、看报和观察幼儿等都属于有意注意。在幼儿园，保育员在组织幼儿游戏活动中经常提醒幼儿说："注意了！"这时幼儿的注意就是有意注意。此外，幼儿从始至终听保育员讲故事，回答保育员的问题，认真画画、做手工等都是幼儿有目的的活动，而且为了完成活动要努力控制自己不做别的事。这也是幼儿的有意注意。

幼儿的有意注意主要表现在能自己控制自己的注意，其特点是有目的和需要一致的努力。随着幼儿言语和自制力的发展，幼儿的有意注意也逐渐发展起来了。只有幼儿意识到自己面临的任务，他自己想要达到一定的目的或要求时，他才会力求控制自己，使自己的注意集中在预定的目标上。例如，在手工活动中，幼儿按保育员的要求在纸上贴小鸟，这时幼儿就要根据保育员的要求选择一定形状和颜色的纸进行这一活动，这就是有意注意活动。因此，让幼儿理解活动的目的，知道有什么任务，有助于提高幼儿的有意注意。同时，幼儿有意注意的发展还有赖于成人的组织和提醒。

3. 注意的稳定性差和注意力容易分散

注意的稳定性是指在感受某种事物或从事某种活动时，能保持较长时间的专注。维持注意的时间越长，注意的稳定性越大。学前期的幼儿对什么都感兴趣，什么都想摸摸看看，注意力容易分散，不过，随着幼儿年龄的增长，幼儿注意的稳定性也在逐渐提高。3 岁幼儿的注意常常不稳定，很容易被一些形象鲜明、生动、新奇、多变的事物所吸引；幼儿到了 5 ~ 6 岁，注意开始逐渐趋向稳定，有意注意也就逐渐形成，可以长时间地专注于一件事上（如玩沙子、看书）。但总的来说，学前期幼儿的注意仍在形成阶段。

4. 注意的范围小和注意的分配能力较弱

注意的范围是指在同一时间内，人们能清楚地感受到的事物的数量。平时我们所说的“眼观六路，耳听八方”“一目十行”，都是指的注意范围。两三岁的幼儿，一般只能注意到事物外在较鲜明的特征或物体较明显的动态；四五岁的幼儿发展到能够注意到事物不明显的部位和事物之间的简单关系；6 岁幼儿由于知识经验的增多，注意的范围也逐渐扩大了。

注意的分配是指同时进行两种以上的活动时，把注意分配在两种或两种以上的对象上，例如，一边跳绳，一边数数。幼儿的分配能力随着年龄的增长而提高。五六岁的幼儿吃饭时可以边吃边和邻座的小朋友交谈，但两三岁的幼儿说话时就顾不了吃饭，甚至听着别人说话时也需停止吃饭，这是因为他们不能在同一时间内把注意分配在两件事上。

5. 注意转移能力较差

注意转移是指根据新的要求，主动、及时地把注意从一个对象转移到另一个对象上。例如，在一项活动中，保育员先让幼儿观察盆里的小蝌蚪，接着看投影在屏幕上的千姿百态的小蝌蚪，这就需要幼儿把注意从盆里的小蝌蚪转移到屏幕上的小蝌蚪。注意的转移和分心是不同的。虽然它们都是改换注意的对象，但前者是主动的、有目的地改变注意的对象，后者是被动的，是由于无关刺激的干扰或单调的刺激的影响，使注意离开需要注意的事物。

总之，幼儿注意的特点是无意注意占优势，有意注意开始发展。注意的稳定性较差、注意范围较小、注意分配和注意转移的能力较差。因此，我们在组织活动时就要根据幼儿注意发展的规律和特点来开展各种活动。

四、幼儿注意力的培养

良好的注意力对促进幼儿认知的发展起着重要作用，幼儿无论在游戏还是学习时都需要注意这种心理活动。培养幼儿的注意力，应针对幼儿注意的特点，做好以下几方面的工作。

1. 明确活动的目标

提出明确、具体的活动目标，激发幼儿完成任务的愿望和积极性，可以增强幼儿的自我控制能力，也有助于幼儿有意注意的发展。

2. 丰富幼儿的知识经验和培养幼儿对各种事物的兴趣

兴趣在幼儿注意中的作用是不可忽视的。幼儿的注意在一定程度上受直接兴趣和情绪状况的制约，也就是说幼儿对有兴趣的活动，注意容易集中，而且维持的时间也长。同时，幼儿所拥有的知识经验，对引起和保持他的注意有密切关系，例如，一首熟悉的歌、一本熟悉的图书等都能引起幼儿的注意。但如果幼儿对新奇的东西一点也不理解或全无认识，注意也就不能持久。相反，如果幼儿对感知的东西有一点印象但又不完全理解，似懂非懂，幼儿就会有一种认识的冲动，想去了解得更多，这就能保持注意。例如，以前爸爸给他讲过有关北极所发生的事情，对北极有了初步的印象，当保育员再次提到北极的故事时，他们便会集中注意去听保育员的讲述。因此，我们要开展各种活动，充实幼儿的生活内容，丰富幼儿的知识经验，促进幼儿注意稳定性的提高。

3. 创造良好的环境和防止幼儿注意分散

幼儿注意分散，常常是由于无关刺激的干扰。因此，游戏时不要一次呈现过多的刺激物，室内的布置要简洁、有童趣，组织教育活动中对个别注意力不集中的幼儿，保育员最好使用眼神、提问或细微的动作等进行提醒，以免影响多数幼儿的注意。

4. 要有好的教育活动设计

一个优秀的活动设计，包括其内容的选择、方法的确定以及活动的时间等都要合理和适当。有趣的内容和生动活泼的教育形式，能使幼儿保持稳定的兴趣。如果内容单调乏味，教育的形式呆板，必定容易使幼儿的注意分散。这里还应注意到活动的时间安排也是很重要的，要考虑到不同年龄阶段的幼儿注意的稳定性有所不同，依据幼儿的年龄安排合理的活动时间。

第六节　幼儿语言的发展

语言是人类交际的工具，对幼儿的生活、学习、游戏、日常活动都有重要影响。语言活动包括两个过程，即语言的表达过程及语言的感知和理解过程。

一、语言的作用

1. 交流作用

人只有将感知、记忆、思维等心理活动宣之于外，彼此之间才有可能交流思想感情，传递知识经验，同时，人们只有通过不断地沟通情感，相互学习，交流经验，才能提高对人类社会各种事物的认识能力，而这些都需要借助于语言。对幼儿来讲，学习各种知识，表达自己的观点、愿望和感受以及与人交往，都需要语言。

2. 概括作用

语言中使用的每个词，都代表着一定的对象或现象。它们可以是个别的，也可以是指某一类的。例如，我们说“公园里有许多树”。这里“树”这个词不是指某一种具体的柳树或槐树，而是概括了各种类的树，是所有树的总称。通过语言和词的概括，人们就有可能根据事物的共同特征，把它们在头脑中联系起来，形成事物的概念。人们就可以判断推理，进行抽象思维活动，大大促进认识能力的发展。

3. 调节作用

在交往过程中，语言不仅与具体的事物联系在一起，而且也与事物的表象建立联系。语言能唤起人们的表象活动，对人们形成稳定的、丰富的心理活动起着重大作用。语言参与人的心理活动以后，就积极调节、支配人的心理，使人的活动带有目的性、自觉性。例如，幼儿想起妈妈说“不可以吃别人的东西”，就会把手缩回来，拒绝吃别人的糖。幼儿的语言水平越高，对行为的调节作用越大。

二、婴幼儿语言的特点

1. 婴幼儿语言发展阶段

（1）1 岁以内的婴儿

语言的发展是通过哭声，进而咿呀学语，再进一步发出一些在成人看来有意义的声音。同时，他们也通过听觉、视觉、触觉、味觉等感觉器官去获得环境中的概念和理解词义。

（2）2 岁的婴儿

这是他们增加词汇的重要时期，尤其在 1.5 ~ 2 岁阶段，词汇量增加得最多。这是因为他们学会走路后，活动的范围扩大，接触的东西增多，再加上思维能力的发展、记忆力提高、理解力增强等，这些都使婴儿的语言能力有了显著的发展。1.5 岁左右的婴儿已可以说出简单的句子来表达他们的愿望和要求。

（3）3 岁的幼儿

学习说话在他们的日常生活中占有重要的地位。在这段时间，幼儿的词汇量迅速增加，较第一、第二年有了很大发展。他们说话虽然不是很流畅，条理性差，但已能说出完整的句子。例如，在户外活动时，一架飞机低飞而过，一个 3 岁的幼儿兴奋地叫起来："飞飞飞机，隆隆隆，飞飞机……"对于一个 3 岁的幼儿来讲，这种重复、不流畅的现象都是正常的、自然的，保育员要正确对待。

（4）3 ~ 4 岁的幼儿

此阶段的幼儿语言的表达能力还很差，表现在他们说话常常是东一句、西一句，不连贯、不完整，带有很浓厚的情绪色彩，伴随很多手势和表情，而且情景性很强。因此，他们说的话别人常常听不懂，假如别人表示听不懂他们的话，他们会感到困惑和反感。

（5）4 ~ 5 岁的幼儿

此阶段的幼儿已经能独立地讲故事，或说各种事情，但常常是断断续续的，不够连贯，只能说出事情的一些次要的、他感兴趣的东西，而把一些重要的事情遗漏了。

（6）6 ~ 7 岁的幼儿

此阶段的幼儿能够比较系统地叙述。他们不仅能比较完整、连贯、清晰地说话，而且能恰当地根据需要运用声音的高低、强弱、大小、快慢和停顿等语气和声调的变化，使之更生动、更有感染力。

2. 幼儿期语言发展的特征

到了幼儿期，幼儿对语言的听、说以及理解能力有了进一步的发展，所掌握的词汇量也急剧上升，这是幼儿语言发展的重要标志。

（1）掌握的词汇量急剧增加

幼儿时期，他们掌握的词汇无论在数量增加上还是在质量提升上都是十分显著的。

1）词汇量迅速增加。幼儿时期，他们掌握的词汇量增长十分迅速，是人一生中增长最快的时期。许多研究材料表明，幼儿晚期掌握的词汇可达3 000个左右，已超过一般口语的需要。但是由于生活条件、教育及其他的原因，幼儿掌握词汇的差距也是很大的。

2）词汇内容丰富和扩大。幼儿时期，他们掌握的词汇不仅数量增长得快，而且对词本身的意义、内容理解也加深，更概括了。例如，问幼儿："什么是杯子？"幼儿立刻回答："喝水用的。"说明幼儿对这个词的理解不是指某个具体的杯子，而是对各种各样的杯子一般属性的概括。另外，幼儿还能掌握一些较高级、更概括、更抽象的词，词类的范围也逐渐扩大。

3）积极词汇大大增加。所谓"积极词汇"，就是幼儿能够正确理解又能正确使用的词。那些不能理解或者有些能理解但不会使用的词，叫"消极词汇"。例如，1岁多的幼儿对很多话虽能听得懂，但不会说，随着年龄的增长，这种情况大大改变。

（2）语法的运用趋于成熟

幼儿掌握语法结构，主要是通过日常生活中的语言交往，模仿成年人说话获得的。因此，从理论上学习语法规律，对幼儿来说既不必要，也有困难。这一时期，他们对词汇的运用成熟了许多，不仅能恰当地把词组合起来，而且还能清楚地分辨词义，并能使用一些复合句子来表达意思。例如，"我不吃饭，我在家吃过了。"

（3）口语表达能力增强

幼儿由于活动范围的日益扩大，对语言的要求也就日益提高。他们已不满足于一般对话式的语言，而要把自己看过的、听过的事情，把自己的体验、想法比较连贯地、完整地告诉别人。连贯性语言的特点在于说话有头有尾、前后连贯，使听者不必考虑当时的情景就能领会说话人的意思。这对幼儿来说，并不是一下子就能实现的。因为整个幼儿期就是他们从情景性语言向连贯性语言过渡，从对话语言向独白语言过渡的时期。

幼儿的连贯性语言表达是随着年龄的增长而提高的。

3. 幼儿的口吃现象及预防

这里还应该特别提一下幼儿口语中常见的口吃现象。

口吃是幼儿语言发展中的一种常见病，表现为说话过程中不正确的停顿和单音重复。造成口吃的原因除了生理缺陷外，还常常是由于心理原因和模仿等引起的。因为说话的过程是表达思想的过程，在从“思想”转化成语言的过程中，幼儿可能会因为找不到更合适的词汇和更好的表达方式而感到焦急不安，也可能会因为发音的速度赶不上思想闪现的速度，使幼儿处于一种紧张状态，便出现了发音停滞和无意识地重复某个音节的情况。如果这种紧张成为习惯，每次遇到类似的语词和情景时，就会出现口吃。

幼儿的口吃似乎像一种“传染病”，很容易蔓延。因为他们好奇、好模仿，同伴中偶尔出现口吃现象，他们觉得好玩儿而加以模仿，最后就形成习惯。习惯形成后，往往不易纠正。保育员要注意及时防止和纠正幼儿的口吃现象，帮助幼儿消除紧张。

三、影响幼儿语言发展的因素

影响幼儿语言发展的因素主要有三个方面：生理因素、认知能力和情绪因素。

1. 生理因素

所谓生理因素是指整套发音系统（如口腔、声带、气管等）和大脑神经系统是否健全，因为这些都会影响幼儿语言的发展。此外，感觉器官包括眼、耳、皮肤、口、鼻等对语言发展也会产生重要影响。这些器官把环境中的信息反映给大脑，大脑把信息进行记录、储存、分析，再运用到口语以至书面语言上。例如，幼儿通过眼、触摸、口等来认识苹果这种水果的颜色、软硬、味道等，靠听觉知道这种水果叫苹果。于是，当幼儿听到苹果时，他可以把苹果的特征描述出来；当他看到符合上述特征的水果时，能叫出苹果这个名称。如果幼儿的感觉器官不健全，则会影响其语言发展。

2. 认知能力

无论是听读能力还是表达和书写能力，都建立在对语言理解的基础上。也就是说，语言能力和认知能力有着密切的关系。以幼儿的感知能力为例，通过感官，幼儿不仅可以分辨出物体的大小、长短、高矮、粗细等，而且还可以分辨出动物的叫声以及各种物体撞击时发出的各种声音；同时通过触觉、嗅觉等能分辨出物体的软硬度、温度以及不同的气味等。如果幼儿对环境中事物的属性有了基本的概念，当他掌握到相应的词汇时，便可以运用语言进行交流了。相反，如果幼儿缺乏认知能力、没有掌握相应的概念，不仅难以正确、清楚地表达自己的愿望，而且不能理解别人说话的内容。

3. 情绪因素

幼儿在学习语言过程中，情绪对他的影响也很大。例如，成人和其他小朋友对他的态度（喜欢或厌恶）会影响幼儿说话的愿望，如果周围的人能接受这个小朋友，他就乐于表达自己，说起话来也充满信心。这样，就能促进幼儿语言的发展。

四、幼儿获得语言的途径

幼儿在出生后短短的三四年中，就基本掌握了本民族语言的全部语音、大量词汇和语法的基本体系。这个进步是巨大的，甚至是惊人的。那么，幼儿是怎样学到语言的呢？下面我们介绍几种理论。

1. 学习强化理论

以斯金纳为代表的行为学派认为，幼儿语言的习得是通过成年人的强化作用。当婴儿咿呀发音时，成年人对于一些他们认为有意义的声音会作出肯定的、赞许的反应，这就是起到了强化的作用。例如，婴儿偶尔发出“爸”或“妈”这种声音时，他的爸爸、妈妈大都会作出反应，这种现象重复发生后，婴儿逐渐领会到“爸”或“妈”实际是代表了某一个人。每当他发出这种声音时，他的父母所作出的欣喜反应就强化了婴儿的意识，婴儿便会更多次地发出这种声音，婴儿便学会了说话。相反，如果婴儿发出的是一些无意义的声音，成人表现出不理解或皱眉的反应，由于得不到鼓励，婴儿便会减少发出这种声音。

2. 预先决定论

这一学派的代表人物是乔姆斯基。他们认为，人的大脑里有先天的“语言获得装置”，由于有了这种装置，幼儿虽然只从周围环境听到有限的句子，却能产生无限的句子。这一学派认为，模仿和强化虽然对幼儿语言的发展有一定的影响，但并非是主要的，因为幼儿的语言能力是与生俱来的，在适当的环境下，就能发挥这种先天的语言能力。

3. 语言习得理论

这一学派以皮亚杰的理论为基础，认为语言的习得取决于幼儿与周围环境之间的相互作用。幼儿基于本身生存的需要，会主动和环境接触，包括用声音和动作与成人交流，在获得成人的反应之后，便会作出更大的主动，以求获得更大的满足。而成人也会对幼儿的语言活动作出反应，这就使幼儿得到了鼓励去学习语言。语言就是在幼儿和他接触的环境之间的相互作用下，不断产生量和质的变化，直到幼儿掌握到基本语言。

五、幼儿语言的培养

幼儿语言主要是在社会环境和教育的影响下形成和发展的，由此，成人在促进幼儿语言发展时应注意以下几点。

1. 创造条件让幼儿有充分交往和活动的机会

语言本身是在交往中产生和发展的。幼儿只有在广泛的交往中，感到有许多知识经验、情感愿望等需要说出来的时候，语言活动才会积极起来。因此，成人要给幼儿提供交往和活动的机会，扩展他们的生活经验，进而增强幼儿对事物的理解，加强他们的认知能力；同时，创造幼儿与成人及小朋友之间的交往，也是发展幼儿语言的有效方法。

2. 帮助幼儿扩大眼界、丰富生活以增加词汇

生活是语言的源泉。没有丰富的生活，就不可能有丰富的语言。幼儿生活范围狭小，生活内容单调，语言发展就迟缓，语言就贫乏。例如，偏僻山村的儿童与繁华城市的儿童相比，语言丰富程度差距很大，这主要是由于他们的生活环境造成的。因此，要帮助幼儿扩大眼界，要让他们“见多识广”，这样语言也就丰富了。

3. 良好的语言示范促进幼儿语言的发展

模仿是幼儿的天性。幼儿十分喜欢模仿周围人们的一举一动。在幼儿园里，保育员的一言一行、一举一动，幼儿都会一一听在耳里、看在眼中。例如，保育员说什么，怎样用词和句子，说话时的态度、表情和手势以及对别人说话的反应等，都对幼儿起示范作用。我们常常可以看到，有些幼儿的发音、用词，甚至说话的声调、表情，都很像他所喜欢的保育员。因此，成人良好的语言示范作用对幼儿潜移默化的影响是十分深远的。保育员说话时，除了应咬字清楚、发音准确、辅以自然的和恰当的手势外，还要注意语言的表达、规范，以及运用适当的音量、语调、速度等。这里特别要注意，不能讥笑、重复幼儿错误的发音和语句。

4. 做幼儿说话的回应者，帮助他们扩展语言的表达能力

保育员不仅要留心幼儿的说话，而且还要表现出对他们的说话有兴趣。因为得到保育员的回应，幼儿会倍感高兴，对说话的兴趣也就会增加。

然而这个回应者并非是被动地听幼儿的说话，而是要依据幼儿说话的内容加以扩展，使说话的内容更为丰富，使幼儿更有兴趣把想到的都说出来，才能促进幼儿的口语表达能力。

第八章

幼儿情绪情感的发展

第一节　幼儿情绪的特点

一、情绪的概念和地位

1. 概念

情绪是人对客观事物态度的体验。情绪和感知、记忆等认识过程一样，是人脑对客观事物的反映。其特点在于情绪不是对客观事物本身的反映，而是对客观事物和人的需要之间关系的反映。例如，幼儿看见妈妈，立即产生愉快兴奋的情绪，看见穿白大褂的医生，则会产生害怕恐惧的心理。“看见”是认识活动，是知觉过程，是对“妈妈”和“医生”的反映；“愉快兴奋”和“害怕恐惧”则是情绪活动，是对“妈妈”“医生”和幼儿自己的需要之间的关系的反映。妈妈是最能满足他需要的人，医生却和他曾经的害怕痛苦的体验相联系。情绪和人的需要之间有着密切的联系。需要是人情绪产生的基础，也就是说，产生什么样的情绪取决于客观事物能否满足人的需要。如果能满足人的需要，就会引起人愉快、满意、喜爱和赞叹等的情绪，如果需要得不到满足，则会引起悲哀、愤怒和苦闷等的情绪。

2. 地位

幼儿的需要是多种多样的，主要有以下几个方面。

（1）生理的需要

例如，对事物、水、空气、睡眠、休息、排泄等的需要。生理需要是与生俱来的，它不仅出现得早，而且往往支配着幼儿的情绪和行为。

（2）活动的需要

幼儿具有强烈的活动需要，喜欢玩水、玩沙、捉迷藏等各种活动。在活动中，幼儿不仅增加了对周围环境的认识，而且产生了愉快的情绪，并且体验了玩的快乐。

（3）认识的需要

幼儿渴望认识周围环境中的各种事物和自然现象，表现出强烈的认识需要，这也是幼儿天性的表现。他们好奇好问，常向成人提出各种各样的问题，想知道是为什么；他们喜欢拆拼摆弄各种东西，想了解其中的原因。例如，他们拆开收音机，是想找在里面说话的阿姨。这都是幼儿认识需要的表现。

（4）爱的需要

幼儿需要爱，也需要被爱。爱是幼儿成长的条件。这类需要不能满足时，幼儿会感到孤独、寂寞。

（5）受人尊重的需要

对幼儿来讲，他们特别需要成人的关注、鼓励、肯定、赞许，同样也需要同伴们的接纳、认可，这是幼儿成长过程中不可缺少的，是受人尊重需要的表现。

二、情绪的作用

1. 情绪影响人的行为

情绪在人的行为活动中起着动机的作用，这一点在幼儿身上更为明显。情绪直接激发幼儿的行为，控制他们的活动。愉快的情绪往往使幼儿愿意进行某种活动，不愉快的情绪则导致幼儿做出消极的行为。例如，保育员在组织活动时自己情绪很好，兴趣盎然，幼儿受到感染，会积极愉快地参加活动。相反，虽然是组织同一种活动，如果保育员在组织活动前先把幼儿训斥一顿，他就会无精打采，提不起精神。

2. 情绪影响人的认知活动

幼儿的各种认识活动都带有无意性特点，无意性的突出表现是情绪在认知活动中起重要作用。例如，幼儿对喜爱的图书，能够连续几天地仔细翻看，爱不释手，对自己不喜欢的图书，可能翻一下就不看了。实验研究表明，适度的情绪状态，可以推动认识活动的开展，惧怕则会使认识活动受到抑制和削弱。因此，保育员应使幼儿经常保持良好的情绪状态。

3. 情绪影响人的健康

情绪能引起幼儿外部表现的变化，这是有目共睹的。愉快时面带笑容，高兴时手舞足蹈，激动时呼吸急促，焦急时满头大汗，惊讶时目瞪口呆，烦躁时坐立不安等，这些外部表现是情绪引起身体内部器官变化的反应。

因为情绪影响到幼儿大脑神经系统和身体内脏的活动，所以愉快的孩子吃得好，睡得香，玩得高兴，而玩得过久，过分疲劳，孩子会食欲减退，睡眠不安，因此饭前或睡前应防止幼儿过度兴奋。

三、幼儿情绪的一般特点

人除了睡眠以外，每时每刻都处于某种情绪状态下，如快乐、高兴、愤怒、恐惧、悲伤等。幼儿也是这样。情绪和感知、记忆等认识过程一样，是人脑对客观事物的反映，但不是对客观事物本身的反映，而是对客观事物和人的需要之间关系的反映。例如，幼儿看见穿白大褂的医生，就产生害怕的心理，看见是认识活动，是知觉过程，害怕则是情绪活动，是对“医生”的反应。

幼儿情绪的特点如下。

1. 易冲动

幼儿常常处于激动状态，他们往往由于外界事物的影响而冲动。这种现象在幼儿初期尤为突出。他们高兴起来又喊又叫，伤心时马上泪流满面。因此，当幼儿处于高度激动时，不能要求他们立即转为平静，只能逐渐“降温”。当幼儿大哭大闹时，劝说往往无效，可以给他擦擦眼泪，用温柔的口吻和抚摩使他逐渐安静下来，或用另一种活动转移他的情绪。例如，心爱的玩具被别人拿走，幼儿会大吵大闹，成人进行劝慰，他根本听不进去。在成人的正确教育和要求下，加上集体生活的适当约束，幼儿逐渐学会根据成人的语言提示来调节、控制自己的情绪。

2. 易变化

幼儿情绪的稳定性比婴儿期稍有提高，但仍不稳定，容易变化，常常表现为两种对立的情绪在短时间内可互相转换。例如，两个小朋友刚刚因争执玩具而打架，可转眼又成了朋友，玩得很亲热，常常是眼泪还挂在脸上，却已发出了笑声。情绪的易变化和不稳定是幼儿的突出情绪特点。

3. 易受感染

幼儿情绪还容易受周围人的感染。例如，幼儿刚入园时，看见一个小朋友哭着找妈妈，其他小朋友也哭起来要找妈妈；成人对某事发笑，他们也会莫名其妙地笑起来。

随着幼儿年龄的增长，幼儿情绪趋于稳定。如有的大班幼儿，早晨来园时不愉快，一整天都闷闷不乐。

4. 易外露

幼儿的情绪大都表露于外，不会掩饰和控制自己。这是幼儿天真的重要表现。特别是小班的幼儿，无论是高兴还是愤怒，都用外在的行动直接表现出来。

幼儿的情绪日益丰富和复杂、深刻，突出表现在高级情感的发展。所谓高级情感，是指理智感、道德感和美感。

（1）理智感

理智感是和人的认识活动、求知欲、认识兴趣等联系在一起的。幼儿的理智感主要表现在好奇、好问，有求知欲。5 岁左右的孩子很喜欢问问题，并因为得到回答而感到极大的愉快。大班的幼儿还喜欢进行各种动脑筋的活动，如下棋、走迷宫等。如果孩子们通过自己的努力解决了问题，终于做出了一个成品，他们会感到非常愉快、自豪。在下棋过程中感到的极大乐趣，都属于理智感。

（2）道德感

道德感是评价别人或自己的行为是否符合社会道德标准时产生的情感。例如，完成保育员的要求或做了好的行为时就产生快感。幼儿中期出现的“告状”现象，就是由于不满意别的小朋友违反规则的行为而引起的。幼儿因做错了事而羞愧，受到不公平待遇而委屈，喜欢好人、憎恨坏人等都是道德感的表现。

（3）美感

美感是根据美的评价而产生的情感体验。4 岁前的幼儿一般都喜欢颜色鲜艳的物体，如漂亮的玩具、新衣服等，逐渐能从音乐、艺术作品中，从自己的美术活动和舞蹈活动中产生美的体验，能欣赏大自然、艺术活动和生活中的美。

第二节　幼儿基本情绪和情绪的培养

一、幼儿的基本情绪

幼儿的基本情绪就是幼儿经常表现出来的情绪。在这里，主要介绍愉快情绪中的快乐、兴趣和依恋，痛苦情绪中的愤怒、恐惧和嫉妒。

1. 愉快情绪

（1）快乐

快乐是一种最基本的情绪。它主要来源于取得了成功，或创造出成果，或完成了一项有意义的活动等。例如，幼儿用几块积木搭了一个塔，也许一点都不像，但他却非常高兴，因为经过他的努力，完成了一个作品，他成功了，他体验的是成功的喜悦，是真正的快乐。这种快乐对儿童的生活有着很大的意义，快乐的笑容是最有效的社会性刺激，是人际交往的纽带，快乐的情绪有助于幼儿接受外界事物和与人接触。这种快乐不是“好玩”“有趣”“娱乐”等，而是自信、自我满足和自我价值感。这种快乐不是教育工作者直接能给予的，要让幼儿在他们自己的活动和活动成果中体验真正的快乐。

（2）兴趣

兴趣是一种先天性的情绪。婴幼儿的看、听、注意、思维等都是由兴趣情绪所激发并维持认知活动，使其获得更多的信息来丰富自己，从而为智力的发展打下基础。兴趣在个体的认知、技能和智力发展中起激励作用，因此，保育员要发展幼儿天然所具有的兴趣，鼓励、引导他们的好奇心和探究活动，因为引起兴趣是教育和教学过程获得成功的重要心理依据。

（3）依恋

依恋是指孩子对某人特别亲热而不愿意离开的情绪。小班的依恋还常常表现在身体的接触方面，如喜欢依偎着大人，离开母亲产生“分离焦虑”。中、大班的幼儿依恋已发展为主要是精神上的，满足于成人的经常关注、和大人一起玩，以及大人对他们的信任等。

2. 痛苦情绪

（1）愤怒

愤怒是幼儿常表现出的痛苦情绪。过度疲劳或饥饿、行动受到约束、心爱的东西被抢走、和同伴发生争执等都会使幼儿产生挫折感，继而产生愤怒情绪。愤怒是一种相当强烈的情绪。幼儿愤怒时通常会大哭大闹、尖叫、在地上打滚、毁坏东西，甚至有的幼儿会出现攻击性的行为。当幼儿出现愤怒情绪时，保育员应给予及时恰当的处理。

（2）恐惧

很多幼儿在成长过程中总是有这样或那样的恐惧，但恐惧并不总是有害的。有时，恐惧情绪可以发挥良好的作用使幼儿的行动有所警觉。例如，幼儿因为害怕来往的汽车撞到自己而会小心地过马路，因为害怕跌伤而不会鲁莽地从高处跳下来。但幼儿的恐惧情绪处理不当，也会阻碍幼儿某些方面的发展。

每个幼儿恐惧的东西不同，但一般来讲，他们恐惧的东西可以大致分成两类：第一类是环境中的客观事物，如风雨雷电、巨大的响声、黑暗等；第二类是幼儿想象出的东西，如妖魔鬼怪等。幼儿往往深信自己所惧怕的东西是真实的，不是想象出来的。即使成人多次给幼儿讲那是假的，不用害怕，也消除不了他们的恐惧心理，因为恐惧情绪的产生是不受个人控制的。虽然幼儿控制不了自己的恐惧情绪，但成人能接受他们的恐惧情绪，鼓励他们把心中的惧怕说出来，并安慰他们，幼儿恐惧害怕的情绪就会减少。

二、幼儿情绪的培养

1. 保育员应给幼儿树立良好的榜样

保育员的一言一行都会对幼儿有很大的影响。如果保育员的态度和蔼可亲，情绪稳定，处事公正，而且重视与幼儿建立良好的关系，那么，幼儿便会受到这种融洽平和气氛的感染，产生愉快的情绪。

有些保育员以为态度严肃可以阻止不听话幼儿的行为，虽然这种做法可能会收一时之效，但却会使幼儿害怕保育员而不敢亲近她。因此，保育员与幼儿相处时，态度平和、不生气，而又坚持正确的要求是非常重要的。此外，保育员如果对愉快和不愉快的事情能作出适当的情绪反应，例如，对开心的事情显出愉快的样子，对烦恼的事情又能冷静处理，这些情绪表现都会潜移默化地影响幼儿。

2. 保育员应帮助幼儿认识情绪

（1）帮助幼儿认识什么是情绪

作为教育工作者应帮助幼儿分清什么是愉快、欣喜，什么是愤怒、惧怕、讨厌等。

（2）帮助幼儿接受自己的情绪和别人的情绪

保育员应帮助幼儿明白产生情绪是非常自然的，当人感到高兴时会笑，愤怒时会哭或发怒等。有了这方面的认识，幼儿便会较容易接受自己和别人的情绪。

（3）指导幼儿适当地表达自己的情绪

接受幼儿的情绪并不表示可以任由他喜欢怎样就怎样表达情绪。作为教育工作者，除了帮助幼儿接受别人的情绪之外，还应该指导幼儿怎样恰当地发泄自己的强烈情绪。例如，当幼儿感到不快乐时，我们应鼓励幼儿把心中不愉快的事情说出来，进而懂得怎样去形容自己的感受，会说“我不高兴”“我很气愤”之类的话。此外，还可以建议幼儿通过活动来发泄自己不愉快的情绪。例如，建议他们去踢球、跑步等来发泄自己愤怒的情绪，或者建议他们大叫几声会使自己感觉舒服些。

3. 保育员应培养幼儿的应变能力

幼儿产生强烈的情绪如愤怒、恐惧等，大都是因为幼儿感到自己无法应付当前突变的情况，例如，玩具突然被人抢走，不知如何应付，情急之下便咬人、打人、大叫等。因此，保育员应重视培养幼儿的应变能力，帮助他们应付突变的情况。

（1）引导幼儿平时注意事物的变化和将会发生的变化

这样可以帮助幼儿舒缓情景的变化所引起的紧张情绪。

（2）帮助幼儿对事物作出正确的判断

保育员可以帮助幼儿分析面临的新情景，避免危险，也不致引起恐惧心理。

（3）给幼儿提供机会，让他们尝试自己解决问题

当出现问题时，成人不要急于介入，帮助他们排忧解难，而应让他们尝试自己解决，解决不了时，成人再介入，这样才能帮助幼儿发展解决问题的能力。

（4）为幼儿安排好各种活动

这样可以使他们得到表现的机会，产生满足感，调整情绪。

第九章

幼儿社会性的发展

学前期是幼儿社会性行为发展的一个重要阶段。在这个阶段，幼儿接触到的人和事越来越多；幼儿社会生活的范围不再局限于家庭，而是逐步扩展到幼儿园，接触的人也不只是家人和亲友，还有同龄伙伴和保育员，人际关系复杂了；幼儿的生活方式也由过去的个体化趋向于团体化。这些和过去都有较大的区别，这将对幼儿社会性的发展产生重要的影响。

第一节　幼儿的社会关系

幼儿的社会关系主要表现在两个方面，即与同龄伙伴的关系和与成人的关系。

一、幼儿与同龄伙伴的关系

1. 同伴交往在幼儿社会性发展中的作用

幼儿之间的交往对他们社会性的发展起着十分重要的作用。因为幼儿之间的交往是在平等基础上进行的交往，而不是与成人那种“居高临下”、不对等的关系，是一种全新的社会交往经验。在幼儿心理发展上，幼儿之间的交往比与成人之间的交往具有更为重要的意义。这对他们学会在平等基础上协调各种关系，发展交往能力，全面认识社会生活，提高社会适应能力是极为重要的。

（1）同伴交往可以满足幼儿的心理需要

幼儿之间的交往可以获得从成人那里得不到的心理满足，特别是当幼儿在集体中被同伴接纳并建立友谊时，会获得依恋感、归属感。

（2）同伴交往有助于幼儿认知能力的发展

由于有着不同的生活经验、知识基础和认知特点，因此，在他们共同的活动中都会表现出自己的特色。在相互交往中，可以从别人那里获得丰富的信息，可以互相启发，互相模仿和互相学习，这有助于扩展幼儿的知识经验，发展幼儿的思维能力。尤其是幼儿之间的争论，产生认识上的冲突，可以促进幼儿对问题的更好理解和掌握。

（3）同伴交往有助于发展幼儿的自我意识

自我意识就是对自己的认识和看法。在与同伴交往过程中，同伴的行为和活动就像一面“镜子”，使幼儿通过对照更好地认识自己，同时也为幼儿调节自己的行为提供了丰富的信息和参照标准。因此，成人要重视这种教育资源的作用，发挥其教育功能。

2. 同伴交往

研究表明，0 ~ 2 岁的婴儿在游戏时，尽管旁边有其他小朋友，还是会自己独立地玩自己的玩具。2 ~ 3 岁的婴儿在游戏时会与其他同伴一起玩，虽然仍是独自玩要，但有时会观望同伴所进行的游戏。3 岁以后，幼儿进入联合游戏期，彼此之间已有沟通，有时也会交谈，玩的方式也会受到同伴的影响。4 岁以后，幼儿需要较多地进行合作的活动。到了 5 ~ 6 岁，群体活动有了明显的增多，往往喜欢三三两两或者与更多的幼儿一起玩。幼儿的社会行为表现也更加多样化，例如，合作、攻击、吵架、模仿等都已出现。

二、幼儿与成人的关系

幼儿与成人的关系主要体现在幼儿与父母和幼儿与保育员两方面的关系，这两方面对幼儿心理的发展都有很大的影响。因为儿童的心理是在与环境的相互作用中，在汲取人类文化财富的基础上而发展起来的，成人是文化的传播者，离开了与成人的交往，幼儿的心理就得不到正常的发展。成人在促进幼儿认识能力的发展，掌握社会行为规范和道德标准，促进其身心健康发展上都有重要的作用。

1. 亲子关系

幼儿与父母之间的亲子交往是人际关系的开始。心理学家和教育学家的研究显示，亲子关系对幼儿社会关系的发展有很大的影响。尤其是父母的态度和教养方式，对幼儿社会性的发展影响更为直接。这些研究对保育员也有重要的启迪。

一般来讲，父母对子女采取开明、接纳、支持和谅解的态度，重视培养和发展子女的个性，按幼儿的能力提供合适的发展机会，尊重他们的意见，与子女关系融洽，在这样家庭环境下成长的幼儿，在行为上大多表现得友善、合作、情绪稳定、容易适应群体生活，并具有良好的人际关系。如果父母的态度专横严厉，甚至排斥子女，通常孩子也表现得缺乏自信，情绪不稳定，对别人易做出攻击性行为，表现得不合作、不合群，难与别人建立良好的人际关系。如果父母对别人和对自己的子女表现得友善，他们的子女也会以友善的态度对待别人。相反，如果父母经常粗暴地对待子女，子女在行为上就会有粗暴的倾向。换句话讲，在家里常常受到体罚的幼儿，在幼儿园也常会出现打人的行为。保育员理解了这一点，对幼儿粗暴行为便会多一分谅解，进而对他多一分理解和接纳。

美国心理学家班杜拉提出的幼儿社会行为的理论认为幼儿是通过观察他人的行为进行学习的，而幼儿最早的模仿对象就是父母，包括父母的言行和表达情绪的方式。在幼儿园我们常常会发现，幼儿和他们的父母有很多相似的地方，从说话的语气、表情、动作及对人的态度，都能看到其父母的影子。

2. 师生关系

幼儿进入幼儿园后，保育员就成为幼儿在家庭以外接触最多的成年人。这时，师生关系便开始建立。在幼儿的眼里，成人知道的东西太多，是他们心目中的权威；他们特别愿意亲近保育员，希望得到肯定、认可和称赞，希望我们分享他们的快乐。在幼儿园里，成人是帮助他们学习群体生活技巧的人，例如，学习如何与别的小朋友相处、如何搭积木、如何游戏等。因此，保育员应重视与幼儿建立理想的关系，要了解他们、理解他们、接纳他们，使幼儿感到保育员和蔼可亲、可以信任。当幼儿有困难时，他们才会乐于向保育员求救，而不是敬而远之。

第二节　幼儿常见的一些社会行为

一、反抗

反抗是幼儿对成年人的权威表示不满的一种自我表现。儿童 2 岁左右就开始表现出反抗行为，在三四岁时就会经常做出这种行为。其表现方式主要有顶嘴、用动作反

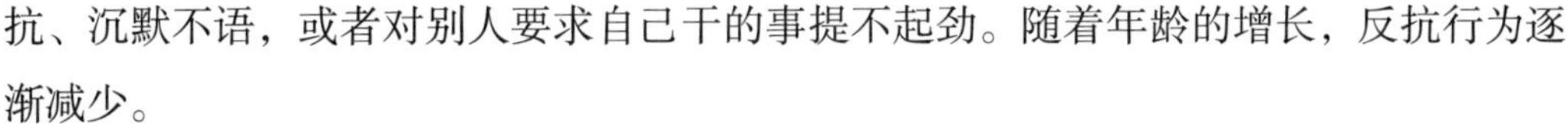

抗、沉默不语，或者对别人要求自己干的事提不起劲。随着年龄的增长，反抗行为逐渐减少。

二、竞争

竞争是指希望超过别人或者胜过别人。两三岁的儿童还没有明显的竞争行为，到了 4 岁以后才明显地表现出自己想超过别人。例如，排队时想争第一，向别人炫耀等。

三、吵架

吵架也是幼儿自我表现的一种方式，一般是由争夺玩具引起的。但幼儿吵架后，一般不会记仇，很快又成为玩伴，继续一起玩。男孩通常比女孩更爱吵架。男孩吵架时倾向于用动作，女孩吵架时则倾向于用语言。

四、攻击

幼儿常会做出攻击的行为。有的幼儿用动作攻击别人，有的用语言攻击别人。一般年龄小的幼儿倾向于用动作，5 岁时动作攻击开始减少，较多地用语言。因为这时幼儿的语言能力逐渐增强，所以不再需要粗暴的动作；同时，随着幼儿年龄的增长，道德观念逐渐加强，明白打人是不正当的行为。

五、模仿

模仿是幼儿主要的学习方式之一，是对人和事物表面现象的学习。幼儿经常模仿周围的人，模仿大人，模仿小朋友，还模仿他们喜爱的小动物。幼儿常常在不自觉中模仿他们喜爱的和亲近的人的举止言行，如说话的口气、表情、动作和待人接物的态度，甚至许多成人没有觉察到的细节。我们不仅能从幼儿身上看到其父母的影子，而且在幼儿园里，保育员也是他们模仿的对象。我们常常可以看到被指派作为“小老师”的幼儿身上有成人活生生的影子，因此，保育员应该时刻注意自己的言行举止，为幼儿树立良好的榜样。

六、合作

合作是个体限制自我意识、适应群体生活的一种表现。由于学前期的幼儿是以自我为中心，因此对他们合作的要求不能期望过高。一般来讲，幼儿在 4 岁左右开始在游戏中表现出合作的行为，到了五六岁时就更明显了。例如，玩娃娃家游戏时，他们会彼此商议家庭成员的角色分配，并乐意按分配好的角色进行游戏。

第三节　幼儿社会性发展的趋势和社会行为的指导

一、幼儿社会性发展的趋势

1. 自我意识进一步形成

自我意识是一个人对自己本身的认识和看法，也就是说，自己认为自己是个什么样的人，自己能干什么样的事。婴儿初期物我不分，后期能把自己的身体和其他物体区分开来，认识到自己的存在。到了幼儿期，在与同伴的交往中，通过别人对自己的反应来认识自己，并调控自己的行为。

这对幼儿自我意识的形成有非常积极的意义。

2. 幼儿社会交往活动日益复杂

（1）幼儿活动的独立性开始增强。幼儿在游戏中，开始能比较独立地解决出现的问题，排除困难，也增强了自信心。

（2）在交往中，幼儿开始注意妥善处理自己与他人的关系，因而活动的合作程度不断提高。

（3）在交往中，他们遵守行为规则的能力逐渐提高。

二、幼儿社会行为的指导

当幼儿的行为不符合群体生活的行为准则时，就需要对他的行为进行指导。对幼儿行为指导没有一定之规，因为幼儿的行为表现多种多样，而幼儿对成人指导的反应也不相同。例如，有的幼儿很容易接受指导，只要成人略为指点，问题便能解决；有的幼儿却很难接受指导，需要保育员长时间地做耐心细致的工作。因此，要视具体情况，灵活运用下述指导方法。

1. 成人的示范

在前面已提到模仿是幼儿主要学习方式之一，进入幼儿园的幼儿，保育员便成为他们模仿的主要对象。保育员说话的语气、动作、表情以及为人处世的态度等，都是他们模仿的内容。并且，幼儿的大多数模仿是在无意识之中进行的，他们所模仿的许多东西并不是我们所希望模仿的内容。因此，作为幼儿园的直接教育工作者，更应该时刻注意自己的言行举止，起到榜样示范的作用，以对幼儿的发展产生良好的影响。

2. 强化幼儿的行为

奖励和惩罚是父母和教育工作者常用的强化幼儿行为的手段。之所以这种方法比较有效果，是因为成人在幼儿心目中有很高的威信，通过成人对他们的行为的不同反应来巩固和改变他们的行为方式或态度、习惯。

奖励是对幼儿表现出的符合社会规范和成人期望的良好行为的肯定。它能使幼儿得到一种精神上的满足，体验到被别人认可的快乐，从而使这类行为出现的频率增高，逐渐成为幼儿的习惯性行为。

惩罚是对违反了成人的要求或不符合社会行为准则的行为的一种否定。惩罚会使幼儿产生某种不愉快的情绪体验，这些记忆在头脑中的不愉快的情绪体验将提醒幼儿不再犯类似的错误。但要注意慎用这类手段，因为运用得不当会引起不良的后果。

3. 劝说幼儿

当幼儿做出不符合社会规范或不符合群体生活准则的行为时，保育员要告诉他，那种行为对他个人或者对别的小朋友都会造成不良的影响。如有需要，可以进一步告诉他，如果不改变他的做法，便要承受怎样的结果，使他知道要为自己的行为负责。

第十章

幼儿个性的发展

幼儿期是人的个性开始形成的时期，是个性奠基的时期，是以后个性发展的基础。幼儿期各种心理活动逐渐结合成为整体，从零散的、混乱的心理活动逐渐形成一个独特的个性，也可以说，个性初具雏形。气质、能力、性格是显示一个人的个性的重要组成部分，因此，本章就从这三个方面来描述幼儿个性的发展。

第一节　幼儿的气质

一、气质的概念和影响

气质是一个古老的概念，和日常生活中的“脾气”“性情”相近似。气质是指人的个性特点，是高级神经活动在人的行动上的表现，使一个人的心理活动带上个人色彩。它主要影响心理活动的以下方面。

1. 心理活动产生的速度

如知觉的快慢、情绪反应的速度、思维的敏捷性。

2. 心理过程的强度

如情绪的强弱等。

3. 心理活动的稳定性

如注意集中时间的长短，情绪变化的稳定性。

4. 心理活动的倾向性

如经常倾向外部新鲜事物和与不熟悉的人交往，或是倾向于自己的内心世界。

心理学家的研究资料显示，一个人的气质是与生俱来的。例如，有些刚出生的婴儿好动、爱哭，对外界刺激反应快；有些则比较安静，睡眠时间长，反应慢。随着婴儿的逐渐长大，气质类型的轮廓便会越来越明显。

人的气质具有较大的稳定性。

二、幼儿的气质类型及特点

幼儿的气质一般可分成四种类型。

1. 多血质

多血质的幼儿一般活泼好动，遇事敏感，反应迅速，喜欢社交，情感丰富但不稳定，容易适应新环境，但注意不够稳定，兴趣容易转移，具有外倾性。

2. 胆汁质

胆汁质的幼儿通常表现出热情直率，主动，精力旺盛，容易兴奋，反应迅速，耐受性强，但抑制力差，缺乏灵活性，情绪变化剧烈，具有外倾性。

3. 黏液质

黏液质的幼儿安静稳重，反应缓慢，交际适度，沉默寡言，善于克制自己，情绪不易外露，注意稳定但难以转移，比较刻板，具有内倾性。

4. 抑郁质

抑郁质的幼儿一般行为孤僻，反应迟缓，非常敏感，多愁善感，情感体验深刻但很少外露，具有很高的感受性，观察力敏锐，善于观察别人不易观察到的细节，但耐受性差，容易疲劳，具有内倾性。

三、幼儿气质的发展

幼儿的气质与生理特点有直接联系，受神经类型的影响，因此具有一定的先天性和稳定性。我们平时所说的“禀性难移”就是指气质的稳定性。但这种稳定性不是绝对的，在后天环境的影响下会有一定的改变。例如，在一定的环境条件下，可以使易冲动的孩子变得克制些，使比较抑郁的孩子变得活泼些。

四、幼儿的气质特点与教育

就气质类型来讲，都有积极的一面和消极的一面。气质对幼儿的活动、人际关系和教育方式的有效性会有一定的影响。对此教育工作者要有足够的认识，并要学会因材施教，因势利导。

1. 了解每个幼儿的气质特点

气质特点在整个幼儿期都是比较稳定的，所以可以通过反复观察幼儿在各种活动中的行为表现，鉴别幼儿的气质特点。

2. 正确对待幼儿的气质特点

前面提到，每一种气质都有它积极的一面和消极的一面。例如，胆汁质的幼儿反应较快，但遇事容易冲动；抑郁质的幼儿对事物容易采取退缩的态度，但是比较敏感；多血质的幼儿比较灵活，但不容易集中注意；黏液质的幼儿行动比较迟缓，但是坚持性往往很好。因此，保育员应接纳幼儿的气质特点，不应对幼儿的气质持有偏爱或厌恶的态度。

3. 注意幼儿的气质特点并加以正确引导

对不同气质类型的幼儿来说，采取同样的教育方式和措施可能会引起不同的反应，产生不同的教育效果。因此，对不同气质类型的幼儿要采取相应的方式方法，才能取得好的效果。同时，保育员应该注意分析每个幼儿气质的积极方面和消极方面，因为每一种气质类型的幼儿都存在着向某些积极方面或消极方面发展的可能性。因此，应注意帮助他们发扬气质中的积极方面，克服、改造气质中的消极方面。例如，对胆汁质的幼儿，针对他们好冲动、易发怒、少耐心等弱点，有意识地安排一些安静和需要仔细、认真的活动，培养他们细致、耐心、沉着、冷静的品质，增强他们的自制力；对抑郁质的幼儿，则要多发现表扬他们的优点，多支持鼓励他们，以增强他们的自信心。

第二节　幼儿的性格

一、性格的概念和特征

1. 概念

性格是人对客观现实的稳定的态度和通常的行为方式。这是个性中最重要的心理特征。性格是稳定的，一个人偶然表现的态度和行为方式不能看作是性格的表现。幼儿的性格不是先天的，不是与生俱来的，而是在与周围环境的相互作用过程中形成的。

2. 特征

幼儿的性格特征主要包括以下四个方面。

（1）对人、对外界的稳定的态度

其中包括对别人、对社会的稳定态度，对自己的稳定态度，对劳动和工作的稳定态度。

（2）性格的意志特征

如顽强或软弱，自制或任性。

（3）性格的情绪特征

经常性的情绪状态，如开朗或抑郁。

（4）性格的理智特征

表现在感知、记忆、思维、想象等方面的品质特征，如观察的主动性、想象的创造性等。

二、幼儿性格的发展

1. 幼儿期是性格开始形成的时期

性格不是一朝一夕形成的。从婴儿期起，在社会环境的影响下，在参加各种活动的同时，人的性格也开始形成。到了幼儿期，性格的轮廓就初步显现出来。幼儿不论对人、对己、对事、对物都表现出一定的态度和相应的行为方式。随着幼儿的生理发展以及各种心理活动的发展，特别是在社会环境和教育的影响下，幼儿对客观环境的态度逐渐稳定下来，并且初步形成了在各种场合下较为一致的行为方式。性格特征在幼儿期已明显地表现出来，性格初步形成，同时性格的个别差异也越来越显著。例如，有的幼儿很有礼貌，主动和小朋友交往，有的幼儿比较听保育员的话，有的幼儿爱劳动，有的幼儿思维的独立性强等，另一些幼儿的性格则与此大不相同，甚至相反。此外，男女孩子的不同性格，也是从幼儿期开始有明显区别的。

2. 幼儿期的性格特征是不稳定

幼儿的性格不是先天的，而是后天形成的，是幼儿在与周围环境的相互作用过程中形成的。由于婴儿期只有性格的萌芽，幼儿期的性格刚刚开始形成并继续发展，因此，幼儿的性格既具有稳定性，又是可以改变的，性格的可塑性很大。特别是社会环境的改变，可以使幼儿的性格发生相当大的变化。

三、幼儿性格与气质的关系

幼儿的性格与气质有密切的关系。气质主要受生理特性的影响，性格则主要受后天社会环境的影响。

1. 气质影响性格的形成

例如，抑郁质的幼儿比胆汁质的幼儿更容易形成自制的性格特征。

2. 气质使性格涂上特有的色彩

例如，同是勤劳的性格，多血质者总是热情洋溢，黏液质者则是从容不迫。

四、幼儿性格的培养

幼儿期是幼儿性格形成的奠基时期，是未来性格形成的基础。幼儿的性格是在与周围环境的相互作用中，经过长期的磨炼、培养和教育的结果。

1. 关心幼儿的家庭生活环境

家长对幼儿性格的形成无疑起很大作用。家长的管教类型不同，往往造成幼儿性格的不同。因此，保育员应了解幼儿在家庭中所受的教育，向家长提出建议，改进对幼儿的家庭教育。

2. 树立良好的榜样

幼儿性格的形成主要依靠社会环境的潜移默化，日积月累的熏陶。保育员在幼儿心目中有很高的威信，保育员的一言一行常常是幼儿模仿的对象，因此，保育员要以身作则，并要帮助幼儿学会处理好与小朋友之间的关系，通过同伴关系培养幼儿良好的性格。

3. 了解幼儿性格形成的来龙去脉和影响性格形成的各种因素

在一般情况下，性格比较容易沿着最初的倾向发展。例如，性急的婴儿饿了立即大哭大闹，这使得成人马上放下手中的事情，抱他，给他喂奶。日久天长，孩子便会形成不能等待、不能自制、要求别人处处依从自己的性格的萌芽。如果这种性格的最初萌芽，在幼儿期仍然被成人迁就，逐渐形成比较稳定的态度和行为习惯，就成为幼儿性格中的一部分。久而久之，这种任性的性格特征也就随之日益巩固而最终定型。因此，要注意幼儿的性格中存在的不良因素，耐心引导，为其形成良好性格打下基础。

第三节　幼儿的能力

一、能力的概念和分类

1. 概念

能力是个性心理特征之一。它是成功地完成某种活动所必须具备的条件。例如，音乐活动要有音乐听觉能力，绘画要有视觉记忆能力，创作活动要有情绪想象力等。能力是通过人的活动体现出来的。

2. 分类

能力通常可以分成一般能力和特殊能力。

（1）一般能力

一般能力指大多数活动所共同需要的能力，也就是我们平时所说的智力。人的注意力、观察力、记忆力、想象力、语言能力、思维能力等都是一般能力。一般能力与认识活动密切联系。

（2）特殊能力

特殊能力是指从事某种专门活动所必需的能力。它只在特殊领域内发挥作用，是完成有关活动不可缺少的能力，如数学能力、绘画能力、音乐能力等。

二、影响幼儿能力发展的因素

幼儿能力的发展受很多因素的影响，这里我们主要谈以下几个方面的影响。

1. 先天和后天的影响

人的能力不是天生就具有的，但遗传素质对能力的发展和个别差异的形成有不可否认的作用，是能力发展的物质基础。例如，一个音乐素质非常优异的幼儿，如果没有适当的音乐环境，没有接受良好的音乐方面的训练，其音乐素质很难变为音乐能力。

2. 知识和技能的影响

能力与知识、技能既有联系又有区别，两者之间是相辅相成的。一方面，能力是在掌握知识、技能的过程中表现和发展的；另一方面，知识、技能的获得又是以能力为前提的。一般来讲，一个人掌握某方面的知识、技能越多，他解决和处理这方面问题的能力就越强。但应注意的是，掌握知识、技能本身并不必然等于在这方面的能力获得了发展，因为，从掌握知识、技能到形成能力之间有一个过程。

3. 性格的影响

能力的发展与良好的性格特征是不可分的。能力不是一朝一夕、不费吹灰之力就能形成的，需要坚强的意志、克服困难的勇气、勤学苦练的精神。

三、幼儿能力的发展

1. 幼儿智力的发展

大量的研究结果表明，幼儿期是幼儿智力发展最快的时期。尤其从出生到 5 岁是幼儿智力发展最为迅速的时期，这时期应该着力发展一般能力。只有具备良好的一般能力，才有可能发展良好的特殊能力。同时要引导幼儿通过各种活动发展各种相应的能力，如人际交往能力、各种学习能力、独立生活的能力等。

2. 幼儿特殊能力的表现

在幼儿期，幼儿的有些特殊能力已经开始表现，如音乐才能、绘画才能、体育才能、数学才能等。有数据统计，有音乐才能的人，更多的是在学前期就表现出这种音乐方面的天赋。因此，保育员应该注意开发幼儿的能力潜力。

四、幼儿能力的培养

1. 提供丰富多彩和积极的环境

虽然能力不是与生俱来的，但与生俱来的遗传素质却要在一定的环境中发展，而遗传素质是能力发展的基础，因此要给幼儿提供丰富多彩的环境，促使幼儿的潜在能力向实际能力转换。

2. 注意幼儿能力上的差异

幼儿的能力有明显的个别差异，这是客观存在的。因此，保育员要针对幼儿的不同特点因材施教，使每个儿童的潜在能力都得到最大限度的发展。

第十一章
婴幼儿的身体健康和心理健康

第一节　婴幼儿的生长发育健康

一、生长发育的概念

生长是指整个身体和器官在大小、长短、质量上的变化，是可以用度量衡测量出来的变化，是量的改变。

发育是指细胞、组织、器官和系统功能上的成熟，是质的改变。

二、婴幼儿生长发育的规律

1. 婴幼儿动作的发展有明显的顺序性

（1）从全身动作的发展看，表现为自上而下的发展规律：头部运动→躯干运动→下肢运动。具体动作的发展可归纳为：

1）头部的抬头、转头。

2）躯干的翻身、坐。

3）下肢的爬、站、行走。其中，爬的环节很重要，它为站、走打下基础，有利于协调性和平衡性的发展，不可省略此环节。

（2）从上肢动作的发展看，可表现出自整个上肢向手指末端发展的规律，如出生时上肢只会无意识地乱动，手几乎不起作用；4 ~ 5 个月时，手能有意识地拿东西，但只能一把抓；10 个月左右会用手指尖拿东西；1 岁左右，会用两个手指捏起细小的物体。

2. 全身发展的整体性

婴幼儿身体各系统的发育速度不同，但全身的发育是统一的整体，各系统相互联系、相互影响、相互制约。例如，身体锻炼在使骨骼、肌肉粗壮有力的同时，也促进了神经系统的发育，神经系统反过来也会使动作的反应速度更快、更协调。同时，锻炼也使呼吸系统、循环系统机能增强，而呼吸、循环功能的增强，又使运动能力进一步提高。

3. 生理和心理的相互关联性

生理的发展会影响到心理的发展，如婴幼儿睡觉未睡醒时被叫起床，容易发脾气；身体有缺陷的婴幼儿，会引起心理活动的不正常，如斜视会使孩子产生自卑感。相反，心理的发展状况也会影响婴幼儿生理的发展，如情绪良好则食欲好，情绪不佳则食欲下降。

4. 生长发育的个体差异性

由于先天遗传和后天各种因素的不同，儿童会表现出高矮、胖瘦、强弱和智愚的不同。保育员应根据每位儿童的特点，对其进行指导，不可一刀切。

三、影响婴幼儿生长发育的因素

1. 遗传

遗传是婴幼儿生长发育的内在因素，如父母的身高、体形等对婴幼儿的影响较大。

2. 营养

营养物质是保证生长发育的物质基础。供给婴幼儿充足的营养能促进婴幼儿生长发育，相反，缺乏营养的膳食不仅影响生长发育，还会导致各种疾病。如果长期营养不良，会影响骨骼的生长，致使身材矮小。营养对大脑的发育也有影响，长期营养不良会使婴幼儿智力的发展受到限制。

3. 体育运动和劳动

适宜的锻炼和劳动能促进新陈代谢，对骨骼和肌肉的影响较为明显，能促进骨骼发育，增强骨骼的强度，使肌肉丰满有力。锻炼能使神经系统调节能力增强，而且对呼吸、消化、循环各系统都有促进作用。锻炼还能提高婴幼儿对外界环境变化的适应能力和对疾病的抵抗力，有利于培养婴幼儿坚强、勇敢、不怕困难的优良品质。

4. 生活制度

有规律、有节奏的生活制度，可以保证婴幼儿进行足够的户外活动、适当的学习、定时进餐及充足的睡眠。合理的生活制度能使婴幼儿全身各系统，包括脑组织在内，活动和休息交替进行，对生长发育十分有利。

5. 疾病

各种急、慢性疾病对婴幼儿的生长发育都会产生直接的影响。疾病会使正常的能量代谢遭到破坏，尤其是体温升高时，营养物质的消耗增加。有些疾病会影响器官和系统的正常功能，如胃肠道疾病，对消化吸收极其不利。营养不良不仅使体重减轻，而且会推迟语言和动作的发展。有些传染病，如流行性脑脊髓膜炎、流行性乙型脑炎等，不仅可造成严重的后遗症，甚至会威胁婴幼儿的生命。严重的慢性疾病对婴幼儿的生长发育也有明显的影响。

6. 生活环境

生活环境对婴幼儿的影响是综合性的，如贫穷落后、营养缺乏、居住拥挤、疾病流行、父母的职业等，都会影响婴幼儿的身心健康。婴幼儿生长发育还受到城乡差别的影响。

7. 季节

季节对婴幼儿的生长发育有明显的影响，一般而言，春季身高增长最快，秋季体重增长较快。

8. 污染

大气、水、土壤中有害物质的污染以及噪声污染，对婴幼儿的生长发育不利，应引起保育员的足够重视。

四、婴幼儿生长发育的评价

婴幼儿的身高（长）、体重、胸围、头围等反映着婴幼儿的体格发育状况，因此，将这几项作为测量婴幼儿生长发育的指标。

1. 生长发育的指标

（1）身高（长）

身高（长）是反映身体长度的重要指标，是正确估计婴幼儿全部身体发育特征和评价发育速度不可缺少的依据。

（2）体重

体重是全身各组织、器官的总质量，在一定程度上说明婴幼儿骨骼、肌肉、皮下脂肪和内脏质量增长的综合情况。

（3）胸围

胸围表示胸廓的容积和胸部骨骼、肌肉和脂肪的发育情况，在一定程度上说明婴幼儿身体形态及呼吸器官的发育情况，也能反映体育锻炼的效果。

（4）头围

头围表示婴幼儿脑和颅骨的发育程度。

2. 身高体重的粗略评价方法

（1）体重

1）按体重增长的倍数来计算。已知出生体重，6个月时体重为出生体重的2倍左右，周岁时约为出生体重的3倍，2岁时约为出生体重的4倍，3岁时约为出生体重的4.6倍。

2）按体重增长的速度来计算。在出生后3个月内，每周体重增加200 ~ 190 g；出生后3 ~ 6个月每周增加180 ~ 150 g；出生后6 ~ 9个月每周增加120 ~ 90 g；出生后9 ~ 12个月每周增加90 ~ 60 g。

3）按公式推算。出生体重按3 000 g计算：

出生后6个月以内体重 = 出生体重 + 月龄 ×600（g）

出生后7个月至1岁体重 = 出生体重 + 月龄 ×500（g）

2 ~ 7岁体重 = 年龄 ×2+8（kg）

（2）身高（长）（3岁以下卧位测身长）

1）按身高（长）增长的倍数来计算。出生身长按50 cm计算，周岁时身长为出生身长的1.5倍，4岁时身高为出生身长的2倍。

2）按身高（长）增长的速度来计算。出生后1 ~ 6个月，平均每月身长增长2.5 cm；出生后7 ~ 12个月，平均每月身长增长1.5 cm；周岁时达75 cm；2岁时达85 cm。

3）按公式推算。2岁以后，平均每年身高（长）增长5 cm，2 ~ 7岁身高（长）= 年龄 ×5+75（cm）。

五、婴幼儿的健康检查

对婴幼儿进行定期和不定期的健康检查，可以了解每个孩子的生长发育情况和健康状况，以便采取相应的措施，预防疾病的发生，促进孩子健康地成长。

1. 入园前的健康检查

婴幼儿进入幼儿园以前，应进行细致的健康检查，以便为幼儿园提供他们的生长发育资料，及确定其身体是否适合入园。入园前健康检查的内容包括：

（1）了解孩子的疾病史、传染病史、过敏史、家族病史。

（2）检查孩子当前生长发育状况和健康状况。

（3）了解孩子预防接种完成的情况。

2. 入园后的定期检查

检查内容包括：身高、体重、视力、牙齿等。

第二节　婴幼儿的心理健康

健康不仅指生理健康，还包括心理健康，生理健康和心理健康同等重要。

婴幼儿时期正是人一生中身心发展最为迅速和重要的时期。婴幼儿的成长并不是一帆风顺的，他们会经历许多矛盾和挫折。由于他们年龄小，经验和能力不足，极易受到各种不良因素的影响，因此，在婴幼儿成长过程中，保育员应注意加强对婴幼儿的心理保健，增强他们应付各种心理挫折的能力，尽量避免出现各种心理问题或行为问题，为他们心理健康地发展创造条件。

婴幼儿的心理是否健康与养育者有着密切的关系。许多研究表明，婴幼儿与养育者之间的交往，从养育者那里获得的爱、关心和照顾，都对其心理的健康发展起着至关重要的作用。若保育员在幼儿园中较多地与婴幼儿接触，细心地照顾他们，婴幼儿会表现热情、积极；相反，则冷漠、退缩。所以，保育员应该怀着一颗热爱孩子的心，应用科学的生理和心理保健方法，耐心细致地关心照顾婴幼儿，使其健康地成长。

一、婴幼儿心理健康的标准

精力充沛，心情愉快，开朗合群，睡眠良好，坏习惯少。

二、婴幼儿常见的心理问题

1. 吃手

较小的婴儿吃手属正常现象，随着年龄的增长，到了 2 岁后，这一行为会自动消失。但如果幼儿期仍保留着吃手的习惯，则为不正常。

（1）吃手的危害

吃手对婴幼儿的危害是极大的，会引起同伴的嘲笑，致使其产生胆怯、紧张、自卑等；会使手指上的细菌、病毒、寄生虫等通过口腔进入人体，引起肠炎、肠道寄生虫病等；会使手指肿胀、脱皮、发炎，甚至变形等；会引起下颌部发育不良，导致牙齿排列不齐，影响面部的美观。

（2）引起婴幼儿吃手的主要原因

1）喂养方式不当。在喂养过程中，由于没有满足婴幼儿吮吸的需要和欲望，致使婴幼儿以吃手的方式来抑制饥饿或满足吮吸的需要，以后逐渐形成了习惯。

2）环境不良。缺乏环境刺激，或缺乏成人的爱抚和关心，尤其是缺乏母爱，很容易导致婴幼儿从小就以吮吸手指来自我娱乐或自我安慰。

3）心理处于紧张状态。父母过于严厉或经常争吵，会使婴幼儿的心理处于紧张状态，这时的婴幼儿会不自觉地出现吃手的行为。

（3）吃手的预防与矫治

改变不正确的喂养方式，不要让婴幼儿感到饥饿，从小培养婴幼儿良好的生活习惯和卫生习惯。多给予孩子关心以及爱的满足，尤其是母爱，使孩子在心理上能获得安全感和满足感。给予婴幼儿丰富的环境刺激，将孩子的注意力吸引到各种活动中去，分散和淡化孩子对手指的注意和依恋。不要嘲笑他们，更不要恐吓他们或强行制止其吃手的行为，以免引起孩子心理上的紧张。

2. 遗尿症

尿床对于较小的孩子来说，是一种比较普遍的现象，但幼儿 5 岁后仍然不能控制排尿，应视为有遗尿症。由于遗尿多发生在夜间，故又称夜尿症。

（1）幼儿遗尿的原因

1）精神紧张而引起大脑皮层功能的失调，如精神受到创伤、受到惊吓，或对环境的改变不能适应等。

2）没有养成良好的排尿习惯。

3）白天过于疲劳，夜间睡眠过深。

4）身体疾病。

（2）幼儿遗尿症的预防和矫治

消除引起幼儿精神紧张的各种因素，包括因遗尿后产生的心理压力，帮助幼儿逐步树立起克服遗尿的信心。安排好孩子的生活，避免白天过累，晚间适当控制饮水量，晚饭清淡，少喝稀的，可减少孩子入睡后的尿量。培养良好的排尿习惯。对于患有躯体疾病的幼儿，应及早进行治疗。

3. 神经性尿频

某些新入幼儿园的幼儿，出现尿频、尿急的现象，检查尿液未发现异常，并非尿道有感染。这种情况常与幼儿初过集体生活不习惯有关。有的孩子怕尿湿裤子，却常因紧张不安而尿湿了，如果再受到批评，紧张情绪加剧，越发控制不住。当然，这不是“遗尿症”。对刚入园的幼儿，要帮助他们熟悉环境，多给予关心、照顾，让孩子放心地去参加各种活动。当他们紧张不安的心理解除了，尿频、尿急的现象也就随之消失。

4. 遗粪症

粪便进入直肠，刺激直肠壁上的感受器，通过神经传到脊髓低级排便中枢和大脑皮层，产生便意，像大脑皮层对排尿的控制一样，大脑皮层对排便的控制也有赖于大脑皮层的成熟及排便的训练。

遗粪症是指孩子 4 岁以后，仍经常不能控制排便。这种对大便无控制能力的现象，并非因为腹泻所致，而是由于缺乏排便训练、孩子心理受挫折等原因所致。

预防遗粪症有以下措施：

（1）培养每天定时排便的习惯，最好在早饭后排便。

（2）解除孩子潜在的心理压力，给予爱抚。

5. 发育性口吃

（1）原因

两三岁儿童正处于语言发展最为迅速的时期，由于他们还不能迅速地选择词汇，或是不能迅速地组句，有时会表现出重复或延长某一个字或语言不连贯、不流畅的现象，这在幼儿语言发展的过程中属正常现象，是一种发育性口吃，而不是真正的口吃。随着年龄的增长，这种口吃现象会逐渐消失。但如果在这一阶段中，成人经常对此加以纠正、训斥或加以模仿，无形之中会起到一种强化的作用，引起孩子对自己说话的过分注意，使孩子担心自己的说话不流利，精神变得紧张，这样口吃就会更加严重，结果反而真的形成了口吃。

（2）发育性口吃的预防与矫治

保育员应正确对待发育性口吃，不要使孩子对说话感到紧张和不安。应用平静、缓和的语气与孩子说话，引导孩子不要着急、慢慢地说，决不要对孩子口吃现象进行指责或强行纠正。

6. 夜惊

夜惊，是指睡眠时所产生的一种惊恐反应，属于睡眠障碍。它的发生与白天情绪紧张有密切关系。患夜惊的男孩多于女孩。

（1）婴幼儿夜惊的主要表现

在睡眠中惊醒，从床上突然坐起、两眼瞪直、惊慌失措，或哭喊出声，表现出恐惧、害怕、惊慌、焦虑等神情。这时，如果叫他，通常难以唤醒，对于他人的安抚，他一般不予理会。夜惊的发作可持续数分钟，发作后仍然能平静入睡，睡醒后基本上对此事没有记忆。

（2）引起婴幼儿夜惊的主要原因

1）精神紧张、焦虑不安。如离开亲人进入到陌生环境，受到成人的严厉责备，睡前看了较紧张、较恐怖的电视，或经常听一些情节较紧张的故事等。

2）不良的睡眠习惯，如睡眠时将手压在胸口上等。

3）身体患有疾病，如因鼻咽部疾病而引起睡眠时呼吸不畅，或患肠道寄生虫病等。

（3）婴幼儿夜惊的预防与矫治

消除引起婴幼儿精神紧张、焦虑不安的各种因素，注意培养婴幼儿良好的睡眠习惯。如果患有身体方面的疾病，应及早进行治疗。随着引起夜惊诱因的解除和年龄的增长，大多数婴幼儿的夜惊会自行消失。

7. 咬指甲

咬指甲是指经常地、控制不住地用牙将长出的手指甲咬去的行为。

（1）咬指甲的表现

咬指甲的行为多发生在 3 ~ 6 岁的幼儿中，咬指甲较为严重的幼儿，会将 10 个手指的指甲都咬得很短，有的甚至会把指甲上的甲床咬出血来。还有的幼儿不仅咬指甲，还咬手指上的各个小关节、衣服袖子或其他物品。

（2）咬指甲的原因

咬指甲的主要原因是精神紧张，如不愿意去幼儿园，家长管束太严，缺少小伙伴和游戏，情绪不安、情绪低落时，以咬指甲自慰。大人或小伙伴有此习惯，幼儿也易模仿而形成习惯。养成顽固习惯后，有时终生难改。

8. 习惯性阴部摩擦

习惯性阴部摩擦，是指用手抚弄自己的性器官，或用其他的方式摩擦阴部的习惯性行为。婴幼儿习惯性阴部摩擦这一行为，最早可以发生在 1 岁左右，通常男孩多于女孩。

（1）表现

这种行为主要发生在入睡之前或刚醒来之时，有时也会不分场合地进行。除了抚弄自己的性器官以外，有的儿童还喜欢将两条腿摆放成交叉状，然后两腿上下进行摩擦，或者是骑坐在某一物体上，通过活动身体使阴部受到摩擦。在抚弄或摩擦自己的性器官时，常常会伴有面红、眼神凝视、表情紧张等不自然的现象，有的还会出现气喘、出汗等生理性反应。儿童的这种行为很少伴有性幻想，只是一种单纯性的抚弄或摩擦性器官的行为。

婴幼儿偶尔抚摸或玩弄自己的性器官，这在其生长发育的过程中属于正常现象，成人不必大惊小怪，但如果经常抚摸或玩弄性器官，则应该引起足够的重视。

（2）婴幼儿习惯性阴部摩擦产生的主要原因

1）身体的局部不适。由于外阴部位出现湿疹或患包茎、蛲虫病等，会引起阴部瘙痒，促使婴幼儿用手去摩擦阴部，以达到止痒的目的，经常这样便形成了习惯。

2）由于偶尔抚弄性器官后感到舒服，或是觉得性器官很好玩，于是就经常抚弄，逐渐形成习惯。

3）心理紧张。由于精神紧张、情绪不安，婴幼儿便以抚弄自己的性器官来作为安慰自己、消除紧张情绪的一种方式。

（3）婴幼儿习惯性阴部摩擦的预防与矫治

1）帮助婴幼儿形成良好的生活、卫生习惯。经常给孩子清洗外阴，保持外阴部位的清洁和干燥。这样，也能及时观察到孩子的外阴部位是否有异常或疾病，发现异常应该及时治疗。

2）帮助婴幼儿养成上床后就入睡、醒来后就起床的良好习惯，不要让孩子躺在床上玩耍。

3）给婴幼儿穿的裤子不要过紧过小，以免引起孩子的不适感。孩子在睡觉时，可以让他穿上较长的上衣，使他不能用手直接触及性器官。

婴幼儿抚弄性器官本属无知，成人不要对其进行训斥或责骂，否则，不但不会使孩子减少这种行为的次数，反而会使孩子对这种行为产生罪恶感或神秘感、好奇感，其结果反而会强化这种行为。成人应该表现出对孩子的这种行为不太关注，同时，以转移孩子注意力的方式，来使他放弃这种行为，如跟他说话、给他玩具玩、吸引他去参加其他的活动等。

9. 说谎

说谎可以分为无意说谎和有意说谎两种。

（1）无意说谎

三四岁的幼儿由于认知水平低，在思维、记忆、想象、判断等方面往往会出现与事实不相符合的情况，属于无意说谎。例如，他们常把想象的东西当作现实存在的东西，把渴望得到的东西说成已经得到了，把希望发生的事情当作已经发生的事情来描述，于是就出现“牛皮吹破天”“睁着眼说瞎话”的现象。

遇到这些情况，不该指责他“说瞎话”，只需让他明白“该怎么说”就行了。

（2）有意说谎

有的幼儿为了“趋乐”（得到表扬、奖励）或避害（逃避责备、惩罚），故意编造谎言，就是有意说谎了。针对有意说谎的对策：

1）通过讲故事，让他明白说谎的后果。

2）允许孩子犯错误。鼓励孩子说实话，创造一种宽容的气氛。

3）不使其得逞。要及时揭穿谎言，不使其得逞。说谎得逞一次，就是对说谎行为的一次强化。

第十二章

婴幼儿的膳食和营养

6 岁前是儿童身心发育最为迅速的时期，此时儿童生长发育迅速，新陈代谢旺盛，每天必须从膳食中摄取全面而适量的营养物质，才能满足机体生长发育和生活活动的需要。但是任何一种食物都不可能含有所有的营养素，如母乳是婴儿最理想的食品，但母乳含铁少；鸡蛋营养价值高，但胆固醇丰富；富强粉（精粉）细腻，口感好，但缺乏维生素 B_1 等。因此，要想获得全面的营养素，就必须广泛摄取食物，做到食物的多样化。婴幼儿膳食配制应该遵循的原则是：提供多样化、搭配合理的膳食；烹制的膳食应适合婴幼儿的消化特点和喜好；讲究饮食卫生。

第一节　婴幼儿的营养和热能

一、六大营养素的功能和来源

1. 蛋白质

（1）蛋白质的生理功能

1）构成和修补组织。蛋白质是构成人体细胞组织的材料。全身每个细胞都由蛋白质组成，任何组织、器官无一例外，如皮肤、肌肉、内脏、大脑、血液、骨骼、毛发、指甲等。人从婴幼儿到成人，身体各部分组织都在不断生长发育，都需要蛋白质作为原料进行不断的积累和补充。尤其是婴幼儿，正处于生长发育的旺盛时期，需要不断地增加新的细胞和组织，这就需要保证蛋白质的摄入量，否则将影响其正常的生长发育和健康。此外，人体蛋白质的组成不是一成不变的，而是在变化中保持着动态平衡。每天人体都有一定的蛋白质被分解，排出体外，这就需要摄取相应的蛋白质，用以弥补旧组织的消耗。

2）调节生理功能。蛋白质是人体内各种酶、激素和体内许多重要物质的基本原料。酶是人体的催化剂，它对人体内进行的各种化学反应起着催化的作用。激素对机体的物质代谢、生长发育起着重要的调节作用，如甲状腺素、生长激素、胰岛素。

3）提供机体的抵抗力。当人体遭到外界病菌的侵袭时，体内即产生一种与之相对抗的物质，即抗体。抗体是由蛋白质组成的，蛋白质是机体产生抵抗力必需的营养素。当婴幼儿营养状况好，蛋白质的摄取充足时，抵抗力就强；相反，营养状况差，抵抗力就差，婴幼儿就容易患病。

4）提供热能。蛋白质可以提供热能，1 g 蛋白质可产生 4 000 Cal（1 Cal=4.18 J）的热量。但如果用蛋白质作为人体热能的主要来源，则是不经济的。若蛋白质摄取不足，可导致婴幼儿身体发育迟缓、体重减轻，甚至会妨碍智力的发展。

（2）优质蛋白质

一般来说，动物性食物的蛋白质与人体蛋白质的组成相似，容易被人体吸收，因而其营养价值较高，而植物性食物的蛋白质营养价值较低。但黄豆及其制品的蛋白质营养价值接近肉类，营养价值较高。因此，通常把动物性蛋白质和大豆蛋白质称为优质蛋白质。

（3）提高蛋白质营养价值的方法

我国人民的主食是谷类食物，谷类食物所含必需氨基酸的种类不齐全，营养价值较低，比如小麦中缺乏赖氨酸，大米中缺乏赖氨酸和异亮氨酸，而豆类中富含赖氨酸和蛋氨酸，但缺乏苯丙氨酸。所以，单吃一种谷物营养价值不高，但若把谷类和豆类混合食用，豆类中的氨基酸正好补充谷类中的不足，两者取长补短，相互补充，可使混合物蛋白质的营养价值提高。这在营养学上被称为蛋白质的互补作用。类似的运用还有很多，如豆饭、豆粥、豆沙包、杂和面儿、腊八粥等，这些都是将多种植物性食物混合食用提高营养价值的例子。此外，植物性食物与动物性食物混合食用同样能起到这一作用，如肉馅包、饺子等。因此，婴幼儿膳食应多样化，种类要丰富，做到粗细结合、荤素搭配，以便使食物的营养相互补充，提高它们的营养价值。

（4）蛋白质的来源

含蛋白质较为丰富的食物有动物性食物和植物性食物，如乳类、鱼虾水产类、蛋类、瘦肉、家畜家禽内脏，以及豆类及其制品、干果类、谷类等。

2. 碳水化合物

（1）碳水化合物的生理功能

碳水化合物最重要的生理功能是供热。1 g 碳水化合物可产生约 4.1 kCal（1 kCal= 4.18 kJ）的热量。它是一切内脏器官、大脑神经组织、四肢肌肉等发育和活动的强大动力，并以其供热多、吸收利用快、不油腻、很经济的特点，在三大供热营养素中独领风骚。在婴幼儿的膳食中，碳水化合物供热应占总热量的 50% 以上。此外，碳水化合物还有构成身体组织、保护肝脏、节约蛋白质等功能。

（2）碳水化合物的主要来源

碳水化合物主要来源于谷类食物，如大米、白面、玉米、高粱及干豆类、根茎类食物（如红薯、马铃薯、芋头等）以及蔗糖、蜂蜜等。

碳水化合物中有一种物质叫纤维素，它虽然不能被消化吸收，供热极少，但却是人体不可缺少的营养物质。它能刺激胃肠的蠕动，增大食物残渣的体积，将食物残渣中有害的物质包裹起来，缩短粪便在肠道的停留时间，有利于排便。但纤维素也有它的不足，若摄入过多，会影响人体对其他营养素的吸收，故每日纤维素的摄入量应适宜。婴幼儿不宜吃粗纤维，每天可从蔬菜、水果、谷薯类中摄取适量的柔软的纤维素，帮助婴幼儿排便，如吃较嫩的蔬菜，水果去皮再吃，或将食物煮熟再吃等。

婴幼儿碳水化合物的摄取量应适当，若摄入过多，则大量的葡萄糖会转化为脂肪堆积在体内，导致肥胖症；若摄入不足，则体内蛋白质消耗增加，体重减轻，易导致营养不良。当前较为多见的现象是，婴幼儿吃糖类零食过多，使婴幼儿吃正餐的食欲降低，从而限制了营养素的广泛摄取，出现各种营养缺乏症、龋齿和肥胖，影响婴幼儿身体的正常发育和健康。

3. 脂肪

（1）脂肪的生理功能

1）脂肪是人体热能的重要来源之一。脂肪能构成人体细胞和组织，对内脏起固定和保护的作用，可促进脂溶性维生素 V_A、V_D、V_E、V_K 的吸收。膳食中的脂肪可增加食物的美味，促进食欲，增加饱腹感。

2）脂肪中的必需脂肪酸具有维持人体正常生理机能的作用。脂肪在体内可分解为脂肪酸，脂肪酸分为饱和脂肪酸和不饱和脂肪酸。动物油脂主要含饱和脂肪酸，如牛油、猪油、羊油、鸡油、鸭油等，营养价值较低，常吃可使血胆固醇增高，加快动脉硬化，不利于人的健康。植物油脂主要含不饱和脂肪酸，不饱和脂肪酸营养价值较高，对人体十分有益。含不饱和脂肪酸丰富的植物油脂有葵花籽油、豆油、花生油、玉米油、芝麻油、菜籽油等。这些不饱和脂肪酸是人体不能合成的，必须由食物提供，我们称之为必需脂肪酸。必需脂肪酸是人们膳食中不可缺少的，对皮肤和微血管有保护作用，可降低血液胆固醇，减少血小板的黏附性，对婴幼儿的生长发育，尤其是中枢神经的发育十分重要。

（2）脂肪的主要来源

人体所需的脂肪应以植物性油脂为主，如葵花籽油、豆油、花生油、玉米油、芝麻油、菜籽油等，以动物性油脂为辅。

婴幼儿摄取脂肪应适量，若脂肪摄入不足，可使体重下降，易发生脂溶性维生素缺乏症。若脂肪摄入过多，超过机体的消耗，会在体内堆积，造成肥胖。所以，适量的脂肪对婴幼儿是十分重要的。

（3）预防动脉硬化要从婴幼儿时期开始

动脉硬化像其他疾病一样，也有其发生和发展的过程。动脉硬化虽发病在中老年时期，但疾病的发生却始于婴幼儿。婴幼儿时不良的饮食结构，如过多地摄入高胆固醇食物和动物脂肪，使血液中过多的胆固醇在动脉管壁沉积下来，日积月累，光滑的动脉内壁逐渐出现高低不平的斑块，甚至引起管腔失去弹性、狭小、闭塞。冠心病的主要原因就是冠状动脉（供应心脏肌肉营养的血管）硬化。所以从婴幼儿时期起，就应适当控制胆固醇的摄入量，少吃胆固醇含量高的食物和动物脂肪。

胆固醇含量较高的食物主要有动物的内脏和脑、蛋黄、奶油等。动物的脂肪可加速动脉硬化，而植物的脂肪可降低血胆固醇含量。

4. 无机盐

（1）钙

钙是构成人体骨骼和牙齿的重要物质。若婴幼儿的钙摄入不足，会引起牙齿发育不良，易患龋齿，同时也会影响婴幼儿骨骼的正常发育，患佝偻病。含钙较丰富的食物有：奶类及其制品、小虾皮等海产品、骨粉等动物性食物，以及豆类及其制品、坚果类等植物性食物。

社会和家庭都应重视婴幼儿补钙的问题，因为婴幼儿生长发育旺盛，对钙的需要量较大，当供不应求时，就会引起缺钙；同时日常膳食中含钙丰富的食物少，吸收率低；而且这些食物还易在烹饪过程中受到其他食物的干扰，如食物中的某些物质与钙混合，易形成不溶性的钙盐，阻碍钙的吸收。谷物中的植酸与钙形成植酸钙；菠菜、苋菜中的草酸与钙形成草酸钙；过量摄入脂肪，脂肪会将钙包裹起来，形成不被吸收的皂状物，影响钙的吸收。另外，钙被人体吸收必须有维生素 D 的帮助，单纯补充钙是无济于事的。

因此为婴幼儿提供膳食时，应尽量避开或破坏掉影响钙吸收的物质，多吃含钙丰富的食物，同时还应主动运用促进钙吸收的因素，注意摄取蛋白质类、奶类食品，还应多晒太阳，补充维生素 D，以提高钙的吸收率，增进婴幼儿的健康。

（2）铁

铁是合成血红蛋白的重要原料，参与体内氧的运输和利用。如果饮食中缺乏铁，可使婴幼儿患缺铁性贫血。含铁丰富的食物主要有：动物的肝脏和血、瘦肉、蛋黄等动物性食物，豆类、绿叶蔬菜等植物性食物，有色水果，包括山楂、草莓、大枣、葡萄、樱桃以及菌藻类等。

在我国，乳儿贫血的原因之一是乳儿的食物（奶）中含铁少，出生后 3 ~ 4 个月时，乳儿肝脏内储存的铁已消耗殆尽，此时应添加含铁丰富的食物，如蛋黄、鱼泥、肉泥等，供乳儿储备和利用。如果此时未及时补铁，就会出现缺铁性贫血。较大婴幼儿贫血是因为膳食缺铁及不良的膳食习惯，如吃零食、偏食等。幼儿园和家庭应改变婴幼儿不良的膳食习惯，尽量提高膳食的质量，多为婴幼儿提供动物肝脏、动物血、瘦肉、豆类等含铁丰富的食物，同时还应多提供含维生素 C 丰富的蔬菜和水果，以促进铁的吸收。

（3）锌

锌是体内一种极重要的微量元素，它可以组成人体许多种酶，并对酶起激活的作用，可促进人体生长发育，并能使人的皮肤健全完整，促进味觉。当锌缺乏时，婴幼儿可出现生长发育迟缓、体格矮小、没有性发育、创伤愈合慢、食欲不振、味觉降低、异食癖等现象。动物性食物中含锌较为丰富，利用率较高，如肉类、肝脏、奶类及海产品等。植物性食物中的豆类含锌最为丰富。

（4）碘

碘是合成甲状腺素的原料，可促进人体正常的新陈代谢，促进婴幼儿生长发育。当碘严重不足时，可使婴幼儿身体发育迟缓或停滞、智力低下。海产品中的海藻类含碘最为丰富，是碘的最佳来源，如海带、紫菜等。婴幼儿应多吃海藻类产品，有利于补碘。

若婴幼儿摄取碘不足，会出现碘缺乏症。碘缺乏症在我国较为普遍，我国远离沿海的广大内陆地区，都属于缺碘地区。生活在此的有 3 亿 ~ 4 亿人因土壤、饮水、食物中缺碘而受碘缺乏症的威胁，其中，受害最深的当数婴幼儿。胎儿期由于母体缺碘，或出生后早期碘摄取不足，甲状腺素合成不足，阻碍了婴幼儿的新陈代谢和生长发育，严重影响婴幼儿智力的发展，造成婴幼儿呆傻。由于我国政府的重视，严重碘缺乏者已明显减少。目前较为多见的是轻度缺碘患者，他们从表面上看一切正常，但智力情况较差，很难承担复杂的文化知识学习，因此而辍学的人不在少数。为了挽救下一代，提高他们各方面的素质，我国政府号召民众向威胁人类智力的碘缺乏症挑战，并提出儿童、孕妇应补碘，普通人日常生活中食用碘盐等措施。幼儿园和家庭在为婴幼儿提供膳食的时候，要注意这一问题，让婴幼儿多摄取海藻类食品，防止缺碘。同时也要杜绝滥服碘剂的现象，防止碘中毒。

5. 维生素

（1）维生素 A

维生素 A 能保持人体的正常视觉功能，缺乏维生素 A 会患夜盲症。

维生素 A 只能存在于动物性食物中，肝、肾、蛋黄、乳类含维生素 A 丰富。某些植物性食物含有丰富的胡萝卜素，胡萝卜素可以转化为维生素 A，这些植物性食物是红黄色、深绿色的蔬菜、水果，如胡萝卜、辣椒、菠菜、豌豆苗、红心甘薯、杏、柿子等，但吸收和转化的比例较低。

（2）维生素 B_1

维生素 B_1 的作用是增进食欲，帮助食物的消化吸收，维持神经系统的正常功能。缺乏维生素 B_1 易患脚气病。

维生素 B_1 存在于谷类、豆类、坚果类、酵母、动物内脏中。谷类的维生素 B_1 主要存在于谷皮和胚芽里，所以吃过于精细的食物不利于维生素 B_1 的摄取。

（3）维生素 C

维生素 C 能维持全身血管、牙齿、骨骼的健康。如果缺乏维生素 C，导致全身血管出血，骨骼、牙齿断裂，甚至危及生命，这就是维生素 C 缺乏症，也称坏血病。

维生素 C 广泛存在于新鲜的蔬菜和水果中，如辣椒、西红柿、心里美萝卜、山楂、草莓等。维生素 C 溶于水，加热易被破坏，在酸性环境中稳定。

（4）维生素 D

维生素 D 的作用是帮助钙沉积在骨骼上。如果只吃钙而不同时摄取维生素 D，钙将无法吸收。

晒太阳是获得维生素 D 最简便有效的途径。在动物肝脏、蛋、乳类食物中含有极少量的维生素 D。

人体摄取维生素 D 过多，可引起中毒。

6. 水

（1）主要生理功能

水是构成人体组织的重要物质，人体肌肉、血浆、骨骼、牙齿、脊髓、关节、眼球等器官都含有丰富的水分。身体内的水还帮助人体进行一切生理活动和生物化学反应。

（2）婴幼儿对水的需要量

婴幼儿对水的需要量取决于婴幼儿的活动量、气温、食物的质与量等，通常气温越高，出汗越多，活动量越大，食入的蛋白质、无机盐较多，则需水量较大。牛奶喂养的婴儿较母乳喂养的婴儿需水量多。

此外，年龄不同对水的需要量也不同：1 岁以内的婴儿，每日 1 kg 体重应摄入 120 ~ 160 mL 的水；2 ~ 3 岁的婴儿，每日每千克体重应摄入 100 ~ 140 mL 的水；4 ~ 6 岁的幼儿，每日每千克体重应摄入 90 ~ 110 mL 的水。

二、热能

蛋白质、脂肪、碳水化合物是三大供热营养素，它们是人体热能的来源，人体利用这些热能维持正常的生命活动、生长发育以及从事各种活动。具体地说，人体获得的热能主要消耗于以下几个方面。

1. 基础代谢的需要

即人在安静状态下，各器官组织完成其生理功能时，如维持人体体温、心跳、呼吸、胃肠运动等需要的能量。

2. 消化吸收的需要

即人的消化吸收所需要的热能。

3. 动作的需要

即人们从事各种强度不同的体力和脑力活动所需要的热能，人体热能的消耗主要用于这个方面。动作强度大，持续时间长，则消耗热能多。因此，活泼好动的婴幼儿消耗热能通常多于较安静不爱活动的婴幼儿。

4. 生长发育的需要

婴幼儿对热能的需要量大，这就要求成人为婴幼儿提供的食物中含有较充足的热能。热能不足会消耗体内储存的蛋白质和脂肪，使婴幼儿消瘦，抵抗力下降，影响婴幼儿的生长发育。但如果热能过剩，会引起婴幼儿的肥胖。目前肥胖的婴幼儿越来越多，这与他们热能摄入过剩、活动量过小有直接的关系。

5. 排泄的需要

婴幼儿每天排出的粪便，都来源于蛋白质、脂肪、碳水化合物三大供热营养素。

第二节　各年龄段婴幼儿的喂养

一、1 岁以内婴儿的喂养

1. 母乳喂养

母乳是婴儿最理想的天然食品，我国自古以来就有母乳喂养的优良传统。母乳喂养的好处很多，不仅在我国，世界各国都提倡母乳喂养。世界卫生组织和联合国儿童基金会将母乳喂养作为促进儿童生存和发展的四大技术之一，并提出了具体的促进母乳喂养的措施。为了孩子的健康，应大力提倡母乳喂养。

（1）母乳喂养的好处

1）营养价值高。健康母亲的乳汁营养价值高，是最适合乳儿生长发育需要的食品。人乳与牛奶相比，其优点是人乳中的乳蛋白形成的乳凝块较小，容易消化；脂肪颗粒小，容易吸收，而且含有较多的不饱和脂肪酸；人乳的乳糖含量大，乳糖不仅可提供大脑所需的热量，还能抑制大肠杆菌的繁殖，减少发生腹泻的机会；人乳中钙和磷的比例适宜，易被吸收利用；人乳中含有多种维生素，且因直接喂哺，维生素不被破坏。这些优点都是牛奶所不能及的。

2）提高抵抗力。人乳中含有抗体，可增强乳儿对疾病的抵抗力。人乳中的溶菌酶可杀死细菌。牛奶中虽然含有某些抗体，但对人类不产生作用，而且经过加热煮沸，免疫成分被破坏殆尽。

3）减少过敏反应。湿疹（俗称奶癣）是乳儿中常见的一种过敏症，多因喂牛奶引起。牛奶中的蛋白质对人体来说是异体蛋白，进入过敏体质的乳儿体内，可引起过敏反应。

4）有利于乳儿心理健康。乳儿在吸吮母乳的同时，享受着母体的温暖和亲切的爱抚，有利于其心理健康。

5）母乳新鲜、干净，温度适宜，喂哺方便。

（2）母乳喂养的原则

树立喂奶信心、早开奶、按需喂哺，是母乳喂养的三个基本原则。

1）孕母应树立哺乳的信心。孕母分娩前应掌握有关母乳喂养的知识，懂得母乳喂养的重要性及方法，树立用自己的乳汁喂哺孩子的坚定信念。这种思想准备会刺激大脑皮层，对分娩后的泌乳大有益处。

2）早开奶。新生儿出生后第一次吮吸母亲的乳头叫开奶，这时分泌的乳汁叫初乳。初乳是黄色的，含有丰富的蛋白质和抗体，既容易消化吸收，又抗感染，是新生儿出生后头几天的营养佳品。目前，世界各国都主张尽早开奶，一般在出生后半小时即可将新生儿抱在母亲的怀中，进行皮肤接触，继而让新生儿吮吸妈妈的乳头，即可吃到少量初乳。有的母亲奶量极少或根本没有奶，也应让新生儿吮吸，这样会促进乳腺的分泌，使母亲早下奶，多下奶。

早开奶使新生儿在环境骤变、抵抗力极差的情况下，尽早喝到营养价值极高的初乳，有利于新生儿的健康。

3）按需喂哺。在新生儿饥饿时应及时喂奶，不应定时喂奶。因为新生儿胃容量小，母乳分泌不足，而且孩子每次吃进的奶量极少，所以，在新生儿饥饿时应及时喂奶。这样既可满足新生儿的需要，解除饥饿感，又可促进母乳的分泌。随着乳汁分泌的增多，新生儿胃容量的增大，喂奶的时间间隔可以逐渐延长，喂哺的次数可逐渐规律化。

乳母应注意合理营养、劳逸结合、心情愉快，这样有利于乳母的健康和乳汁分泌。

2. 人工喂养

因母乳缺乏或其他原因不能以母乳喂养，可用其他乳类、乳制品或豆制代乳粉等食物喂养，称为人工喂养。

进行人工喂养时需注意：应选择既富含营养，又易于消化的婴儿食品，一般以配方奶为佳。婴儿的奶具应及时清洗消毒。两顿奶之间应喂适量的水。人工喂养的小儿，出生后应遵医嘱服用鱼肝油，并坚持晒太阳，同时注意按时添加辅食。

3. 添加辅食

随着婴儿月龄的增加，对营养素的需要量也在逐步提高，母乳和各种代替品中的营养成分如铁、钙、维生素等已不能满足婴儿的需要，而且，婴儿消化系统功能也在不断地提高，胃容量在增大，牙齿逐渐开始萌出，因而对食物的种类、性质提出了新的要求。为了保证供给婴儿足够的营养，提高婴儿的咀嚼和吞咽能力，使婴儿逐渐适应乳类以外的各种食物，应逐渐给婴儿添加半流食和固体食物。保证婴儿逐步添加辅食，还有利于断奶。

添加辅食应遵循如下原则：

（1）循序渐进，逐步适应。辅食的添加应由少到多，由一种到多种，由稀到干，由软到硬，由细到粗，适时添加，循序渐进。如蛋黄的添加可在乳儿 4 个月时开始，每天只喂1次，喂1/4个蛋黄，持续3～4天，若一切正常，可逐渐加量。添加水果和蔬菜，最初可吃一点儿水果汁、蔬菜汁，以后可以喂果泥、菜泥，长牙后可喂碎菜和软水果。

（2）辅食应在喂奶前添加，防止婴儿吃饱奶后不吃辅食。

（3）炎热的夏季或婴儿生病时，应暂时延缓添加新辅食。

（4）辅食的种类、添加量应结合月龄、健康状况及营养需要而定，可增可减，灵活掌握。若添加得过早，会引起婴儿的消化不良，添加得过晚，可引起婴儿营养不良和断奶困难。在给婴儿添加辅食的时候，还应注意观察婴儿在精神、食欲、睡眠、大小便等方面有无异常，若出现问题应及时调整。

二、3～6岁幼儿的膳食

这一时期的幼儿乳牙已全部出齐，咀嚼能力和消化吸收能力较3岁前有所增强。他们的膳食种类已与成人基本相似，食物的烹制也无须像以前那样过于细致，属于向成人膳食的过渡阶段。此阶段饭不用做得很软，肉菜不必切得太碎，可以在成人的协助下吃少刺的带鱼、黄花鱼，带骨的鸡块、鸭块及猪排骨等食物。但膳食仍需注意易于消化吸收，色、香、味、形并重，同时要避免辛辣味。

此时期是培养饮食习惯的重要时期，应加以重视。

1. 饮食定时

进食有规律，就能形成良好的习惯，到了该进餐的时候，能有食欲。每顿饭应有一定的时间限制，既要求孩子细嚼慢咽，又不要吃太长时间。不要为了让孩子快吃，而吃汤泡饭、水泡饭，囫囵吞枣，会加重胃肠道的负担。

2. 饮食定量

一天除去三顿饭、两次点心以外应少吃零食。吃食物有节制，不贪食。允许幼儿有偶尔几次食量降低，对于这种饮食波动不应强制，否则容易引起幼儿厌食。

3. 专心吃饭

不要边吃边玩，或边吃边看小人书。大人在孩子吃饭时不要分散他的注意力，更不要训斥孩子。若不能专心吃饭，会影响消化液的分泌。

4. 不偏食

偏食是一种不良的饮食习惯。偏食一般是在口味形成的关键期，受周围环境的影响而形成的。偏食不利于摄取全面的营养，影响孩子未来饮食方面的享受。

偏食形成的原因：首先是周围大人的言谈、态度和行为的影响。如果大人挑剔食物，或在孩子面前讲这不好吃、那没滋味，孩子也会先入为主，不爱吃这些食物了。其次，家长对孩子挑食的顺从，也会助长孩子偏食的坏毛病。

应该让幼儿吃得杂些，主、副食多样化；孩子不喜欢的食物，应变换烹调方式，以符合孩子的口味，使孩子由不爱吃过渡到爱吃。

5. 不剩饭、不撒饭

应教育孩子不剩饭、不撒饭、不糟蹋饭菜，为孩子盛饭时最好少盛多添。

第十三章

婴幼儿的疾病预防

第一节　婴幼儿常见病和寄生虫病的预防

一、上呼吸道感染

急性上呼吸道感染是婴幼儿最常见的疾病，是由细菌或病毒引起的鼻咽部炎症。5 岁以内的幼儿特别容易得病。四季均可得病，以冬春季多见。

1. 症状

临床症状表现轻重不一，多与婴幼儿的年龄、体质以及有无发生并发症等因素密切相关。一般来说，年龄稍大的儿童症状较轻，以鼻咽部症状为主，只有流涕、鼻塞、打喷嚏、咳嗽、咽部充血、有压痛等局部症状。婴幼儿多为重症，除局部症状外，还有明显的全身症状，如发烧、乏力、烦躁不安、呕吐、腹泻等。严重的还会因高热引起惊厥。

2. 护理

（1）高热护理

1）监测体温。每 2 h 给孩子测试体温一次，当体温达到 37.5 ℃时为发烧。

2）退烧方法

①服退烧药。当孩子高烧时，应给病儿服退烧药，4 h 服一次。

②物理降温。可以采用冷敷、酒精擦拭或洗温水澡的方式给病儿退烧，使体温降至 38 ℃左右。

（2）卧床休息，多喝水。饮食有营养，易消化。

（3）开窗通风，保持室内空气新鲜。

3. 预防

（1）加强体育锻炼，提高机体对外界环境冷热变化的适应能力，增强对疾病的抵抗力。

（2）多晒太阳，多参加户外活动。

（3）天气变化，及时给婴幼儿添减衣服。

（4）冬春季不去拥挤的公共场所，避免感染。

（5）要保持婴幼儿活动室、寝室的空气新鲜。

二、腹泻

腹泻是婴幼儿时期的常见病，也是许多其他疾病的并发症。婴幼儿期需要较多的营养物质，而消化系统发育不完善，所以胃肠负担较重，加上婴幼儿免疫功能尚不完善，因此容易发生腹泻。对于发育迅速的婴幼儿来说，腹泻会严重影响机体对营养的吸收，严重腹泻时，由于机体脱水，可威胁到生命。

1. 病因

（1）非感染因素

1）饮食失调。如喂养量过多、过少，辅食添加过早、过于突然，不定时喂养等。

2）身体受热或受凉。

（2）感染因素

1）肠道内感染。婴幼儿的食物和食具受到细菌或病毒的污染所致。

2）肠道外感染。上呼吸道感染和泌尿系统感染等都可出现腹泻症状。

2. 症状

（1）腹泻症状轻的，一日泻数次至十余次，大便呈稀糊状或蛋花汤样，体温正常或低热，影响食欲。

（2）腹泻严重的多因肠道内感染所致。起病急，一日泻数十次，呈水样便，尿量减少或无尿，食欲减退，伴有频繁呕吐。因大量失水，机体表现为精神萎靡、眼窝凹陷、口唇及皮肤干燥等，严重时会危及生命。

3. 护理

（1）腹部保暖，每次便后用温水洗臀部。

（2）已发生脱水的，无论程度轻重，均应立即送医院治疗。无脱水时，可服“口服补液盐”，根据包装上注明的量，倒入适量凉开水，搅匀后即可服用，每隔 5 min 喝一勺。

（3）腹泻的病儿不必禁食。仍在吃母乳的婴儿，可继续喂母乳。已加固体食物的，可根据病前的饮食情况，确定食物的种类和量，但制作宜软、碎、烂，少食多餐。

4. 预防

（1）合理喂养。提倡母乳喂养，合理添加辅食，合理断奶。

（2）要悉心照料婴幼儿，避免腹部着凉。

（3）注意日常饮食卫生工作。生吃的瓜果、蔬菜一定要洗净。

（4）及时隔离患儿。当发现腹泻患儿时，应进行隔离治疗，做好消毒工作。

三、佝偻病

佝偻病主要是由于体内缺乏维生素 D，使钙、磷不能正常地沉积在骨骼上，进而影响婴幼儿骨骼的生长发育，严重者可导致畸形。

1. 病因

（1）紫外线照射不足。 缺乏日晒是佝偻病的一个原因。人皮肤里的 7– 脱氢胆固醇，经日光中的紫外线照射后可以变成维生素 D，所以，经常晒太阳对骨骼的生长有促进作用。但是冬天太阳中的紫外线射到地面较少，大城市中住楼房的婴幼儿户外活动较少，在室内活动时玻璃也会把紫外线挡住。因此，秋冬季出生的婴幼儿，由于缺少户外活动或外出包裹过严，皮肤不能直接接触阳光，身体中的维生素 D 不够，容易患佝偻病。

（2）生长过快的小儿、早产儿、多胎儿体内储存钙质不足。他们需要维生素 D、钙、磷较多，应注意补充维生素 D，否则容易患佝偻病。

（3）人工喂养。母乳中钙、磷比例适宜，易于吸收。牛奶中的钙、磷含量虽多，但比例不适宜，故吸收较差，因此，人工喂养的婴儿佝偻病的发病率多于母乳喂养的婴儿。

2. 症状

（1）早期症状

1）烦躁不安，好发脾气，爱哭闹，睡觉不踏实，容易惊醒。

2）多汗、枕秃。婴儿爱出汗，头上汗较多，头发有酸臭味，汗刺激头皮发痒，婴儿睡在枕头上摩擦，使头后枕部半圈形成枕秃。

3）食欲不好。

家长如发现以上这些表现应及时到保健单位或附近医院看病，及时治疗，病情很快会得到控制。

（2）骨骼改变

如果没有及时发现佝偻病的早期症状，病情就会继续发展，逐渐出现骨骼变化。

1）前囟门闭合晚，出牙晚，头呈方形，肋骨下缘外翻，严重时形成鸡胸、罗圈儿腿或 X 形腿等。

2）全身肌肉松弛，坐、立、走等动作发育迟缓。

3. 预防

（1）预防先天性佝偻病。孕妇应多吃含钙丰富的食物，多晒太阳。

（2）提倡母乳喂养，及时添加辅食。

（3）多晒太阳。

（4）北方秋冬季出生的婴儿满月后可适量服用鱼肝油或维生素 D 制剂，用量应遵医嘱，不可过量。

四、缺铁性贫血

营养性缺铁性贫血是小儿贫血中最常见的一种疾病，尤以婴幼儿的发病率为最高。

1. 病因

（1）体内贮铁不足

胎儿期从母体所获得的铁以妊娠最后 3 个月为最多。贮存的铁足够出生后 3 ~ 4 个月造血之需，如果贮铁不足，婴幼儿容易较早发生缺铁性贫血。早产儿及多胎产儿贮铁少。

（2）饮食缺铁

婴儿出生后的饮食主要是奶类，奶类含铁极少，若未能及时添加辅食，容易造成婴儿缺铁。较大的婴幼儿偏食、挑食也容易造成缺铁。

（3）疾病影响

长期腹泻等可导致铁过多地丢失，造成贫血。

2. 症状

（1）一般表现为皮肤、黏膜逐渐苍白或苍黄，以口唇、口腔黏膜及指甲甲床最为明显。

（2）全身疲乏无力，易烦躁哭闹或精神不振，不爱活动，活动后气促、心慌。

（3）食欲减退。

（4）较大的婴幼儿可诉说头晕、眼前发黑、耳鸣等。

3. 预防

（1）合理喂养，注意及时添加含铁较多的辅助食品。

（2）纠正偏食、挑食的习惯。

（3）及时治疗胃肠道疾病。

五、龋齿

1. 病因及危害

残留在口腔中的食物残渣在乳酸杆菌的作用下发酵产酸，腐蚀牙釉质，就形成龋齿。牙齿形成龋齿的过程比较缓慢，开始时牙釉质不光滑、色泽灰暗容易堆积牙垢，而感觉不到疼痛；进一步破坏到牙本质时，则对冷、热、酸、甜等刺激都会感到疼痛；当龋洞扩大触及牙髓时，会经常发生剧痛。龋齿不仅影响咀嚼能力，而且可诱发牙髓炎、齿槽脓肿，并进一步危害全身健康。

2. 预防

（1）注意口腔卫生

3 岁以前，饭后漱口，及时消除食物残渣。3 岁以后，可学习刷牙，早晚各一次。晚上临睡前不要再吃东西。宜选用儿童保健牙刷，这种牙刷的刷头小、刷毛较柔软，适合儿童使用。采用顺着牙缝竖刷的方法，刷上牙从牙龈处往下刷，刷下牙从牙龈处往上刷，可刷净牙缝里的食物残渣，且不损伤牙龈。

（2）合理营养，多晒太阳

合理营养，多晒太阳，可促使牙釉质正常钙化，增强抗酸能力。

（3）定期检查

定期检查，早期发现，及时治疗。

六、肥胖症

肥胖症是指体内脂肪积存使体重超过正常 20% 以上的营养过剩性疾病，超过标准体重 20% ~ 30% 者为轻度肥胖症，超过 30% ~ 50% 者为中度肥胖症，超过 50% 以上者为高度肥胖症。

1. 病因

（1）营养过度

1岁以内喂哺过量，1岁后食欲亢进，进食过度，吃零食过多。每日摄取的热量超过消耗量，热能转化为体内脂肪，日积月累，出现肥胖。

（2）活动过少

活动少，热能无法消耗，热能的入多于出造成肥胖。肥胖儿尤其不爱运动，于是恶性循环，肥胖加重。

（3）遗传

遗传是导致肥胖的重要原因。统计表明，双亲肥胖的，子女约70%易肥胖；一方肥胖的，子女约有40%易发生肥胖。

（4）心理因素

受过精神创伤或心理异常的孩子，容易有异常食欲而肥胖。

（5）疾病

调节食欲和饱足感的神经内分泌系统发生异常时，可导致摄食异常。某些疾病经一段时间休养后常发生肥胖，甚至某些药物也是引起肥胖的原因之一。

2. 危害

（1）身体肥胖，动作笨拙，不美观。

（2）对健康不利。肥胖可导致扁平足，行走容易腰痛、腿痛。腹部脂肪过多，影响呼吸。脂肪堆积在血管壁、肝脏上容易造成脂肪肝、高血脂，并成为动脉硬化的隐患。

（3）肥胖儿容易产生饥饿感，而影响其专心学习新知识、新本领。

（4）肥胖儿容易存在心理问题。由于肥胖儿身体不灵活，在正常儿童的游戏中是不受欢迎的角色，因此，肥胖儿往往孤独、自卑，甚至存在其他方面的心理异常。

3. 防治

（1）限制饮食

供给婴幼儿的营养充足而又不过量，是保持婴幼儿健康、预防肥胖病的关键。患有肥胖病的婴幼儿，其饮食量应以正常发育所需的营养量为准，节食不可操之过急，同时还应改变婴幼儿的饮食习惯，少吃高热、高脂肪的食物。

按年龄、身高正常儿童的平均体重计算热量，按以下标准控制：5岁以下，每天600 ~ 800 kCal；5 ~ 10岁，每天800 ~ 1 000 kCal；10 ~ 14岁，每天1 000 ~ 1 200 kCal。食物以高蛋白、低碳水化合物、低脂肪为宜，动物性脂肪不超过脂肪总量的 1/3。具体来讲，要满足婴幼儿食欲，不致因饥饿而痛苦。要多吃蔬菜、瓜果等容积较大的食物，也可进食前先喝一碗汤；主食要限量，要多吃些豆制品，少吃些肉、蛋类；要严格限制零食和甜食，在家里要防止孩子能随时取到食物。当然这些措施要逐步进行，目标是先保持体重不增，再慢慢降至接近同龄正常儿。

（2）多运动

增加活动的目的是增加能量消耗，要鼓励肥胖儿多参加各种体育活动，可先采取散步、游戏、体操、郊游等活动，逐渐增加运动量及活动时间。

预防和治疗肥胖病，贵在坚持。

七、蛔虫病

蛔虫病是婴幼儿较为常见的肠道寄生虫病。蛔虫寄生在人的肠道内，摄取营养，影响婴幼儿的生长发育。

1. 传播途径

婴幼儿经常在地上玩，手上沾上带有蛔虫卵的尘土，不经洗手，就拿东西吃，或者生吃未洗净的瓜果、蔬菜，都会将蛔虫卵带入口中，进入胃肠道而感染得病。

2. 症状

（1）由于蛔虫寄生于肠道内，摄取婴幼儿的营养，造成婴幼儿营养缺乏。病儿可见面黄、消瘦、贫血、发育迟缓。

（2）胃肠道症状：恶心、呕吐、阵发性脐周疼痛。

（3）烦躁，夜眠不安、磨牙。蛔虫能产生多种毒素，可使病儿出现精神神经症状，如精神不振、头痛、头晕、夜眠不安、咬牙、夜惊等。

（4）过敏反应。虫体作为异性蛋白还可以引起过敏反应，病儿常出现荨麻疹、皮肤瘙痒等。

蛔虫具有钻孔的特性，当饮食不当、发热或肠内发生不适，可使蛔虫的活动增强，常扭结成团块而并发肠梗阻。蛔虫还可钻进胆道，发生胆道蛔虫症，可引起严重后果，应及时送医院就医。

3. 预防

（1）培养幼儿良好的卫生习惯，尤其饭前便后一定要用肥皂洗手，并要勤剪指甲。生吃瓜果要洗净，不喝生水。教育婴幼儿不要捡地上的东西吃，不吮手指，不随地大小便。

（2）幼儿园要改善环境卫生，讲究饮食卫生。

（3）积极治疗蛔虫病，减少虫卵传播的机会。幼儿园每年9月、10月集体驱虫，使用的药物有驱蛔灵、驱虫净等。

八、蛲虫病

1. 流行特点

蛲虫病也是儿童常见的寄生虫病，多发生于1～5岁的儿童。蛲虫又叫小线虫，体如白色线头。成虫寄生在人的小肠和结肠里。雄虫在肠子里长大后，与雌虫交配，交配后很快死亡，随大便排出体外。雌虫则于夜间爬出肛门外产卵，引起肛门瘙痒，这些虫卵带有黏性，常黏在肛门周围，有的黏在会阴部或睡裤、床单和被子上。每一个虫卵里都含有一个成熟的小幼虫。雌虫多半在产卵后就死亡。

蛲虫病的传染方式很简单，只要人吃了它的卵，卵就可以在肠子里很快发育成长。因肛门瘙痒小儿常用手去抓，虫卵污染手指，再经口到达肠内造成自身感染。这种由肛门—手—口直接传播是小儿自身反复感染的重要途径。虫卵还可以经污染的衣裤、被褥、玩具及室内的灰尘，使其他小儿受感染。

2. 症状

（1）夜间肛门周围和会阴部发生奇痒。

（2）睡眠不安，烦躁。

（3）由于搔痒可使局部皮肤糜烂。

3. 预防

（1）避免重复感染。预防的关键是使新的蛲虫不再生长繁殖。蛲虫的寿命一般只有20～30天，等原来的那些蛲虫死后，就是不吃药也可自愈。因此，避免重复感染起着关键性的作用。

避免重复感染的方法是：每晚给病儿洗净臀部后，在肛门里及周围涂上蛲虫软膏，可杀死肛门外的雌虫和虫卵。睡觉前给病儿穿上满裆裤，避免病儿夜间不自觉地到肛门部抓痒，把虫卵抓在手上。褥子上再铺个小床单，第二天起床后，先把睡裤脱在床单上，不要抖动，放在盆内，用水煮5～10 min，把虫卵烫死，暴晒后晚上再用。另外，每天清晨应用热水和肥皂洗臀部，被褥等物也应拿到室外暴晒，如此坚持1周，可以得到根治。

（2）养成良好的卫生习惯。饭前便后要洗手，勤剪指甲，改掉吃手指头和咬指甲的坏毛病。

（3）勤换衣，勤换被褥。

第二节　婴幼儿传染病的常识

一、传染病的特性

1. 有病原体

传染病是由病原体所引起的疾病。病原体是指病毒、细菌等。每种传染病都有其特异的病原体，如麻疹的病原体是麻疹病毒，痢疾的病原体是痢疾杆菌。

2. 有传染性

病原体经一定的途径进入易感者体内，引起传染病的发生。所有传染病都具有一定的传染性。

3. 有免疫性

传染病痊愈后，人体对该传染病产生不感受性，称为免疫。人体的免疫状态因病而异，个体之间也有差别。如麻疹，一次得病后一般不会感染第二次，称为持久免疫。但患过流感痊愈后，免疫时间短，可多次被感染。

二、传染病发生和流行的三个环节

1. 传染源

传染源是指能够排出病原体的人和动物，包括病人、带菌者、受感染的动物。

（1）病人

这是指感染了病原体，并表现出一定症状的人。他能不断地排出病原体，使他人感染。

（2）带菌者（带病毒者）

这是指本人不表现症状，但可以排出病原体使他人受到感染的人。

（3）受感染的动物

人类的传染病中，有很多也是动物的传染病。有病的动物从它体内排出病原体，也能传染给人，如带乙型脑炎病毒的猪，也可以成为人乙型脑炎的传染源。

2. 传染途径

病原体传播引起感染的路线或方式叫传染途径。常见的有以下几种。

（1）空气传染

病人说话、呼吸、咳嗽、打喷嚏时，常将病原体随着唾沫散到空气中，别人吸入体内就会受到感染，所以又叫飞沫传染。麻疹、流感、百日咳、流行性脑脊髓膜炎（以下简称流脑）等就是这种方式传染的。

（2）饮食传染

病原体随着被污染的食物或水，经口进入健康人体内引起感染。如痢疾病人的粪便，污染了水源和手，健康人喝了未煮开的水、吃了被脏手污染或苍蝇爬过的食物，都能受到感染。脊髓灰质炎（俗称小儿麻痹）、伤寒等病，都是由这种途径传染的。

（3）昆虫传染

病原体通过昆虫直接或间接地传染。如叮咬过乙型脑炎或疟疾病人的蚊子，再去叮咬健康人，就有可能使健康人患乙型脑炎或疟疾。

（4）接触传染

通过病人或带菌者所污染的用具，如衣、被、碗筷或与病人接触等而造成感染。麻风病常是通过这种途径传染的。

（5）医源性传播

医务人员在检查、治疗、预防疾病时，或在实验操作过程中造成疾病感染。

3. 易感人群

某种传染病的易感人群，是指容易受到这种传染病感染的人群，或对传染病没有免疫能力或免疫能力很低的人。如没患过麻疹也没有注射过麻疹疫苗的人，对麻疹没有免疫力，这种人称为麻疹的易感人群（易感者）。

三、传染病的预防措施

1. 控制传染源

及早发现病人和可疑者，管理控制好传染源，是预防传染病的重要措施。这样做可以使传染病局限于少部分孩子或个别孩子身上，不致造成流行。因此，要求孩子及工作人员在进入幼儿园之前，都必须进行体格检查，并且要调查是否与传染病患者有过接触，以及患传染病后是否已满隔离期等。每年定期进行体格检查，发现病人及带菌（病毒）者时，应延缓入园或隔离治疗。

2. 切断传染途径

（1）根据不同传染病的传播方式，采取有效措施，使病原体无法侵入人体。如预防空气传播疾病，就要注意室内的通风换气，尽量减少空气中的尘埃。从婴儿时期就应培养用鼻呼吸的卫生习惯。在传染病流行期间，不带孩子到公共场所，不去病人家串门，出门要戴口罩等。为预防食物传染，必须保护水源，消毒饮用水；不吃没有煮熟的食物，生吃瓜果要削皮或洗净，食具、用具要做好经常性消毒工作。总之，应注意做好个人卫生、饮食卫生和环境卫生，防止病从口入。

（2）把传染病通过隔离等方法控制起来，切断造成疾病传播的一切途径。幼儿园发生传染病后应进行检疫，凡与传染源有密切接触的健康人，从脱离接触后至该病的最长潜伏期，为检疫期限。在幼儿园，传染病的接触者指病儿的同班小朋友。检疫的目的是尽可能缩小传染的范围，并尽早发现病人。

检疫期间，一日生活安排照常进行，但不收新生入班，该班单独活动。对接触者进行必要的医学观察，详细了解其在家中的饮食、睡眠、大小便等情况。通过晨间和午间检查注意疾病的早期症状，如有可疑的发病征象，立即隔离观察。检疫期间可对接触者进行防护。已满检疫期限，未发现新病儿，解除检疫。

3. 保护易感者

（1）增强幼儿的体质

合理安排一日生活，组织孩子锻炼身体，培养个人良好的卫生习惯，提供合理的膳食，增强孩子体质，加强免疫力。

（2）预防接种

将疫苗通过适当的途径接种到人体内，使人体产生对该传染病的抵抗力，称为预防接种。

1）预防接种的程序

①出生后：接种卡介苗和乙肝疫苗。

②2 个月：服用脊髓灰质炎糖丸（第一次）。

③3 个月：服用脊髓灰质炎糖丸（第二次），接种百白破三联疫苗（第一针）。

④4 个月：服用脊髓灰质炎糖丸（第三次），接种百白破三联疫苗（第二针）。

⑤5 个月：接种百白破三联疫苗（第三针）。

⑥8 个月：接种麻疹疫苗。

⑦1.5 ~ 2 岁：接种百白破三联疫苗（加强）。

⑧4 岁：服用脊髓灰质炎糖丸（加强一次）。

⑨7 岁：接种麻疹疫苗、卡介苗、百白破三联疫苗。

⑩12 岁：接种卡介苗（农村）。

乙肝疫苗、乙脑疫苗、流脑疫苗等，可按当地防疫部门规定接种。

2）预防接种的护理工作。为减轻预防接种的反应和避免接种局部感染，在接种头一天，通知家长给孩子洗澡，清洁皮肤。接种前要吃饱饭，防止孩子因害怕而晕针。接种后，可组织孩子进行轻微活动，注意避免受热、受凉。预防接种后会有轻微反应，接种 24 h 左右接种局部可发生红肿、疼痛，可有低烧，第二天会恢复正常。若高烧并有其他症状，应及时就医。

第三节　婴幼儿传染病的预防

一、流感

流感是由流感病毒引起的呼吸道传染病。病毒经飞沫传播。人群对流感普遍易感，常发生流感大流行。

1. 症状

潜伏期为数小时至数日。发病急，寒战、发热，体温可达 39 ℃以上，伴有头痛、倦怠乏力、关节肌肉酸痛等，还可出现恶心呕吐、腹泻等消化道症状。流感的全身症状明显，而呼吸道症状较轻。婴幼儿患流感容易并发肺炎。发热 3 ~ 4 天后逐渐退热、症状缓解，乏力可持续 1 ~ 2 周。

2. 护理

应卧床休息，退热后不要急于活动。病儿居室要空气新鲜。多饮水，吃有营养、易消化的食物。按医嘱服药。高烧时采用合适的方法降温。

3. 预防

增强体质；流感流行时，少去公共场所，减少聚会；保持室内空气新鲜；注意随天气变化增减衣服；接种流感疫苗。

二、水痘

水痘是由水痘病毒引起的呼吸道传染病，传染性极强，多发于冬春季。易感者多为 6 个月以上的婴幼儿。病初，可经飞沫传播，当皮肤疱疹溃破后，可经衣物、玩具、用具等传播。

1. 症状

感染水痘后，潜伏期 10 ~ 21 天。发病初期 1 ~ 2 天多有低热，随后出皮疹。皮疹出现顺序为头皮面部、躯干、四肢。初起时为红色丘疹，1 天左右变为水疱，3 ~ 4 天后水疱干缩、变为痂皮，痂皮脱落一般不留疤痕。皮疹分批出现，丘疹、水疱、痂皮可同时存在，皮肤瘙痒。

2. 护理

保持皮肤清洁，勤换洗内衣、被单。皮肤瘙痒时，可用炉甘石擦剂止痒，防止婴幼儿搔抓皮肤，引起感染。

3. 预防

保持婴幼儿活动室、寝室空气流通。少带婴幼儿到公共场所，避免让其接触病人。发现病儿应及时隔离、治疗，隔离至皮疹全部干燥、结痂，没有新皮疹出现方可解除。接触者检疫 31 天。病儿停留过的房间开窗通风 3 h。

三、风疹

风疹是由风疹病毒引起的呼吸道传染病。风疹病毒在体外生存能力很弱，因此传染性较小。本病多发生于冬春季。

1. 症状

潜伏期 10 ~ 21 天。开始症状较轻，表现为低热、咳嗽、流鼻涕、乏力、咽痛、眼发红等类似感冒的症状，同时身后、枕部淋巴结肿大。在发热的 1 ~ 2 天内开始出皮疹，从面部、颈部开始，24 h 内遍及全身。手掌足底没有皮疹。皮疹一般在 3 天内消退。出疹期间病儿精神良好。

2. 护理

病儿需隔离至出疹后 5 天。病儿宜卧床休息、多喝开水，饮食有营养、易消化。注意保持皮肤卫生。

3. 预防

可注射风疹疫苗。

四、幼儿急疹

幼儿急疹是由病毒引起的呼吸道传染病，传染性不强，多发于 6 个月 ~ 2 岁的婴儿。

1. 症状

潜伏期为 8 ~ 15 天。起病急，突发高热，可达 39 ~ 41 ℃，伴有咳嗽、流鼻涕、眼发红等类似感冒的症状。发病过程中大多精神较好，病容不明显，少数可因高热出现惊厥。高热 3 ~ 5 天后体温骤降，同时出现皮疹。一天内皮疹出齐，躯干、颈部较多，颜面及四肢较少，1 ~ 2 天内皮疹完全消退。

2. 护理

卧床休息，多喝开水。

五、猩红热

1. 流行特点

猩红热是溶血性链球菌感染引起的一种急性传染病，一般通过病人咳嗽、打喷嚏、说话，由带菌的飞沫散布到空气中，使易感者被感染，也可以通过刚被污染的食具、玩具、手帕、衣服等间接传染。一年四季都可发生，冬春季多见，多发生于 2 ~ 8 岁儿童。潜伏期一般为 3 ~ 7 天。

2. 症状

发病急，高烧，呕吐，头痛，嗓子痛，咽部红肿，扁桃体大，表面可有灰白色渗出物。发病数小时或第二天出现皮疹，发疹顺序是：先从颈前到上胸部，数小时后，迅速蔓延到躯干及上肢，最后到下肢。全身皮肤弥漫性潮红，散布着鲜红色鸡皮状的丘疹，压迫皮疹可使之退色。在皮肤的皱褶处，如颈、肘前、腋部、腹股沟等处，皮疹密集呈线状分布，称为帕氏线。患儿舌乳头肿大，呈紫红色，像杨梅一样，称杨梅舌。面部皮肤发红而口周皮肤苍白，称口周苍白圈。皮疹经 3 ~ 5 天后按发疹顺序先后消退，一周左右皮肤可有小片或大片的脱屑。

典型的皮疹、杨梅舌、帕氏线、口周苍白圈、脱屑均可有助诊断。

3. 预防

病儿需及时隔离至咽培养不带菌时才能回班，或隔离治疗两周后回班。病儿所在班检疫 7 ~ 12 天（包括成人），并进行消毒。接触者可进行药物预防。

4. 治疗

（1）对症治疗

对高热、嗓子痛给予解热镇痛剂。保持口腔清洁，用 3% 硼酸水或淡盐水漱口。

（2）早用抗菌药物

抗菌药物一定要早用，用足 7 ~ 10 天，要彻底治疗，以免成为恢复期带菌者。

六、流行性腮腺炎

流行性腮腺炎是由腮腺炎病毒引起的呼吸道传染病，传染性较强，主要经飞沫传播，多发于冬春季。易感者多为 2 岁以上儿童。

1. 症状

潜伏期为 14 ~ 21 天。一般先于一侧腮腺肿大、疼痛，后波及对侧，4 ~ 5 天后消肿。腮腺肿大以耳垂为中心，边缘不清，表面发热，有压痛感，咀嚼时疼痛，伴有发热、畏寒、头痛、食欲不振等症状。若出现嗜睡、头痛、剧烈呕吐等症状，应及时就医。

2. 护理

病儿宜卧床休息；多喝开水，吃流质或半流质食物，避免吃酸辣的食物；要常漱口；可服用板蓝根治疗，腮腺肿痛时，可冷敷或以中草药外敷（如青黛散、紫金锭等）。

3. 预防

隔离病儿，至腮腺完全消肿。接触者检疫观察约 3 周，可服板蓝根冲剂预防。可注射腮腺炎疫苗。

七、传染性肝炎

1. 病因及类型

传染性肝炎是由病毒引起的传染病。肝炎病毒可分为甲型、乙型和非甲非乙型等诸多类型。

（1）甲型肝炎病毒可引起甲型传染性肝炎。病毒存在于病人的粪便中。粪便污染了食物、食具、饮水，健康人不注意洗手，用了污染的用品或摄入污染的水和食物，就可造成感染。

（2）乙型肝炎病毒可引起乙型传染性肝炎。病毒存在于病人的血液中，病人的唾液、鼻涕、乳汁等亦带有病毒。

含有乙型肝炎病毒的极微量的血液就可造成传染。可通过输血、注射血制品、共用针头等途径传播。由于病人的唾液和鼻咽分泌物中带有病毒，所以日常生活密切接触，共用牙刷、食具等也是重要的传播途径。

在乙型传染性肝炎病人及带病毒者的血液中，乙型肝炎表面抗原为阳性，可借此与甲型传染性肝炎区别。

2. 症状

（1）感染了甲型肝炎病毒以后，约经 1 个月的潜伏期发病，有黄疸型肝炎与无黄疸型肝炎两种类型。

（2）感染了乙型肝炎病毒，经 2 ~ 6 个月的潜伏期发病，多为无黄疸型肝炎，黄疸型较少。

1）黄疸型肝炎。病初类似感冒，相继出现食欲减退、恶心、呕吐、腹泻等症状，尤其不喜欢吃油腻的食物，精神不好、乏力。在发病 1 周左右，巩膜（白眼球）、皮肤出现黄疸，尿色加深，大便呈灰白色。肝功能不正常。出现黄疸后 2 ~ 6 周，黄疸消退，食欲、精神好转。肝功能逐渐恢复正常。

2）无黄疸型肝炎。比黄疸型肝炎病情轻，常不能及时被发现。一般可有发烧、乏力、恶心、呕吐、头晕等症状。在病程中始终不出现黄疸。

3. 护理

（1）急性肝炎应卧床休息。卧床可以减轻肝脏的负担，有利于肝功能的恢复。病情好转后可轻微活动，逐渐增大运动量，但以不感觉疲劳为宜。病儿的生活要有规律。

（2）饮食宜少吃脂肪，适当增加蛋白质和糖的摄入量，多吃水果、蔬菜，多饮水。

（3）做好消毒隔离。病人的食具、水杯、牙刷等均要专用，食具、水杯、毛巾每日煮沸消毒一次。便盆用消毒液浸泡。衣服、被褥常晒（暴晒 4 ~ 6 h）。

护理病儿后，要用肥皂洗净手。

八、细菌性痢疾

细菌性痢疾是由痢疾杆菌引起的肠道传染病，多发生于夏秋季。病人及带菌者的粪便污染了水、食物等，经手、口传播。

1. 症状

潜伏期为 1 ~ 3 天。起病急，高热、寒战，腹痛、腹泻。一日可泻数十次，为脓血便。排便有明显的里急后重感。少数病人有中毒严重症状，表现为高热、精神萎靡或烦躁不安，很快昏迷、抽搐。

2. 护理

病儿宜卧床休息。饮食以流食为主，忌油腻及刺激性食物。病情好转应加强营养。治疗须彻底，以免转成慢性菌痢。

3. 预防

早发现、早隔离病儿和带菌者。加强环境卫生、个人卫生和饮食卫生。

第十四章

婴幼儿常用护理技术和意外事故处理

第一节　常用婴幼儿护理技术

一、测体温

婴幼儿的体温比成人略高，正常体温（腋表）为 36 ~ 37.4 ℃，昼夜之间有生理性波动。

吃奶、吃饭、哭闹、衣被过暖或室温过高，都会使体温略高。所以，测体温最好在进食半小时以后、安静状态下进行。

给婴幼儿测体温时，要测腋下，这样既安全又卫生。

测量前，要先查看一下体温表的度数。具体方法是：手拿体温表的上端，使表和眼睛平行，来回转动几次，看清楚水银柱的度数。如果超过 35 ℃，向下、向外轻轻甩几下，使水银线降到 35 ℃以下。

测体温前，要先擦去腋窝的汗，把水银表的水银端放在腋窝中间，注意别把表头伸到外面。夹好后，扶住孩子的胳膊，以免体温表位置移动量不准或折表。一般测 5 min 即可，时间太短、太长都会影响所测体温的准确性。

二、喂药

对两岁以上的儿童，要尽量鼓励他自己吃药，不要吓唬他，不要捏着鼻子硬灌，也不要把药掺在饭菜里，因为饭菜变了味不仅会引起呕吐，还会影响孩子的食欲。

对新生儿、婴儿或还不懂事的幼儿，就需要喂药。如果是药片，要压成粉末，放在小勺里，加点糖和少许水，调成半流体状，也可用果汁、糖浆调药。把孩子抱坐在大人腿上，固定他的身体和头部，使头偏向一侧。用手捏住孩子的下巴，把小勺从孩子的嘴角伸进去，轻轻压住他的舌头，等药咽下去了，再取出小勺。喂完药后，再喂点糖水或奶，免得药物刺激胃黏膜，引起呕吐。

对于小婴儿，也可以用包布把孩子全身裹好，抱起来喂药。

三、滴眼药

滴眼药应放在阴凉干燥的地方保存。用前仔细查对药名、浓度，防止用错药。大人洗干净手，再给孩子点眼药。方法是：用左手食指、拇指轻轻分开孩子的上下眼皮，让他向上看，把药滴在下眼皮内，每次 1 ~ 2 滴。不要点在眼球上，否则会引起眨眼，把药全挤出来。滴过药，可以轻轻提起上眼皮，防止药液流出来。

涂眼药膏，最好在睡前涂药。要把药膏涂在下眼皮内，让孩子闭一会儿眼。给孩子涂完眼药，要洗手。

四、滴鼻药

让孩子仰卧，肩下垫个枕头，头尽量后仰，使鼻孔朝上，点 1 ~ 2 滴药液，轻揉鼻翼使药分布均匀，过一会儿再起来，这样就不至于使药液全流到嘴里。

五、滴耳药

滴耳药时，让孩子侧躺，病耳向上，并向下、向后轻拉耳垂，使外耳道伸直。用干净的棉签把外耳道内的脓液擦干净，滴入 1 ~ 2 滴药液，轻轻按揉耳屏使药液分布均匀。在外耳道口塞一块卫生棉球，防止药液流出弄脏衣服。若刚从冰箱内取出滴耳液，要在室温下放一会儿再用，否则会引起孩子不适，甚至发生眩晕。

六、高热护理

高热是指体温超过 39 ℃。发烧是人体的一种防御反应，但是，发高烧需要采取降温措施，因为高烧使人感到很不舒服，还会使体内的热量消耗增加、心率加快，使消化功能减弱。由于婴幼儿的神经系统还未发育成熟，高烧会引起惊厥，也就是“抽风”。

常用的退烧方法有药物降温和物理降温两种。药物降温就是吃退烧药、打退烧针，物理降温是用冷敷、酒精擦拭等方法降温。对于婴幼儿来说，物理降温的方法更安全，可以单独使用或配合药物降温使用。

冷敷的操作方法：把小毛巾折叠成几层，浸在凉水里，拧成半干，敷在前额，也可以敷在颈部两侧、腋窝、肘窝、腘窝、大腿根等大血管通过的地方，每 5 ~ 10 min 换一次毛巾。也可以用热水袋灌进凉水或碎冰，做成冰枕。

酒精擦拭的操作方法：酒精容易挥发，能比较快地使热量散发出去。可以倒一些 75% 的酒精或白酒，加一倍水，把小毛巾浸湿拧成半干，擦拭颈部两侧、腋窝、胳膊等部位。

进行物理降温要注意避风。另外，在高烧初起的时候，皮肤血管收缩，常常打寒战，这时候要保暖，不要降温。寒战过去了，体温迅速上升，就要采取降温的措施，使体温降到 38 ℃左右。烧退了，要及时把汗擦干。

七、测脉搏和观察呼吸

测脉搏可以发现心率的改变，略知心脏的情况，所以测脉搏是一项重要的护理技术。测脉搏要在小儿安静的时刻进行。

观察呼吸也是一项重要的护理技术。由于小儿的胸腔比较狭窄，肋间肌力量不大，主要靠膈肌上下运动来完成呼吸运动，所以呼吸可以通过腹部的起伏来观察。每一呼一吸算一次呼吸，测 1 min。如果小儿在安静时呼吸明显加快、喘气费劲就是病态。

第二节　婴幼儿意外事故处理

一、发生意外事故的原因

1. 婴幼儿运动机能不完善

婴幼儿动作能力较低，走、跑、跳都不够熟练，动作的协调性、平衡性较差，动作反应较迟缓。从婴儿学会独自走路时起，意外伤害事故便相伴而生。1 岁时，婴儿学会了走路，但动作生硬、笨拙，头占的比例大而且重，常使婴儿摔倒。由于跌倒时四肢不会作出相应的调整，头面部便首当其冲成了跌打的对象。随着年龄的增长，动作能力的提高，受伤的部位扩展到了四肢。2 ~ 3 岁的儿童已行走自如，但跑步却不熟练，缓慢的反应速度、较差的平衡、较小的注意范围，常使他们在跌跌撞撞的小跑中摔伤身体。3 岁后儿童的动作能力有了明显的进步，但相对水平仍然较低，有时也会出现意外。

2. 婴幼儿对危险因素缺乏认识

婴幼儿缺乏对外界事物的理解和判断，更不会推理事物之间的因果关系，因此，经常由无知的行为引来意外伤害事故。如突然从跷跷板上跳下；挥舞木棍玩耍时，丝毫不考虑到会对别人有什么危害等。像这样由于缺乏对危险的认识而发生的意外伤害事故，在幼儿园及家庭中比比皆是。

3. 婴幼儿好奇、好动、活泼、易冲动

在婴幼儿的眼里，纷繁的世界令好奇的他们着迷，他们很想去看，很想动手去摸。在有些情况下，婴幼儿的动机是非常强烈的，因此忽略了周围的环境因素，丧失了理智和判断能力，继而出现各种事故。如想看看窗台上的东西或窗外的情景，于是就站在小椅子上不慎摔倒；当与其他小朋友争抢玩具时，拿起玩具向对方头上扔去或去推对方等。这些事故都与婴幼儿的好奇、好动、冲动有直接关系，尤其是那些欲求强烈、不知克制、冲动型的孩子发生意外的机会要更多些。

4. 成人对婴幼儿的管理不善

由于各种原因，婴幼儿脱离了成人的控制范围，或被成人忽视或失去控制，很容易造成婴幼儿伤害事故。

二、意外事故的急救

婴幼儿出现的意外事故有时轻、有时重，保育员应对险情作出迅速、准确的判断。如情况危急，则应抓紧时间送其去医院，或对其进行紧急救护，挽救孩子的生命。如果是小损伤，保育员应该对其进行简单的处理。

1. 小外伤

（1）跌倒蹭破皮肤的处理

婴幼儿奔跑、跳跃时不慎跌倒、蹭破膝盖、胳膊肘等是常事，尤其是穿衣较少的夏季，更为常见。蹭破皮肤后应先观察伤口的深浅，若伤口较浅仅仅蹭破了表皮，只需将伤口处的泥沙清理干净即可。如果伤口较深有出血，应该用自来水或生理盐水清洁伤口，并用酒精消毒伤口，处理后无须包扎。若伤势较严重，则需去医院治疗。

（2）扎刺的处理

婴幼儿周围的物品并非十分光滑，如带刺的花草、木棍、竹棍等。竹刺、木刺扎入皮肤后，有时有一部分露出皮肤，有刺痛感，应立即取出。具体处理办法是：先将伤口用自来水或生理盐水清洗，然后，用消毒过的针或镊子顺着刺的方向把刺全部挑、拔出来，不应有残留，并挤出淤血，随后再用酒精消毒伤口。如果刺扎在了指甲里或者刺是金属刺，或难以拔除，就应送医院处理。

（3）划伤的处理

婴幼儿在使用剪刀、小刀等文具或触摸纸边、草叶和打碎的玻璃器具、陶器时，都可能会发生手被划破的事故。

具体处理办法是：用干净的纱布按压伤口止血，止血后，在伤口周围用75%的酒精由里向外消毒，敷上消毒纱布，用绷带包扎。如果是玻璃器皿扎伤，应先用清水清理伤口，用镊子清除碎玻璃片，消毒后进行包扎。

2. 挤伤的处理

婴幼儿的手指经常被门、抽屉挤伤，给婴幼儿造成痛苦，严重时，可出现指甲脱落的现象，应及时发现并处理。

具体处理办法是：若无破损，可用水冲洗、冷敷，以减轻痛苦；疼痛难忍时，可将受伤的手指高举过心脏，可缓解疼痛。若有出血，应消毒、包扎、冷敷。若指甲掀开或脱落，应立即去医院处理。

3. 异物的处理

（1）眼内异物的处理

婴幼儿眼内异物最为多见的是小沙粒、小飞虫等入眼。

异物入眼后，可粘在睑结膜的表面，进入睑结膜囊内，也有的嵌在角膜上。对于不同的情况，可采用不同的方法。保育员清洁双手后，方可为孩子处理。具体的处理方法是：让孩子轻轻闭上眼睛，切不可揉搓眼睛，以免损伤角膜。沙粒粘在眼结膜表面时，可用干净柔软的手绢或棉签轻轻拭去。若嵌入睑结膜囊内，则需要翻开眼皮方能拭去。翻上眼皮的方法：让孩子向下看，用拇指和食指捏住他的眼皮，轻向上翻即可。若运用以上方法未取出异物，孩子仍感极度不适，有可能是角膜异物，应立即去医院治疗。

平时应注意培养婴幼儿形成爱护眼睛的意识，不用脏手揉眼，不玩尖锐的物品，不互相扔沙子，眼睛不舒服时应立即告诉成人。

（2）鼻腔异物的处理

婴幼儿出于好奇，常把豆子、小珠子、纽扣、橡皮等较小的物品塞入鼻中，这不仅会影响孩子呼吸，还会引起鼻腔炎症，甚至引起气管异物，因此保育员应仔细观察，及时取出异物。

具体的处理方法是：让孩子深吸一口气，用手堵住无异物的一侧鼻子，用力擤鼻，异物即可排除。若异物未取出，切不可擅自用镊子夹取圆形异物，否则会将异物捅向鼻子深处，甚至落入气管，危及生命，因此应马上去医院处理。

（3）咽部异物的处理

咽部异物以鱼刺、骨头渣、瓜子壳、枣核等较为多见。异物大多扎在扁桃体或其周围，引起疼痛，吞咽时疼痛加剧。咽部异物最好用镊子取出，切不可采用大口吞饭团的方法，否则会使异物越扎越深，出现危险。若无法取出，应立即去医院处理。

（4）外耳道异物的处理

外耳道异物一般分两种：一种是非生物异物，如婴幼儿玩耍时塞入的小石块、纽扣、豆类等；另一种是生物异物，如小昆虫等。外耳道进入异物可引起耳鸣、耳痛、外耳道炎症及听力障碍，应及时将异物取出。

外耳道异物属非生物异物和水时，可用倾斜头单腿蹲跳的动作，使物品靠重力脱出。若无效，应上医院处理。切不可用小棍捅、用镊子夹，否则易损伤孩子外耳道及鼓膜。

若外耳道异物为小昆虫，可用强光接近孩子的外耳道，或吹入香烟的烟雾将小虫引出来。若不见效，应立即去医院处理。

（5）气管异物的处理

气管、支气管进入异物多见于5岁以下的婴幼儿。婴幼儿口含食物或小物件，哭闹、嬉笑时最易发生气管进入异物。婴幼儿气管有异物时，会出现呛咳、吸气性呼吸困难、憋气、面色青紫等现象。此时情况紧急，应立即加以处理。

若是较小孩子出现气管进入异物，应将其倒提起来，拍背。

若较大的孩子出现气管进入异物，可让其趴卧在成人腿上，头部向下倾斜，成人轻拍其后背。或成人站在孩子身后，用两手紧抱孩子腹部，迅速有力地向上勒挤。若孩子已不能呼吸，应做人工呼吸。

4. 鼻出血

婴幼儿鼻出血极为常见。

（1）主要原因

1）鼻部外伤。如婴幼儿行走、玩耍时碰伤鼻子，或挖鼻孔损伤了鼻黏膜，从而造成鼻出血。

2）发烧。上感发烧时，鼻黏膜充血肿胀，血管脆性增加，这时擤鼻涕、打喷嚏可增加血管破裂的机会，引起鼻出血。

3）鼻腔进入异物。婴幼儿出于好奇，常把豆子、小珠子、纽扣、橡皮等较小的物品塞入鼻中，这不仅会影响呼吸，还会引起鼻腔炎症，甚至引起气管进入异物。

（2）处理方法

1）安慰孩子不要紧张，让他安静坐下，用口呼吸，头略向前低，防止血液逆流入口腔咽喉。

2）捏住鼻翼 10 min。

3）用湿毛巾冷敷鼻部和前额。

4）若不能止血，可用纱布卷、消毒药棉等塞鼻。

5）止血后短时间内不可用力揉搓鼻腔，不可擤鼻涕，也不做剧烈运动，避免再出血。

6）若无法止血或经常鼻出血，应去医院检查，确定是否有血液病或其他疾病。

平时应注意纠正婴幼儿用手挖鼻孔的习惯，勤剪指甲，玩耍时避免碰撞鼻子。

5. 惊厥（抽风）

（1）原因

婴幼儿出现惊厥的原因很多，高烧惊厥较为常见，如患上感、流脑、中毒性痢疾等均会使婴幼儿高烧，进而发生惊厥。此外，婴幼儿缺钙可引起手足抽搐，癫痫、低血糖、中毒等也会引起婴幼儿惊厥。

（2）症状

婴幼儿惊厥的表现通常是突然发作，意识丧失，头向后仰，眼球凝视，呼吸细弱且不规则，口唇青紫，四肢和单侧或双侧面部抽动，持续的时间可由一两分钟到十几分钟，甚至几十分钟不等。

（3）处理方法

婴幼儿惊厥后，成人千万不可惊慌失措，不可大声呼叫或用力摇晃、拍打婴幼儿，应采取以下措施。

1）让病儿侧卧，便于及时排出分泌物，防止异物进入气管。同时，松开衣领、裤带，保持血液循环的畅通。

2）不要紧搂病儿，可轻按病儿抽动的上下肢，避免病儿从床上摔下。

3）将毛巾、手绢拧成麻花状放于上下牙之间，以免病儿咬伤舌头。但如果病儿牙关紧闭，无法塞入毛巾，不可硬撬。

4）随时清除痰和鼻涕。

5）用针刺或重压人中穴，即唇沟的上 1/3 处。

注意：在急救处理的同时，应做好送医院的准备工作。当婴幼儿发烧时，切忌包裹过严过厚，否则会使体温持续上升，导致惊厥。

6. 蚊虫咬伤

夏秋季节蚊虫增多，被蚊虫叮咬的机会也随之增多。婴幼儿中较多见的有被蚊子叮咬、蜂类蜇伤、洋辣子刺伤。蚊子咬伤时可用清凉油、绿药膏、酒精、氨水等涂于患处。当被蜂和洋辣子刺伤时，伤口处疼痛红肿，此时，先用橡皮膏将皮肤中的刺粘出来，然后用淡碱水或肥皂水涂于伤处。若为黄蜂蜇伤，可将食醋涂于伤处。

7. 中暑

日光长时间照射婴幼儿的头部，可使婴幼儿中暑，婴幼儿会出现头疼、头晕、耳鸣、眼花、口渴甚至昏迷。应采取以下处理措施。

（1）将病儿移至阴凉通风处，解开其衣扣，让其躺下休息。

（2）用凉毛巾冷敷头部，用扇子扇风，帮助散热。

（3）让病儿喝一些清凉饮料，或口服十滴水、人丹等。

注意：在炎热的夏季，婴幼儿户外活动时间应避开 10：30—14：30，因为此时的阳光照射最强，为一天中温度最高的时段。炎热季节，婴幼儿可在树荫或屋檐下游戏，避免阳光直接照射，保育员应提醒婴幼儿多喝水。

8. 冻伤

婴幼儿冻伤多为轻度冻伤，常见于耳朵、面颊、手、足等处，仅伤及表面，局部红肿，有痛和痒的感觉。

处理时，可用白酒、辣椒水轻轻涂擦，再涂上冻疮药膏即可。伤愈后不留疤痕，但受冻处还易复发。因此，平时应注意不要让孩子穿过小的鞋子，洗手后将手仔细擦干，脚易出汗的孩子应及时换掉汗湿的袜子，并注意经常按摩手、脚、耳、鼻等处。

9. 头部摔伤

婴幼儿玩耍时摔伤头部不为少见，有时出血，有时不出血。对此，应采取以下处理措施。

（1）出血时，马上用一块清洁的纱布轻轻按压伤口，以达止血的目的，并及时送医院。

（2）摔伤后未见出血，要对孩子进行 24 h 的密切观察，如果出现以下症状应及时送往医院急救：

1）受伤后有恶心、呕吐的现象。

2）受伤后有过意识丧失的现象，或正处于意识丧失的状态。

3）头部剧烈疼痛。

4）眼、耳、鼻周围有出血。

5）有抽风、麻痹、言语障碍。

（3）教育婴幼儿摔伤头部后务必告诉成人。

第十五章

学前儿童的素质发展和素质教育

《幼儿园教育指导纲要（试行）》（以下简称《纲要》）明确指出，教育要满足幼儿“多方面发展的需要”，要为“所有在园幼儿的健康成长”服务，“使每个幼儿都能得到发展”。因此，促进学前儿童的全面发展是学前教育应该完成的最重要的任务，每个教育工作者都应该自觉践行。

第一节　学前儿童的健康教育

一、学前儿童健康教育的概念

1. 健康的含义

人们对健康含义的认识是随着社会的发展而不断深化的。最初，人们认为只要身体机能正常，没有疾病和缺陷就是健康，现在这一观念已经发生了很大的转变。

世界卫生组织（WHO）提出的健康新概念是：所谓健康，并不仅仅是没有疾病，而是生理、心理以及社会适应能力方面的全面完好状态。也就是说，健康是在精神上、身体上和社会交往上保持健全的状态。

为了进一步使人们完整、准确地理解健康的概念，世界卫生组织又规定了衡量一个人是否健康的十大标准：

（1）有充沛的精力，能从容不迫地应付日常生活和工作的压力，而不感到过分紧张。

（2）处事乐观，态度积极，乐于承担责任，事无巨细不挑剔。

（3）善于休息，睡眠良好。

（4）应变能力强，能适应环境的各种变化。

（5）能够抵抗一般性感冒和传染病。

（6）体重适当，身体匀称，站立时头、肩、臀位置协调。

（7）眼睛明亮，反应敏捷，眼睑不发炎。

（8）牙齿清洁，无龋齿、不疼痛；牙龈颜色正常，不出血。

（9）头发有光泽，无头屑。

（10）肌肉、皮肤富有弹性，走路轻松有力。

一个健康的学前儿童，不仅应该身体健康，而且还应该具有良好的心理健康水平和良好的社会适应能力。

2. 学前儿童健康教育的概念

学前儿童健康教育是指根据学前儿童身心发展的需要、特点和水平，通过孩子喜闻乐见的各种形式，促进学前儿童身体上、心理上和社会适应性等方面的良好发展，使之拥有健康的体魄和健全的心理。也就是说，通过对学前儿童进行健康教育，保证学前儿童身体的正常生长发育和机能的成熟，增强学前儿童的体质，帮助他们形成良好的生活卫生习惯，拥有基本的生活能力，养成其活泼开朗的性格和良好的态度与习惯，维护心理健康。

二、学前儿童健康教育的目标、内容及要求

从《纲要》规定的幼儿园健康教育的目标和内容及要求中可以看出，对学前儿童的健康教育，不仅要促进其身体机能的成熟和发展及体质的增强，还应重视其良好的态度与健康的生活方式等心理保健，维护其心理的健康发展（具体内容见《纲要》第二部分）。

学前儿童心理健康教育是近年来学前教育界非常重视的一个话题，这是因为学前儿童的身心正处于高速发展的时期，这一时期是养成其正确的态度、良好的行为习惯以及健康的心理行为的关键时期。孩子在这个时期的发展是非常敏感的，非常容易受到各种不良因素的影响和伤害。著名心理学家弗洛伊德指出：“心理疾病主要是由于潜意识矛盾冲突而产生焦虑和情绪防御反应的结果，这种矛盾冲突从婴幼儿期就开始

了。其根源在于生物本能的欲望对社会限制和约束产生强烈的反抗，当这种冲突不可调和时，心理的疾病就产生了。”因此，儿童早期心理的健全对其未来的正常发展是极其重要的。学前儿童的心理健康教育就是要为学前儿童创设一个良好的发展环境，避免那些会给儿童心理的健康发展造成伤害的各种不利因素对儿童的发展产生消极影响。同时，学前儿童的心理健康教育还要教会学前儿童健康的生活方式和良好的生活习惯，帮助学前儿童解决在其生活和活动中遇到的各种心理问题，提高学前儿童整体的健康水平。

三、学前儿童健康教育的主要途径和方法

1. 开展专门的健康教育活动

专门的健康教育活动是指保育员有目的、有计划地在学前教育机构中开展的以促进儿童身心健康为目的的教育活动，如体育课、户外游戏等。它是进行学前儿童健康教育的主要途径。

2. 利用一日生活中的各种活动进行随机教育

日常生活是儿童人际交往相对频繁和心理品质自然显露的时刻，此时，保育员最能发现孩子的需要、特点和水平，是对其采取适当教育的最佳时期。如在合作能力的培养上，保育员可以利用学前儿童的生活活动进行随机教育，设立生活角，开展各种只有合作才能进行的活动，使儿童在共同合作中锻炼能力，感受合作带来的快乐。

3. 充分利用各种游戏活动进行健康教育

游戏是学前儿童的基本活动，一日活动中游戏是贯穿于始终的活动。除游戏本身的教育作用外，把健康教育融合于游戏之中，可以收到很好的教育效果。如在角色游戏中，孩子通过对游戏主题的确立、角色的选择、情节的发展等活动，学会如何与同伴友好相处，对自我意识的良好发展以及社会化与个性化的协调发展，无疑都是有意义的。

4. 在各领域的教学活动中渗透健康教育

开展健康教育特别是心理健康教育绝不是增加一日活动的环节，也不是替代原有的教学活动，而是把教学活动内在的、潜在的因素挖掘出来，根据幼儿的心理特点和发展的需要，更好地发挥教学活动中心理健康教育的作用。

5. 充分发挥社区、家庭、幼儿园的协同作用搞好健康教育

幼儿园可以经常为家长和社区举行与学前儿童身体和心理发展有关的知识讲座，

帮助家长掌握学前儿童营养、身体发育及心理发展的特点和需求等方面的知识；让小区中的中小学和散居的学前儿童定期来园与孩子们一起进行游戏活动，扩大孩子的交往面；托幼机构的孩子也可利用散步或远足的方式到社区中参与社会活动，通过与不同年龄、不同性别、不同性格的人交往，帮助孩子积累经验、锻炼身体等。

6. 注重个别教育以使每个孩子都能健康发展

学前儿童的健康教育必须尊重儿童在生理和心理上的个体差异，有针对性地进行教育，特别是在帮助体弱儿和心理或行为有问题的孩子时，更应该经常采用个别教育的方法。

第二节　学前儿童的语言教育

一、学前儿童语言教育的概念

1. 语言的定义

人类有许多种交流的方式，但语言是最有效的交际方式。语言是由语音、词汇和语法构成的一种符号系统，人类借助语言来表达意思、交流思想并进行思维。列宁说：“语言是最重要的人类交际工具。”通过发展语言的技能，可以帮助学前儿童更好地表达自己，获取信息和与人交往。因此，良好的语言能力的培养应该成为学前儿童素质教育的重要组成部分。

2. 学前儿童语言教育的概念

学前儿童的语言教育是有目的、有计划地使学前儿童全面掌握口头语言，发展口语表达能力的教育活动。研究表明，2 ~ 5 岁是口语发展的关键期，在这一时期，儿童的词汇扩展得最快，对语音的模仿力最强，是最适合进行语言教育的时期。因此，托幼机构要加强学前儿童口语表达能力和口语交际能力的培养，使孩子能够更好、更快地掌握语言。

二、学前儿童语言教育的发展目标、内容及要求

从《纲要》规定的语言教育的目标可以看出，学前阶段语言教育的重点为听、说

和学前阅读、学前书写的技能，运用语言进行交往及体验学习语言的乐趣等方面（具体内容见《纲要》第二部分）。

三、学前儿童语言教育的主要途径和方法

1. 努力创造丰富的语言环境

语言主要是后天习得的。因此，要想学好语言，必须要有丰富的语言环境的支持，因为儿童的语言能力是在日常生活中，在与成人和同伴的实际交往过程中通过模仿等方式逐渐习得的。为学前儿童提供的语言环境是否丰富，是关系到其语言能力能否得到很好开发的一个关键问题。如有的孩子在还不会说话的婴儿时期妈妈就不断地对着他说话，在帮他换尿布、喂奶、洗澡时妈妈都是边干边说，闲暇时还不断地给他读韵律优美的儿童文学作品，尽管孩子当时的表现是听不懂，但妈妈所做的一切恰恰是在帮助孩子进行着能说出语言的各方面的积累，为其今后开口说话打下了良好的基础。而如果在孩子幼小的时候很少对孩子说话，这些孩子今后语言能力的发展肯定会受到影响。因此，为学前儿童提供丰富的语言环境，即让他们想说、爱说、能说并能够得到积极应答的语言交流环境，对其语言能力的发展是非常有利的。

一个宽松、和谐、鼓励、愉快、相互关怀、彼此接纳的人际交往环境，也有助于帮助学前儿童大胆地用语言表达自己的想法，使其语言能力得到锻炼。

2. 在一日生活的各个环节中和在其他领域的教育活动中努力渗透语言教育

在一日生活的各个环节中和在其他领域的教育活动中，保育员要允许孩子有机会自由地交谈，还应该创造条件让孩子听、说、看和交流。因为，语言是在不断使用的过程中逐渐发展起来的，经常有使用语言的机会可以促进学前儿童的语言潜能得到发展。有些幼儿园保育员因为怕乱，就经常不让孩子自由交谈，实际上是剥夺了孩子练习语言的机会，这种做法对学前儿童语言的发展是非常有害的。

3. 进行专门的语言教育活动以发展学前儿童的语言能力

专门的语言教育活动可以把学前儿童日常生活中所获得的比较零散的语言知识系统化、规范化，有助于孩子系统、规范地掌握语言。同时，优美的儿童文学作品，又给学前儿童提供了大量生动、形象、富有节奏感和韵律的艺术语言，在发展儿童语言的同时又陶冶了孩子的情操，培养了孩子的美感，可谓一举多得。专门的语言教育活动主要包括讲故事、说儿歌、看图讲述、欣赏文学作品、谈话、讨论等活动。

第三节　学前儿童的社会性发展与教育

一、学前儿童社会性发展与教育的含义

1. 社会性的概念

社会性是指人们之间的社会交往、建立人际关系、掌握和遵守行为准则及控制自身行为的心理过程。

2. 学前儿童的社会性发展与教育

学前儿童的社会性发展是一个漫长的过程。孩子从 3 岁开始，就很喜欢同小朋友们一起玩耍，愿意接近小朋友，这是幼儿社会性发展的萌芽时期；4 ~ 5 岁的孩子能够在一起进行一些创造性的游戏活动，在这些过程中为了使游戏能够顺利地进行下去，孩子们开始关注游戏的规则，并共同遵守；5 ~ 6 岁的孩子情绪比较稳定，能够遵守游戏的规则，如果游戏需要，他们还可以制定一些游戏规则，在游戏中，他们能够注意处理自己和他人之间的关系，活动中的合作程度也不断提高。在这一时期，通过让学前儿童接受集体环境的教育和影响，扩大孩子交往活动的内容和范围，使孩子能够由独自玩耍为主向集体玩耍为主过渡，活动的重心也开始由家庭向社会活动（幼儿园）过渡。孩子在与同伴、成人的实际交往的过程中，开始逐步认识自己，并学习如何了解他人的需要，如何以合适的方式满足自己和他人的需要等交往技巧。随着社会性交往的逐渐增多，儿童社交的目的逐渐明确，逐渐建立起自己的交往范围，形成一定的人际关系，即学前儿童的社会性逐渐发展起来。

针对幼儿时期社会性发展的特征，保育员一定要采用正确的教育方式和方法，使学前儿童受到良好的教育和保护。既满足他们的正当要求，使他们能够对所交往的成人及环境建立起初步的信任感和安全感，又能制止他们不正当的要求或行为，给予有效的说服和诱导，使孩子养成良好的思想和行为，形成同情人、关心人的情感倾向及自立、自强的精神和良好的习惯。在活动和游戏过程中，孩子们互相帮助、和睦相处、关心他人，增强了人际交往和沟通能力。

二、学前儿童社会性发展与教育的目标、内容及要求

从《纲要》的论述中可以看出，学前儿童社会性教育的内容，既要包含帮助儿童去学习生活、学习交往、学习合作、学习与人分享等内容，也要包含学习社会的各种文化等方面的内容。因此，在安排学前儿童社会性发展的教育内容时，必须考虑使孩子的学习不脱离他们的生存、成长的经历和社会文化的背景。同时，还要考虑其内容的深度和贴切性，按学前儿童的年龄特点、可接受程度、需要以及知识本身的体系，由浅入深，由易到难，有层次、有重点地去选择（具体内容见《纲要》第二部分）。

三、学前儿童社会性教育的主要途径与方法

1. 充分利用好孩子一日的生活过程

研究表明：学前儿童社会性行为的形成与巩固，不能单纯依靠讲故事、讲道理完成，而必须让孩子亲自去实践，在实践中去体验和感受遵守或不遵守规则将会给自己和他人带来的影响，从而形成或拒绝某种行为。因此，通过一日生活的各个环节，在一日生活的具体过程中，结合孩子亲身经历的事件和行为进行社会性发展的教育，可以收到比较好的教育效果。

2. 让孩子去模拟体验社会角色

有目的地创设模拟情景，让孩子在具体的情景中体验各种社会角色，学习他们的行为。如在角色游戏中，孩子们通过扮演爸爸、妈妈等角色，体验到为人父母的辛苦等。

3. 充分利用好生活中各种重大事件

有社会大背景的事件是对学前儿童进行社会性教育的绝佳时机。因为，此时保育员所组织的活动有社会、家庭等多种因素的支持，使孩子能够在短时间内对所学内容进行反复体验，有利于其理解和掌握所学内容。如 2008 年汶川发生大地震，全社会都行动起来救助灾区人民，报纸、广播每天都在宣传大家为灾区献爱心的情况，许多家庭也纷纷捐款捐物，帮助灾区人民共渡难关。孩子每天生活在这样的环境中，耳濡目染了许多感人至深的情景，积累了一定的感性经验，此时，如果幼儿园开展以“我为灾区做点啥”为主题的教育活动，将会收到很好的教育效果。

4. 为孩子树立良好的榜样

通过为孩子树立良好的榜样，帮助孩子习得良好的社会行为。如保育员和蔼亲切的言谈举止，父母对待长辈和他人彬彬有礼的行为，都可以给学前儿童以良好的影响，促使其模仿，形成良好的社会行为。

第四节　学前儿童的科学教育

一、学前儿童科学教育的概念

1. 科学的含义

人们对科学概念的认识是随着社会和科学的发展而日益深刻和趋于全面的。最初提及科学的时候，许多人可能首先想到的是科学技术和自然科学知识，如物理、化学、生物学、天文学等学科知识。随着社会和科学的发展，人们才逐渐认识到仅把科学定义为科学知识是远远不够的，科学的内涵远比科学知识的内涵丰富。现在，人们普遍认为，科学的概念至少应该包括三个基本的要素，即对科学的态度和价值观、科学探索的过程与方法、科学知识等。对科学的态度与价值观是指在进行科学活动的过程中，人们所共有的对科学活动的认识与评价，如在科学活动中的实事求是、敢于质疑、追求创新、崇尚自由等态度与行为等。科学探索的过程与方法是指通过假设、观察、测量、实验等方法探索科学奥秘的过程，通过科学探索，总结出其中蕴含的科学知识。科学知识是指在科学的态度和价值观的指导下，通过科学探索的过程所获得的知识体系。

2. 学前儿童科学教育的概念

受学前儿童认知特点的影响，对学前儿童进行科学教育，重点不在于是否能够向他们系统地介绍科学知识，而在于是否能够让他们在自由探索的过程中，感受到科学活动的趣味性，形成对科学的正确态度。对学前儿童进行科学教育，目的在于让孩子在探索的过程中掌握科学的探索方法，培养他们尊重知识、尊重事实、求新求真、敢于质疑的科学精神，在此基础上帮助学前儿童掌握适合他们认知特点的、粗浅的科学知识。

二、学前儿童科学教育的目标、内容及要求

具体内容见《纲要》第二部分。

三、学前儿童科学教育的主要途径和方法

1. 通过专门的教育活动进行科学的启蒙教育

例如，通过组织学前儿童参观科技馆、研究所等活动，让他们亲身感受到科学技术给生活带来的巨大变化，激发崇尚科学、长大以后也像科学家一样用自己的才智改变生活的愿望。

2. 利用日常生活中的各种机会进行科学的随机教育

儿童天生就好奇、好问，喜欢探索，对外界事物充满好奇心，保育员要充分利用这一点对学前儿童进行随机教育，教会他们探索科学的方法，学习粗浅的科学知识，养成对科学的正确的态度。

如在自由活动中，一个孩子发现班里的一盆花枯萎了，非常伤心，找到保育员问为什么花会死掉。保育员没有直接告诉孩子答案，而是请全班小朋友讨论："植物的生长需要什么条件？"孩子们有的说需要水，有的说需要阳光，有的说需要肥料，有的说不对，有的花不晒太阳也能长大……答案到底是什么呢？保育员还是没有直接告诉孩子，而是在家长的配合下，给孩子们提供了三组每组两盆同种和同样大小的花，把全班孩子分成三组对花的成长与变化进行观察。第一组让孩子们每天给一盆花浇水，一盆花不浇水；第二组让孩子给一盆花施肥，一盆花不施肥；第三组让孩子把一盆花放在阳光下，一盆花放在不透光的柜子里。让孩子们亲自照料这些花，每天都观察这些花的变化，并记录这些变化。通过这些活动，使孩子们在原来笼统地知道植物的生长需要水、阳光和肥料的基础上，进一步知道了植物是怎样获取营养的和不同植物对营养的需求是不同的等一系列粗浅的科学知识。同时，在探索的过程中，保育员还教会了孩子观察和记录的方法，使孩子们在亲身探索的过程中不仅学到了知识，还体验到了科学研究的乐趣。

3. 支持学前儿童自由地进行科学的探索活动

要为学前儿童提供大量的可操作的玩具、材料，鼓励孩子们用自己的方法操作和摆弄，使孩子能够在与人和物的交互作用中获得有益的学习经验。

第五节　学前儿童的艺术教育

一、学前儿童艺术教育的概念

1. 艺术的概念

艺术是人们对社会生活创造性的反映。首先，它来源于社会生活，它所反映的人和事都是人们对生活的认识、情感和思想。其次，它高于生活，它是对社会生活的创造性的反映。通过艺术活动，可以达到反映思想、沟通情感、启迪智慧等多种作用，因此，艺术是人们生活中不可缺少的一种活动。

2. 学前儿童艺术教育的概念

学前儿童的艺术活动是指学前儿童通过美术、音乐、舞蹈、表演等多种艺术形式，创造性地反映他们对生活的认识、理解和思想感情。对学前儿童进行艺术教育是指有计划、有目的地通过音乐、舞蹈、美术、欣赏和表演文艺作品等形式，对学前儿童进行审美教育，帮助他们体验和感受艺术的美感，并使他们学会一些简单的艺术表现手法，使他们能够自由地表现和表达自己对生活的理解和认识，发展创造力和美的情趣。

二、学前儿童艺术教育的目标、内容及要求

具体内容见《纲要》第二部分。

三、学前儿童艺术教育的主要目标

《纲要》具体规定了学前儿童艺术教育的目标。从《纲要》的要求中可以看出，艺术教育是促进孩子全面发展的手段之一。通过艺术教育，陶冶孩子的情操，启迪孩子的智慧，培养孩子对美的感受力和初步的创造力，使他们能有机会自由地表达和表现自己对生活的理解，从而促进他们身心健康、和谐地发展。

在当前的学前教育实践领域，艺术教育存在很多误区。例如，以知识、技能的训练和灌输替代儿童真切生动的体验和表达，成人式的思维、概念化的表达、整齐划一

的作品使儿童与生俱来的艺术感受能力逐步丧失；提早对孩子进行专门的某一技能方面的训练，这种功利性的追求替代了艺术教育的正确目标，各种奖项及其带来的升学和择校上的优待，使家长和教育机构盲目跟风；办学者对经济利益的追逐等倾向，使艺术教育偏离了它的宗旨。因此，明确学前儿童艺术教育的目标、主要内容及要求，对指导当前我国学前儿童艺术教育的实践是非常重要的。

四、学前儿童艺术教育的主要途径和方法

1. 在平时的教育中帮助学前儿童积累生活印象，丰富孩子的感性经验，帮助孩子感受生活中美的事物，为其在艺术表达中的理解和想象提供丰富的生活源泉。

例如，在春暖花开的时候带领孩子们到花园去散步，感受春天给万物带来的勃勃生机；夏天带孩子们到海边去旅游，感受大海的宽广和深沉；闲暇时组织孩子们讨论自己爸爸、妈妈的工作，体会不同职业者工作的辛劳；等等。这些活动都为孩子们的艺术活动提供了生活的源泉，在帮助他们感受和理解生活中美的事物，并用自己喜欢的方式表达对这些事物的理解等方面，提供了有益的支持。

2. 有计划、有目的地开展艺术创造和欣赏活动，使学前儿童有机会自由地表达自己对生活的理解和认识。

在孩子们的艺术创作活动中，保育员要改变过去重结果轻过程、重模仿轻创造、重制作轻欣赏的倾向，注意让他们自主地表达自己对生活的认识和理解，并对他们在表达和创作中的个人意见给予充分的尊重和支持。有的保育员这一点做得非常不好，孩子刚刚很有兴致地把自己的绘画作品拿给保育员看，保育员不是对孩子的大胆表现给予鼓励，而是对孩子作品中的形象横挑鼻子竖挑眼，不是头画得不圆就是花的颜色不对，搞得本来高高兴兴的孩子变得很惶恐，对自己的绘画能力丧失了信心。因此，只有牢记艺术教育的目标，才能接纳和理解儿童在艺术感受和表现过程中的见解，艺术教育才能真正在学前儿童的全面发展过程中起到它应该起的作用。

3. 师生共同创设艺术化的环境，用自己的作品美化自己的生活空间。

环境创设的过程应该成为对儿童进行艺术教育和全面发展教育的手段。在布置环境时，保育员可以让孩子选择贴近生活的题材进行艺术创作，再用创作出的成品布置环境，提高创作的热情和自信心，可以收到很好的艺术教育的效果。

4. 有意识地让艺术教育领域与其他教育领域互相渗透，以期共同完成和达到艺术教育的任务和目标。

第十六章

学前教育的基本要素

第一节　学前教育机构的环境

一、环境的概念

环境泛指生物有机体生存空间内各种条件的总和。

对学前教育机构而言，广义的环境主要指学前教育赖以进行的一切条件的总和，狭义的环境是指在学前教育机构中，对学前儿童身心发展产生影响的物质和精神要素的总和。我们在这里所谈的环境主要是指狭义的环境。对学前儿童来说，因其年龄小，独立性较差，还不会自己主动地、自觉地选择和影响周围的环境，受特定环境的影响会更大，因此，为学前儿童创设良好的环境就显得尤为重要。

二、学前教育机构的环境

1. 物质环境

学前教育机构的物质环境，主要包括园舍建筑，园内装饰，设备条件，物理空间的设计与利用，活动材料的数量、种类、选择与搭配等。在为幼儿创设物质环境时，必须注意考虑以下几个方面的问题。

（1）创设一个安全、卫生、符合发展需要和教育要求的美好环境

创设学前教育机构物质环境时，在考虑这个环境是否符合美观、安全、卫生要求

的同时，还要认真考虑这个环境对满足儿童发展需要的作用。当前有一些学前教育机构在环境创设中过分重视对活动室等场地的美化和装饰，把孩子周围的环境弄得过于五彩斑斓、花花绿绿，容易引起孩子注意力的分散。有时，带有过分刺激性色彩和过于复杂、美观的布置还会引起幼儿烦躁不安的情绪以及其他不适行为。因此，学前儿童室内室外的环境布置和摆设在充分满足儿童发展需要和教育要求的基础上，应以美观、简单、和谐为原则。

活动空间的大小应当能符合幼儿的多种活动需要，既有适用于全班集体性活动的大空间，又要有能让几个孩子一起活动的中空间。如果有条件，还需要有能让个别儿童单独活动的小空间。这些不同大小和用途的空间可以通过对活动室整个大空间的分隔和变化来产生。活动场地的安排应该使学前儿童在没有帮助的情况下，能够独立地从一个地方到达另一个地方，在活动中不感觉场地狭小和不方便。无论是室内还是室外活动场所，都应该有足够的空间供他们从事集体活动、小组活动和个别活动。为此，有的学前教育机构现在将放玩 / 教具的柜子、架子改成活动式的、搬动自由的，这样就很容易进行空间的重组。有的学前教育机构准备了一些低矮的屏风和隔断，让保育员可以根据不同的活动内容灵活地分割场地。

（2）创设一个可以动态布置的活动场所

学前教育机构的场所布置应该是动态的，可以随时根据教育的要求有所改变，而不能是一成不变的。而且，在场所布置时，要允许孩子积极参与，留有孩子能够参与布置的机会和条件，充分尊重孩子的要求与愿望，不应以成人的好恶来决定环境的品位。例如，新年到了，在布置教室时孩子们要求保育员把自己的作品贴到墙上，展示给参加联欢活动的家长看，但保育员已经在墙上贴好了装饰画，此时保育员应该马上做好调整，满足孩子的愿望。只有这样，环境的教育功能才能得到充分的发挥。

（3）配备一些安全卫生、结实耐用和有吸引力、有教育性的设备和材料

学前教育机构应该为学前儿童提供安全卫生、结实耐用及有吸引力、有教育性的设备和材料。活动材料的种类、样式、数量配置关系和陈列方式等都应满足幼儿发展的需要。

1）提供安全卫生的设备和材料。在学前教育机构中，应该选择无毒、无害、符合环保要求的设备和材料。目前，市场上有许多设备和材料成分不明，学前教育机构在选择时应注意甄别，否则，如果让不符合安全要求的设备和材料进入学前教育机构，后果将不堪设想。例如，有一家幼儿园在装修时为节省资金，低价购进了一批大芯板用来装修墙壁，装修结束后教室没有充分通风就让孩子入园了。没过多久，很多孩子

出现了头晕、恶心等症状。后经环保部门检查，发现孩子的活动室和寝室内的甲醛含量严重超标。原来，幼儿园低价购进的大芯板属于伪劣产品。因此，在选择设备和材料时，应避免选择那些含有对儿童身体有害成分的材料，以保护儿童的身心健康不受伤害。

2）提供功能合适和种类齐全的活动材料。学前教育机构的活动材料按其功能和用途可分为学习活动材料、音乐活动材料、美工活动材料、体育活动材料、游戏活动材料、操作活动材料等，不同种类的活动材料会引发儿童不同的行为。因此，玩 / 教具的设置应以促进学前儿童之间的积极交往与交流、良好的社会性行为和情感的发生等为主要目标。

3）提供数量充足和完好无损的活动设备和材料。研究表明，在活动面积较大和活动材料丰富的情况下，儿童较少表现出侵犯性和破坏性等行为。但这并不是说给予幼儿的材料越多越好，重要的是要让这些材料真正地发挥作用，提高其利用率。据《六省市幼教机构教育评价研究》的调查表明，在八大类玩 / 教具中，很多幼儿园的利用率还达不到 50%。这反映出，在我国大部分的学前教育机构中，玩 / 教具本身的数量是充足的，但其利用率却不高。这就等于没有给幼儿足够的活动材料，这个问题应该引起保育员的重视。

4）提供适宜种类和数量的活动设备和材料。保育员应能够根据各个年龄班学前儿童游戏活动发展的特点，分别提供适宜种类和数量的材料。托儿所的孩子以感觉运动思维为主，给他们提供的玩具材料要突出感官的刺激，如一些电动玩具、能够牵拉和晃动的玩具就深受托儿所孩子的喜欢；小班幼儿大都处于平行游戏或独自游戏的阶段，保育员就应多准备一些相同种类的玩具和其他材料；而到了中、大班，幼儿的游戏水平有了进一步的提高，正处于象征性游戏的高峰，因此，应该更多地为他们准备一些适宜于进行再创造的游戏材料和玩具，如橡皮泥、用过的纸盒、小瓶子等。

2. 精神环境

学前教育机构的精神环境主要指学前教育机构的人际关系及文化建设等方面的环境。具体体现在保育员与学前儿童之间、学前儿童与学前儿童之间、保育员与保育员之间的相互作用、交往方式及学前教育机构文化建设等方面。

（1）创设良好的人际交往环境

学前教育机构良好的人际交往环境，主要是指保育员与学前儿童之间、学前儿童的同伴之间以及保育员与保育员之间建立融洽、和谐、健康的人际关系。

1）保育员在与学前儿童的交往过程中，要始终保持尊重、接纳、支持的态度。保育员应充分认识到自己与学前儿童之间在人格上是平等的，在交往中以民主的态度对待他们，善于理解他们的各种需要和情绪情感，允许他们表达自己的建议和意见，尊重他们的想法。在孩子出现错误行为时，保育员能认真分析原因，积极疏导，不严厉指责，使孩子感到与保育员的交往是安全和愉快的。

此外，为了与学前儿童建立和谐的师生关系，保育员在与学前儿童的交往过程中，还应尽量多地采用微笑、点头、注视、肯定性手势、抚摩、拍肩膀、拥抱等方式，用身体接触、表情、动作等来表示自己对他们的关心、接纳、爱抚、鼓励、支持或者不满意、希望停止当前行为等，让每个孩子都感到保育员是喜欢自己的。

2）在学前儿童之间的同伴交往过程中，保育员应该教会他们沟通的方法与技巧，了解交往对象的需要和感受，采用正确的交往方式，建立起彼此之间相互关心、团结友爱、礼貌待人的交往关系。例如，保育员在平时可以经常让他们相互说说对某件事情的感受，对某个行为进行讨论和分析，帮助他们学会观察他人喜怒哀乐的表情，了解他人的情绪情感状态等。同时，保育员要鼓励缺乏交往技能或胆小、害羞的孩子积极参与各种活动，鼓励其他小朋友与其交往，使这些孩子能够更多地体验到交往的乐趣与成功感，增强交往的自信心。

3）在保育员与保育员的交往过程中，保育员也要规范自己的言行，采取真诚、合作、礼让、帮助等方式进行交往，使自己的言行能成为学前儿童良好的模仿榜样。

（2）建立良好的文化环境

所谓文化指的是在一个组织内部，组织成员所拥有的价值观念、行为规范与思考方式等方面的特征的总和。文化作为一种氛围，在组织中无时不在。只有重视组织的文化建设，文化才能对组织成员起到良好的激励和促进作用，否则，群体文化也会自发地影响组织成员的行为，从而影响组织的进步与发展。

学前教育机构是对学前儿童实施教育影响的重要场所，其文化环境的高雅与低俗是学前儿童能否获得健康发展的重要影响因素。高雅、清新、积极向上的文化，可以使生活在其中的每个人随时感受到组织的关怀和支持，从而享受到工作和学习带来的快乐和幸福。因此，学前教育机构应该重视文化建设，通过各种丰富多彩的活动，使大家形成共同的理想和目标，在工作中能够相互理解与支持，组织成员之间能够彼此信任、彼此关心，在组织内部形成充满安全、温暖、理解、接纳、同情、支持与合作的气氛。在这种气氛中，组织成员可以真实、坦率地开放自己，同时获得组织其他成员友善的支持与理解。在这个过程中，组织与组织中的每一个成员也不断地获得了成长。

第二节　保　育　员

保育员是学前教育机构中重要的人的要素，他们的知识、能力、道德水准、专业技能水平的高低，直接影响学前教育机构的教育质量，因此，努力提高保育员的整体素质，是事关学前教育成功的大事。作为一名学前教育机构的保育员，应该对自己的任职资格、权利与义务等问题有清晰的认识，在工作中自觉依照有关法律的规定，做好本职工作。

一、《幼儿园工作规程》中对保育员职责的要求

根据《教师法》的要求，《幼儿园工作规程》中具体规定了保育员的职责，现分述如下。

1. 对幼儿教育工作者的总体要求

幼儿园全体工作人员都应该“热爱幼儿教育事业，爱护幼儿，努力学习专业知识和技能，提高文化和专业水平，品德良好，为人师表，忠于职责，身体健康”。

2. 对保育员的要求

（1）负责本班房舍、设备、环境的清洁卫生工作。

（2）在教师指导下，管理幼儿生活，并配合本班教师组织教育活动。

（3）在医务人员和本班教师指导下，严格执行幼儿园安全、卫生保健制度。

（4）妥善保管幼儿衣物和本班的设备、用具。

二、保育员的职业道德

详细内容见《幼儿园工作规程》第一章有关规定。

三、保育员的知识结构和应具备的教育教学能力

1. 知识结构

保育员应该具备先进、合理和宽厚的知识结构，总体来说应突出博、精、活几个

字。博即广博，保育员应有广博的知识面，人文科学、自然科学的基本知识都应有所涉猎；精即精通，保育员应该精通学前教育的专业知识，每个保育员都应该成为教育孩子的专家；活即活用，保育员所掌握的文化知识和专业知识只有真正用于学前教育实践时，才有可能促进学前儿童的发展。因此，把广博、精深的文化知识和专业知识灵活地运用到学前教育中去，并在实践中不断地总结和提高，保育员才能对孩子进行真正科学和有效的教育。保育员应该具备的具体知识大致包含以下几方面。

（1）普通文化知识

主要包括政治、经济、文化、科学、社会、伦理等方面的知识。

（2）专业理论知识

包括学前教育学、学前心理学、学前卫生学及学前教育各领域教学方法等方面的知识。

（3）教育技能等实践知识

包括幼儿园艺术教育的技能、学前儿童生活管理的实践知识、多媒体教育技术等。

2. 应具备的教育教学能力

根据《幼儿园工作规程》及《幼儿园教育指导纲要（试行）》对学前教育机构教育的要求，学前教育机构的保育员应具备以下教育教学能力。

（1）了解学前儿童发展水平的能力

保育员应该具有全面、正确了解学前儿童发展水平的能力，这是使教育具有针对性和实效性，取得良好教育效果的前提。蒙台梭利在论述保育员观察儿童行为的重要性时曾指出，保育员必须以科学家的精神，运用科学的方法去观察和研究儿童，揭示儿童的内心世界，发现童年的秘密。因此，保育员在与学前儿童共同的生活和学习中，要认真观察孩子，善于从他们的言行举止中了解他们行为背后的心理需要和真实的发展水平，为今后对其采取合适的教育打好基础。

（2）创设发展支持性教育环境的能力

保育员应该能够为学前儿童提供各种丰富的游戏和活动的材料，让儿童有机会按自己的意愿对这些材料和物品进行操作和摆弄，使儿童能够积累足够的感性经验，促进其全面发展。同时，保育员还应该为学前儿童创设真实的交往环境，在这个环境中孩子们能够自由地交往，全面体验社会角色，在与他人友好相处的环境中，建立良好的人际关系，形成其健康的自我概念、活泼开朗的性格和良好的行为举止。

（3）组织各类教育教学活动的能力

这一能力主要包括保育员根据学前儿童的兴趣、水平和需要设计教育活动的能力，采用合适的方法、途径及手段组织不同的教育教学的能力。

受学前儿童身心发展特点的影响，学前儿童的学习大都离不开一定的情境。在某一个特定的情境中，孩子可能对某种现象产生浓厚的兴趣，并通过主动探索进行学习。因此，学前教育机构的教育教学活动很少有固定的模式，而是呈现出动态的、灵活的特点。学前教育机构教育、教学活动的这一特点，要求保育员在平时的生活中，应该善于发现或启发孩子对某种活动的兴趣，并以此为契机生成教育活动，根据活动的需要采取适合的教育形式（如集体教学、小组教学、个别化教学等）和方法，使他们能够在各种自己感兴趣的活动中进行有效的学习。因此，组织各类教育教学活动的能力是学前教育机构教师能否胜任教育教学工作的关键能力之一。

（4）要具有良好的人际沟通能力

良好的人际沟通能力是指一个人能够敏锐地察觉他人的需要和特点，并采取合适的方法与之交流，从而建立良好人际关系的能力。良好的人际沟通能力是保育员成功进行教育工作的重要保障。保育员应该具有高超的人际沟通的技巧，善于适时、适量地使用各种言语和非言语的手段（如表情、动作等体态语）与孩子、家长和同事等进行交往，创造良好的人际交往的环境，使学前儿童能够在充满关爱、理解和支持的气氛中健康成长。

第十七章 学前儿童的游戏活动

游戏是学前儿童最喜爱的活动，也是最符合学前儿童身心发展特点的活动。保育员要充分认识到游戏在学前儿童发展中的价值，树立正确的教育观念，保障儿童游戏的权利，使游戏真正成为学前教育机构的基本活动。

第一节　学前儿童喜欢游戏的原因

学前儿童喜欢游戏的原因有很多，这是由其身心发展的特点和游戏本身的特点两方面决定的。

一、游戏是学前儿童自主、自愿的活动，可以给他们带来无限的乐趣

3 岁的鸣鸣正在玩积木，当他能够把所有的积木都叠在一起后，他高兴地对保育员说：“我搭了一个大高楼。”

在游戏中，学前儿童可以自己决定想要玩什么、跟谁玩和怎样玩，他们能随心所欲地操作和摆弄玩具、材料，能够自由地与自己喜爱的小伙伴交往，还可以说他们“自己的语言”，这一切都使学前儿童感到十分快乐，也是他们喜欢游戏的最重要的原因之一。

二、游戏可以丰富学前儿童的各种知识经验，满足他们探索世界的愿望和发展他们的社交能力

4岁的鸣鸣全神贯注地往沙子里倒水，注视着水是如何渗到沙子里的；5岁的平平把一只小船放在小水沟里，不断地往船里放小石头，他要看看小船装多少石头才会沉到水里；5岁的小红想要和妈妈一起做饭，妈妈没同意，于是，小红在幼儿园进行角色游戏时主动要求扮演妈妈，在“厨房”里好好做了“一顿饭”……

学前儿童正是在无拘无束的游戏活动中，通过对玩具和材料不断地操作和摆弄，了解物体的性质和功用，认识到自己的能力；通过共同游戏，在一起交流思想，体会各种社会角色，实现自己探索世界的愿望；在游戏中结交新朋友，了解并适应彼此的意愿，学习并实践人际交往的技巧；在共同的游戏中，开始了解别的儿童的喜怒哀乐，体察别人的意图，学习用合适的手段维护自己的利益，想办法去影响别人；等等。可以说，没有充分的游戏活动，就没有学前儿童对世界的深入探索，也就没有他们知识经验的不断丰富，学前儿童的健康发展也就无从谈起。因此有人指出，游戏对学前儿童的重要性“仅次于母乳喂养和母爱”。

三、游戏可以让儿童插上想象的翅膀，在假想的世界里自由地活动

平平正在与哥哥玩修理工的游戏，他拿着玩具工具箱煞有介事地对哥哥说：“请问先生，有什么东西要修吗？”哥哥说：“我柜子的门把手掉了，要修一修。”平平装着修门把手。一会儿，他对哥哥说：“修好了，还有要修的吗？”“我的汽车坏了，开的时候总响，你能修吗？”哥哥边说边向桌子旁边一指。“没问题！”平平边说边向桌子走去。“你是把玩具箱当汽车吗？”平平问。“不是，是那个板凳。”哥哥说。平平又走过去认真地“修”起来……

受游戏情节的限制，儿童游戏的过程离不开儿童的想象活动。以物代物、一物多用是孩子们在游戏中经常使用的假想手段。通过这些假想，孩子们扮演着自己想要成为的角色，完成着自己参与社会生活的愿望；通过假想，孩子的活动和愿望不受时间、空间和物质条件的限制。在假想的世界里，如果孩子愿意，他可以一会儿生活在现在，一会儿生活在未来，一会儿是慈祥的爸爸、妈妈，一会儿又成为负责的医院大夫。一根小木棍，孩子可以根据游戏的需要把它想象成任何东西，它可以是孩子骑着的大马，可以是一条小河，可以是孙悟空的金箍棒，也可以是老爷爷的拐杖。如果孩子愿意，它还可以成为孩子游戏所需要的任何东西。因此，游戏可以让孩子的思想插上想象的翅膀，使孩

子的生活变得色彩斑斓，充满令人欣喜的奇迹，这也是孩子酷爱游戏的原因之一。

四、游戏能够让孩子表露各种情绪，满足在现实生活中被压抑了的需要

小强生病了，到医院去打针。打针时屁股很痛，小强哭了起来。爸爸对小强说："男孩子应该勇敢，打针还哭，真没用！"小强很不服气，但又想不出什么好的方法反驳爸爸，于是就很不高兴。到了幼儿园，恰巧这天玩的是开医院的角色游戏，小强强烈要求自己当医生，在给"病人"打针时很用力，当"病人"提出抗议时，他不断地对"病人"说："男孩子应该勇敢。""病人"说："我是小孩子，医生给我打针的时候应该轻轻的……"小强若有所思。在游戏中，小强一方面用替代的方式发泄了自己的不满（医生给他打痛了，他很愤怒，但他不能对医生发火；在游戏中，他把这种愤怒发泄到"病人"的身上，从而达到了心理上的平衡），另一方面又明白了医生也不能随心所欲地做事情的道理。

在现实生活中，由于孩子年龄小、经验少，成人会对他们有很多的限制和保护措施，这些做法在保护了孩子健康的同时，也压抑了孩子的许多欲望（尽管这些欲望在成人看来有很多是不合道理的）。如在现实生活中孩子一般不被允许晚上看电视看得很晚，到点就要去睡觉，可是父母却能很晚才睡，许多孩子对此很不理解：为什么大人就可以晚睡觉呢？每次睡觉时孩子可能会问同一个问题：爸爸妈妈可以晚睡觉，为什么我不可以？在游戏中，想与大人享受平等待遇的愿望能够得到满足。在游戏中，孩子可以扮演爸爸、妈妈，他们把娃娃哄睡了之后可以随便看电视，他们想去哪就去哪。在游戏中，孩子成了真正的主人，没有人批评他，强制他做这做那，也没有人对他们进行限制了。通过游戏，孩子平时被压抑的愿望得到了满足。因此，游戏是孩子完全放松的活动，保育员要允许孩子表现自己的需要和情感，不要对他们的游戏提出过多的限制。只有这样，才能充分发挥游戏在儿童身心健康发展中的价值。

第二节　学前儿童游戏的种类和指导

一、学前儿童游戏的种类

学前儿童的游戏种类繁多，灵活多变。分类的标准不同，游戏的类型也各不相同。

1. 安静游戏和活动性游戏

按照游戏的性质，可以把游戏分为安静游戏和活动性游戏两类。

安静游戏是指在游戏过程中，孩子们比较温和地做自己喜欢做的事情，如搭积木、玩拼图等。活动性游戏是需要孩子在场地不断行走，或需要很多大肌肉动作的游戏，如玩攀登架、玩开商店的游戏等。

2. 创造性游戏和有规则的游戏

按游戏中创造性的程度分类，可以把游戏分成创造性游戏和有规则游戏两大类。

（1）创造性游戏

创造性游戏是指儿童主动地、创造性地反映生活的游戏，是学前阶段孩子们最感兴趣的游戏。属于这类的游戏有角色游戏、结构游戏和表演游戏等。

1）角色游戏。这是指孩子们通过扮演自己喜欢的角色，创造性地反映他们对生活的认识和理解的游戏活动。角色游戏是在假想的情景下完成的，这种假想包括对人物的假想、对材料的假想、对情境和情节的假想等许多方面。如孩子可能会把一块小石头假想成桌子，把一个小纸袋想象成皮箱等。在角色游戏中，学前儿童常常会出现模仿性活动和象征性活动两种活动。模仿性活动是指学前儿童通过装扮自己熟悉的人物，模仿他们的行为和动作，反映他们对这些角色的认识，如模仿妈妈抱孩子的动作，并小声哼唱着妈妈哄他睡觉时唱的歌曲。象征性活动是指学前儿童象征性地运用一些物品或动作来表达自己对某些事情的看法和态度，交流彼此的思想感情。如某一天晚上，小刚和妹妹正在家里玩积木，突然停电了，屋里漆黑一片，恰巧爸爸妈妈都不在家，妹妹吓得哭起来。小刚拿起刚才玩的长条积木对妹妹说：“别怕，我是时代超人，只要我把魔棒（他手里拿的长条积木）一挥，就可以把坏人统统都赶到地狱里去。”在具体的角色游戏中，模仿性活动和象征性活动常常交织在一起，如孩子在模仿活动中可能有以物代物的现象，在象征性活动中可能有模仿性的行为。

2）结构游戏。这是指学前儿童通过操作和摆弄结构材料，创造性地反映有关事物形态方面特征的游戏活动，如搭积木、玩泥巴等。

3）表演游戏。这是指学前儿童根据文艺作品的有关线索，创造性地再现文艺作品的有关情节和内容，如根据小熊过桥的故事进行表演等。

（2）有规则游戏

有规则游戏是指在游戏中有明确规则的游戏。这种游戏的规则可能是孩子们共同商量制定的，如玩捉迷藏的游戏，也可能是为了完成一定的教育任务而由教育者规定，如“老狼老狼几点了”“我们都是木头人”等。属于这类的有音乐游戏、智力游戏、体育游戏三种。

1）音乐游戏。这是指孩子们在歌曲或乐曲的伴奏下进行的游戏活动，如“抢椅子”等。

2）智力游戏。这是指为发展学前儿童的智力而编制的一种有规则的游戏，如“听听谁在叫”、拼图、传话等。

3）体育游戏。这是为发展学前儿童基本动作而编制的一种有规则的游戏，如“切西瓜”“丢手绢”等。

3. 个人游戏、小组游戏和集体游戏

按参加游戏的人数不同，把游戏分为个人游戏、小组游戏和集体游戏三类。

4. 自由游戏和教学游戏

目前，我国许多学者按教师对游戏的干预程度，把游戏分为学前儿童的自由游戏和保育员指导下的教学游戏两类。

（1）自由游戏

自由游戏是指游戏活动完全由儿童发起，不带有任何强制性的目的。在这类游戏中，成人基本上不对儿童的游戏进行明显的干预，游戏的愿望、玩法等一系列问题都是由他们自己决定的，如孩子们在户外活动时在沙池中玩沙子、在刚入园时玩积木等。

（2）教学游戏

教学游戏是教育者为了完成一定的教学任务而编制的游戏，一般都有比较详细的游戏目的、玩法、规则和结果等。如教学游戏“猜猜我是谁”，游戏的目的是发展学前儿童的感知觉和观察、记忆的能力。其玩法是全班儿童围坐在一起，保育员把一个孩子的眼睛蒙上，要求另一个孩子变换说话的声音对他说一句话后回到座位上；打开前者的蒙眼布，全体孩子拍手；在全体孩子的拍手声中，这个孩子开始寻找对他说话的那个孩子；当他走到那个孩子附近时，全体孩子的拍手声音要最大。游戏的结果是猜出来的孩子回到座位上，被猜出来的孩子继续扮演猜人者。游戏的规则是全体幼儿不能随便说话，游戏可重复多次。

二、学前儿童游戏的指导要求

1.《幼儿园工作规程》对幼儿园游戏总的指导要求

《幼儿园工作规程》第二十四条指出：游戏是对幼儿进行全面发展教育的重要形式。在此基础上进一步提出了幼儿园游戏的总的指导要求。

（1）应根据幼儿的年龄特点选择和指导游戏。

（2）应因地制宜地为幼儿创设游戏条件（时间、空间、材料）。

（3）游戏材料应强调多功能和可变性。

（4）应充分尊重幼儿选择游戏的意愿，鼓励幼儿制作玩具。

（5）根据幼儿的实际经验和兴趣，在游戏过程中给予适当的指导，保持愉快的情绪，促进幼儿能力和个性的全面发展。

2. 指导幼儿园游戏时应注意的问题

根据《幼儿园工作规程》对幼儿园游戏的总的指导要求，在日常的教育中保育员必须做好以下几点。

（1）保证学前儿童每日有充分的时间和空间进行游戏

学前儿童需要有充足的时间来计划游戏和完成游戏。以角色游戏为例，孩子在产生游戏的愿望后，要选择有关的玩具和材料，分配游戏的角色，设计游戏情节，布置游戏的场地，商量游戏的规则，等等。如果游戏时间过短，有时孩子刚刚做好准备就要结束游戏了，这样会严重伤害孩子的情绪，长此以往，孩子就会对此类游戏丧失兴趣。因此，在学前儿童的一日生活中，应给他们提供充足的游戏时间，每日上午和下午都应该有相对完整的时间让他们进行自由的游戏活动，每次游戏的时间应保证30 ~ 50 min。保育员还应该善于利用零散的时间鼓励孩子开展各种游戏，如清早入园时、傍晚离园时、各种过渡环节等。

足够的空间也是学前儿童开展游戏的必要条件。研究表明，活动的空间减少，儿童身体的接触就会增多，有时会造成儿童的烦躁而频繁地出现攻击性行为。因此，学前儿童的活动室内应该设有专门的各种游戏区（有些可与活动区一致），各游戏区应相对独立。各游戏区场地的大小以儿童在游戏时不觉得拥挤为前提，户外游戏场地应该宽阔些，便于他们做一些奔跑和追逐的游戏（关于学前儿童活动场地的具体要求，参见第十六章第一节“学前教育机构的环境”中的有关内容）。

（2）为学前儿童提供充足的游戏玩具、材料及工具

玩具和材料是学前儿童游戏的物质基础。孩子的游戏离不开玩具，年龄越小，这种特点就越明显。对年幼的儿童来讲，给他提供什么样的玩具和材料，就有可能引起孩子什么样的游戏活动，如孩子到教室后看到了一个新娃娃，他会高兴地说：“我们来玩娃娃家吧！”研究表明，玩具和材料的提供与儿童的行为有着密切的关系。如给儿童提供多种多样的游戏材料时，儿童在解决问题时就会更多地表现出发散思维行为特征；给儿童提供没有固定玩法的材料，可以促使儿童自己去创造玩法。新玩具和新材料容易引起学前儿童游戏的兴趣。此外，足够数量的玩具和材料还可以有效地减少儿童之间的争抢行为。因此，玩具材料的投放是关系到儿童游戏能否顺利进行的大事，切不可随意安排。在投放新的玩具材料时，保育员应首先教会孩子正确的玩法，并教育孩

子要爱护玩具。

在为学前儿童选择玩具和材料时，除了按照第十六章第一节幼儿园物质环境创设中有关活动材料和设备的要求去做之外，还应做到以下几点。

1）应该给学前儿童提供充足的、高质量的玩具和材料，并保持玩具、材料的新鲜和整洁。因为数量不够、质量不高的玩具，会影响他们正常开展游戏活动。

2）玩具和材料应该具有安全、卫生、美观、经济耐用等方面的特点。因为容易损坏的玩具、材料，常常会影响孩子游戏的兴趣。

3）玩具和材料还应该具有变换性和可创造性的特点，即一种玩具、材料孩子可以用多种方式去操作它，充分发挥他们的创造性。

4）成形的玩具、材料与未成形的玩具、材料比例要合适。

5）水、泥、沙石等自然的材料和废轮胎、废纸盒、小瓶子等废旧材料，应该成为学前教育机构必备的玩具和材料，因为这些自然材料和废旧材料是学前儿童最喜欢的。

3. 丰富学前儿童的知识经验以逐步提高他们游戏的水平

游戏是学前儿童生活经验的反映，其游戏水平往往与其已有的知识经验有着密切的关系。儿童的生活经验越丰富，游戏的内容也就越丰富。如学前儿童在玩开医院的游戏时，去医院看过病和父母中有做医生的孩子，扮演医生的水平可能就不一样。只有过看病经历的孩子，反映的可能只是自己在看病过程中医生的行为，如打针、开药等。而父母中有当医生的孩子，由于耳濡目染，在游戏中反映的医生行为可能就丰富些，如医生查房，要求病人化验、透视等。因此，没有生活基础，孩子的游戏水平就难以提高。教育者在平时的生活中，应该重视丰富孩子的知识经验，扩大孩子的视野，使他们有更丰富的游戏基础，逐步提高游戏的水平。平时多带孩子出去散步、参观访问、实地考察、外出旅游、交流讨论等，都是很好的丰富孩子知识经验的方法。

4. 根据不同种类的游戏采用不同的指导方法

（1）自由游戏的指导

在儿童进行自由游戏、创造性游戏的过程中，保育员的指导应以间接指导为主。所谓间接指导是指保育员不直接向学前儿童提出教育的要求，而是把教育的目标和要求蕴藏在环境中，通过适当的中介如环境中的游戏玩具或材料、保育员的榜样和一些现象等迂回地实现教育的目标。间接指导的优势在于，在活动中学前儿童是活动的显性主体，在保育员精心准备的环境中，孩子可以按照自己的意愿大胆进行游戏，其游戏主体的地位受到充分的尊重。在这种指导方式中，保育员不是直接教儿童如何游戏，而是退到幕后，变成隐性的主体，成为儿童游戏环境的创设者、游戏的观察者、游戏过程的管理者和游戏成果的评价者等，间接地发挥作用。 在具体的指导过程中应做到以下几点。

1）尊重学前儿童游戏的自主性。儿童心理学的研究表明：当学前儿童能够按照自己的兴趣和意愿自由地活动时，他们在活动中就会表现出很高的自主性，而自主性又是孩子在游戏中大胆探索、积极交往和获取发展的最重要的影响因素。因此，尊重学前儿童游戏的自主性，首先表现为在孩子游戏的过程中，尊重儿童的游戏兴趣，允许孩子按照自己的意愿开展游戏，把如何开始游戏、如何发展游戏、和谁一起玩游戏、什么时候结束游戏等一系列问题交由孩子自己处理，不要以自己的好恶为标准过多地干预孩子的游戏。如在角色游戏中，4 岁的天天在娃娃家游戏里用一个洗发水的瓶子当奶瓶给孩子喂奶，并不时对娃娃小声说话。一会儿，她站起身来从表演游戏区取下一件带花边的裙子穿在身上，但她拉不上拉链，于是请保育员帮忙。保育员对天天说："你怎么到这儿来了？你的孩子在家等着你呢，快回家去吧。"天天只好又把衣服脱掉，回到了娃娃家游戏里。在这个实例中，保育员并没有深入了解孩子行为背后的原因，就以自己的意志替孩子作出了决定，缺乏对儿童游戏自主性的尊重。其次，在游戏中，保育员还应对儿童对游戏的想象、创造及游戏的氛围表示欣赏、鼓励和尊重，使孩子产生进一步游戏的兴趣，并在游戏中获得快乐。如孩子们在玩开医院游戏时用积木搭了一些诊室，此时，保育员应该从"医院"的门进出，而不能从医院的"墙"上跨来跨去。有时，孩子在游戏中的想象和创造用成人的观点来看是荒诞和可笑的，保育员也不应因此而嘲笑和批评孩子，而应充分保护孩子在游戏中的想象和创造，尊重孩子游戏的自主性。

2）认真观察儿童的游戏，了解儿童游戏的真实状况。观察儿童的游戏活动，了解儿童对游戏的需要和兴趣，了解儿童游戏的水平和能力，了解儿童某些行为发生的原因及其对发展的意义等工作，是保育员在指导儿童游戏时要完成的重要任务。在充分观察和了解的基础上，采用合适的方式对儿童的游戏进行帮助，是成功指导自由游戏的关键。因为儿童在游戏中的行为表现往往真实地反映了他们各方面的发展水平和内心世界，观察是保育员进行游戏指导的起点，因此，保育员要加强观察的意识，通过细致的观察，了解儿童游戏的发展水平和特点，为下一步教育教学计划的制订和修改提供准确的信息和参考依据，同时也为游戏的指导提供依据。此外，仔细的观察还可以帮助保育员了解儿童游戏的现状，如活动的材料是否充足，游戏的时间是否需要延长，同伴间交往是否顺畅，孩子的知识经验是否够用，哪些孩子需要帮助，需要什么样的帮助等，从而对游戏的情况作出正确的判断，使保育员对儿童游戏的指导更有针对性。那些没有经常花时间去仔细观察孩子的保育员，在儿童游戏时会经常打扰孩子，或者不能给予孩子所需要的指导，从而影响孩子游戏水平的发展。不喜欢观察的保育员经常会问孩子“你们在玩什么啊”一类的问题。其实，孩子在玩什么保育员完全可以通过观察来了解，不必因此而打断孩子的游戏。

3）合理地参与学前儿童的游戏，为顺利开展游戏提供支持。对儿童的游戏采用间接指导不是不要指导，而是应该把这种指导变成最自然的方式。如在角色游戏中，参加孩子的游戏，并在游戏中担任一定的角色，利用角色的身份对儿童的游戏进行指导是比较受孩子欢迎的。如孩子在玩娃娃家游戏时“父母”由于意见不统一而吵起来，妈妈生气地把娃娃扔在地上说：“不跟你玩了！”保育员观察到这个情况后，以客人的身份来到这个家庭中，对“孩子”的“父母”说：“今天是中秋节，大家都很高兴，我特地从外地赶来看你们，快让我看看你们孩子吧。咦，孩子怎么躺在地上了，现在是秋天了，躺在地上多凉啊，妈妈快把他抱起来吧……”通过适当的介入，保育员帮助孩子克服了游戏中的障碍，使游戏顺利地开展下去。

（2）有规则游戏的指导

有规则的游戏一般都是为了完成一定的教育任务而由成人编制的。要想更好地发挥游戏对儿童发展的作用，就要加强指导，因此保育员应做到以下几点。

1）精心设计和选择游戏。游戏是学前儿童基本的学习方式。保育员要精心选择和编制教学游戏，帮助孩子更好地掌握要学习的内容，使孩子学得轻松和有成效。因此，选择和编制教学游戏时应首先明确教育的目标是什么，再深入了解本班儿童的实际发展水平和需要，选择那些对儿童发展确有帮助、符合孩子的特点、孩子又确实喜欢的游戏。认真观察了解孩子的发展需要和水平，明确发展的任务，是正确编制和选择游戏的关键。

2）激发游戏的情绪。激发学前儿童游戏的兴趣，让孩子在游戏的过程中产生愉快的感受。由于教学游戏一般都是由成人选择和编制的，因此，它强制性的目的和保育员对游戏的外在干预都远远超过孩子的自由游戏。在游戏前保育员应当了解儿童的游戏水平和特点，采用各种手段充分调动每个孩子参加游戏的兴趣和积极性，使他们能够愉快地参与到游戏当中来。而且，在游戏的过程中，保育员还要对每一个参与游戏的儿童多进行积极的鼓励和正面的评价，多使用正面的鼓励性的语言，使孩子感受到游戏带来的快乐，从而更主动地投入到游戏的过程当中，在游戏中充分发挥其主动性和积极性，实现教育的目标。

第十八章

学前教育机构中幼儿的一日生活安排

第一节　幼儿一日生活的内容

一、按活动的时间分

学前儿童在幼儿园的一日生活，可以划分为上午的活动、下午的活动和晚间的活动三部分。

1. 上午的活动

寄宿制学前教育机构上午的活动，主要由起床、晨检、晨练、早餐、学习活动、户外游戏活动、午餐和各环节的过渡等部分组成。

全日制学前教育机构上午的活动，主要由入园（所）、晨练、早餐、学习活动、户外游戏活动、午餐和各环节的过渡等部分组成。

2. 下午的活动

寄宿制学前教育机构下午的活动，主要由午检、午睡、学习活动、游戏活动、晚餐和各环节的过渡等部分组成。

全日制学前教育机构下午的活动，主要由午检、午睡、学习活动、游戏活动、晚餐、离园和各环节的过渡等部分组成。

3. 晚间的活动

寄宿制学前教育机构晚间的活动，主要由晚间游戏活动、晚检、晚间盥洗、睡眠等部分组成。

全日制学前教育机构无晚间活动。

二、按活动的内容分

学前儿童在幼儿园的一日生活又可以分为生活活动、学习活动和游戏活动三部分。

1. 生活活动

生活活动是指学前儿童在幼儿园的有关饮食起居方面的活动。这是保障学前儿童身心健康成长的重要活动之一，主要包括起床、进餐、喝水、盥洗、睡眠等内容。

2. 学习活动

学习是指由于经验的积累而发生的一种行为上的变化，表现为在知识上的丰富、能力上的增长、技能上的娴熟和适应环境等方面的进步。如一个儿童以前不会系鞋带，后来在系鞋带时能自己打上一个松松的结，这就意味着他正处在学习的过程中。随着年龄的增长以及多次的实际体验，他学会了把鞋带系牢。因此，学习是一个过程，通过这个过程引起儿童在行为上和心理上的变化。

学前儿童的学习活动主要是指其通过与环境中的人和物的相互作用，掌握基本的生活知识与技能，初步了解社会、了解自然，养成良好生活态度和习惯的活动。

3. 游戏活动

学前儿童的游戏活动是指学前儿童根据自己的兴趣和意愿，以满足自身活动需要为目的、不带有任何社会功利性的活动（具体内容见第十七章的有关介绍）。

第二节　幼儿生活中各类活动的组织和指导

一、生活活动

1. 起床

叫孩子起床时，保育员应该以饱满的热情与孩子接触，让孩子愉快地开始一天的生活。在平时的教育中，保育员应该帮助孩子养成早睡早起的好习惯，教会孩子起床后简单的自我服务技能，如自己穿衣、洗脸、刷牙等。

2. 晨（午、晚）检

晨检就是利用孩子起床后的时间，对他们的身体状况进行初步的检查。如摸摸孩子的体温是否正常，摸摸孩子的颈间淋巴是否肿大，看看孩子的扁桃体、舌苔的状况等，对孩子的身体状况进行初步的判断。如发现问题，应及时向保健大夫汇报，根据情况采取相应的措施。

3. 晨练

晨练的形式可以根据不同年龄、不同教育目标、不同季节和儿童不同的兴趣而有所选择。年龄小的孩子，在户外晨练时可让他们进行模仿活动，如做模仿操，让孩子随保育员的动作做模仿动作等。年龄大一些的孩子可以做早操，进行较小活动量的体育游戏活动等。冬天还可以让孩子们进行跑步等运动量较大的活动。

4. 早（午、晚）餐（点）

学前儿童正处于身体迅速发育的时期，对营养的需求量很大，因此，学前教育机构要提供饮食并做到营养均衡，保证学前儿童正常生长发育所必需的营养。为学前儿童提供的各种饮食除了要做到花色品种齐全，保证营养均衡以外，还应注意食品的色、香、味能引起儿童的兴趣，让孩子喜欢吃。为保证儿童的健康饮食，应做到以下几点。

（1）规定并坚持正确的饮食制度，保证孩子的饮食定时、定量。

（2）培养良好的饮食习惯，如不挑食，不偏食，不暴饮暴食，不剩饭菜，细嚼慢咽，吃饭时不大声说话，不把饭菜撒在身上等。

（3）教会孩子正确地使用餐具，养成文明的进餐习惯，如吃饭不吧嗒嘴，不在碗里乱翻，饭后擦嘴、漱口等。

（4）对学前儿童进行自我服务和为他人服务的教育，使孩子有良好的生活技能，如擦桌子、摆放餐具、洗碗等。

（5）创造良好、愉快的进餐环境，在进餐前或进餐后不要批评孩子，以免影响孩子对食物的消化和吸收。

（6）利用进餐的机会对学前教育进行有关知识的教育和品德教育，如每餐前由保育员介绍菜名及所用食材的种植/养殖过程，使孩子知道它们是来之不易的，懂得农民劳动的辛苦，知道要爱惜粮食和尊重别人的劳动成果；在发碗筷时进行数的教育等。

5. 睡眠

睡眠是人恢复机体的活动能力，保证健康的重要活动之一。学前儿童正处于身体迅速发育时期，活泼好动，在活动中体能的消耗很大，良好的睡眠可以帮助他们很快地恢复身体各器官的工作能力，重新以充沛的体力和精力投入到活动中去。因此，保证学前儿童有高质量的睡眠是保育员很重要的任务。

全日制学前教育机构午餐后要组织学前儿童午睡，寄宿制学前教育机构要组织学前儿童晚上睡好觉。在组织学前儿童睡眠时，应做到以下几点。

（1）保证学前儿童有充足的睡眠时间

0 ~ 7 岁儿童一日睡眠时间分配见下表。

● 0 ~ 7 岁儿童一日睡眠时间分配表

年　龄	昼　间		夜　间（h）	共　计（h）
	次数	持续时间（h）		
2 ~ 3 个月	4	1.5 ~ 2	10 ~ 11	17 ~ 18
3 ~ 6 个月	3	2 ~ 2.5	10	16 ~ 18
6 ~ 12 个月	2 ~ 3	2 ~ 2.5	10	14 ~ 15
1 ~ 1.5 岁	2	1.5 ~ 2	10	13 ~ 14
1.5 ~ 3 岁	1	2 ~ 2.5	10	12 ~ 13
3 ~ 7 岁	1	2 ~ 2.5	10	10 ~ 12.5

（2）创造良好的睡眠环境

学前儿童寝室的布置要保持温馨、和谐和安静的气氛；墙上不要有过多的装饰，以免引起孩子的兴奋而不易入睡；寝室的空气要保持新鲜，气温不要太高，儿童睡眠时周围环境要保持安静等。

（3）培养学前儿童良好的睡眠习惯

要教给孩子正确的睡姿（右侧卧或仰卧），养成进入寝室后立即入睡和独立入睡的好习惯。

（4）培养学前儿童自我服务的技能

包括逐步教会临睡前的盥洗和独立穿脱衣服，把衣服整齐地放在固定的地方，以及初步地自己整理床铺等自我服务的技能。

6. 喝水、盥洗及如厕

喝水、盥洗和如厕是学前儿童每天都要进行多次的基本生活活动，年龄越小，越需要保育员的帮助和指导。

（1）要保证孩子每日的饮水量，除定时饮水外，还要让孩子按需饮水，并教会孩子正确的喝水方法和技能。

（2）养成孩子活动前后、进餐前、睡觉前如厕、盥洗的习惯，并用正确的方式进行。

（3）教会学前儿童正确的如厕和盥洗的方法。

7. 转换环节

转换环节是学前儿童一日生活各个环节之间的转换。当孩子从一个活动转向另一个活动时，如果他们不知道下面要做什么、不知道对他们有什么要求时，他们很容易失去自控能力。因此，做好转换环节的工作是非常重要的，应注意以下几点。

（1）尽量减少转换环节。

（2）一日生活内容有明确的规定，使孩子知道这一环节结束后下一个活动的内容等。

（3）一旦孩子集中后，马上进行下一个活动。

有关幼儿生活活动详细的组织方法，见保育员国家职业技能标准细则的有关内容。

二、学习活动

1. 学前儿童学习的特点

（1）通过探索进行学习

学前儿童是天生的探索者。环境中的变化，如声音的高低、闪动的光线、移动的物体都能引起他们探索的兴趣。学前儿童通过尝、闻、摸、看、听等多种感官去感知事物的特点，积累他们的经验，探索世界的奥秘。

（2）感知是学习的基础

学前儿童通过观看、倾听、品味、闻嗅、触摸及运动等各种感知觉认识周围世界，并通过这些具体而生动的经验进行学习。一个孩子要理解圆这个抽象的概念，他必须积累许多圆的东西的经验。他需要时间去感知圆的皮球、圆的车轮、圆的太阳、圆的月亮等，思考各类圆形物体的特征和共同点，最后在成人的帮助、讲解下才能理解圆这个抽象的概念。因此，要想使孩子的学习变得有效，就要帮助孩子积累大量的感性经验，支持并鼓励学前儿童多听、多看、多闻、多触摸、多品尝，只有这样，才能使他们多思、多想、多学习。

（3）学习存在很大的个体差异

无论哪个年龄的同龄儿童，在学习的进度、方式、效率、水平等方面都存在着很大差异。有的孩子学习语言速度很快，很早就开始说话，很早就能用很清晰、明确的语言表达自己的意思。4 岁的平平和妈妈一起猜谜语，妈妈说："远看是电扇，近看是电扇，电扇是电扇，就是它不转。"平平说："是坏电扇！"妈妈逗他说："不对，是电扇没插电门。"平平很不服气。想了一会儿，他对妈妈说："你猜猜我这个谜语。远看

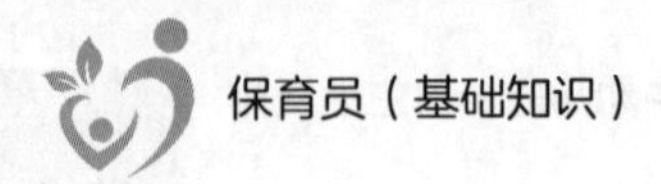

是只猫，近看是只猫，是猫还是猫，就是它不喵。”妈妈说：“是一只死猫。”平平高兴地说：“哈哈，猜错了，是猫睡着了。”由此可见，平平学习语言的能力非常强，超出了这一年龄孩子的水平。在有的同龄孩子还不能用完整的语言表达自己需要的时候，他已能用非常准确的语言通过模仿来编谜语了。由这个例子可以看出，儿童之间在学习上的差异是非常明显的。

在同一个孩子身上，在学习的不同领域，也存在着很大的差异。如上面例子中的平平，平平的语言发展得很好，但他在动作的学习上却显得有些笨拙。他很迟才学会走路，随着年龄的增长，几乎每一个动作他都学得很慢，做起事来也是慢腾腾的。在幼儿园吃饭时，他总是吃得最慢。他行动迟缓，学习跳绳、滑冰等需要多种运动技能协调工作的运动中总是显得笨手笨脚。

当代著名教育家、心理学家、哈佛大学教授霍华德·加德纳经过多年的研究发现，就人的智能而言，并非像以前人们所认为的那样，主要指逻辑思维的能力，人的智能是综合的、多元的。加德纳指出，每个人至少有七种不同的“智力中心”，即语言智能、数学逻辑智能、空间智能、音乐智能、身体运动智能、人际关系智能、自我认识智能。因此，加德纳认为，每一个孩子都是一个潜在的天才儿童，只是经常表现为不同的方式。每个人在学习上都存在着优势的领域，也存在着需要成人帮助的领域。保育员应该认真观察孩子的行为，了解他们在某些方面的优势和劣势，为他们提供合适的教育影响。

在学习的方式上，学前儿童之间的差异也是十分明显的。学习心理学的研究表明，这种差异确实存在。如有人是视觉学习者，有人是听觉学习者，有人是运动、触觉学习者，等等。如果能够让学习者以自己的方式学习，那么，他们将学得最快、最好，而且非常愉快。因此，保育员在指导学前儿童的学习活动时，要了解不同的学习方式，允许并鼓励他们用自己的方式进行学习，提高他们学习的质量。

2. 指导学前儿童学习活动时应注意的问题

（1）重视为学前儿童创设良好的学习环境（具体内容见学前教育机构的环境中的有关介绍）。

（2）充分发挥不同形式的活动在学前儿童学习中的作用，引导学前儿童在探索、体验的过程中学习。

学前儿童的学习是一个非常广泛的概念，可以发生在任何时间、任何场所、任何情境中。因此，根据学前儿童不同的学习需求，保育员应充分发挥游戏、自由探索、榜样、集体教学、小组教学、个别教学、启发式教学等多种教育形式与手段，使一日生活的各个环节都能够激发孩子的学习兴趣，保持他们的学习热情，使他们能够主动、愉快、有效地学习。

（3）尊重学前儿童的学习特点，接纳孩子在学习上的差异，促进孩子主动地学习。有人说：学习是生活中最有趣和最伟大的游戏。所有的孩子生来就这样认为，并且将继续这样认为，直到我们使他相信学习是非常艰难和讨厌的工作。有一些孩子则从来没有真正地遇到这个麻烦，并且终其一生，他们都相信学习是唯一值得玩的有趣的游戏，我们叫他们天才。只有符合学前儿童学习特点的、充满个性的指导方式，才能充分调动孩子学习的主动性，提高学习的效果。

（4）重视良好的学习态度和浓厚的学习兴趣等非智力因素的培养。在学习中良好的学习态度、浓厚的学习兴趣和良好的学习习惯，应该是保育员在指导学前儿童的学习过程中特别关注的事情，因为这些是使孩子以后学得更多、更快、更好的基础。

（5）选择合适的学习内容，充分尊重学前儿童的学习特点和认知规律。学习内容的选择和安排，应充分体现全面、均衡的要求，以有利于对学前儿童经验的全方位、多层次的拓展和基本学习能力的全面培养。学习的内容要有一定的挑战性，以有助于学前儿童经验、视野的扩展和潜能的发挥。

三、游戏活动

详细内容见第十七章学前儿童的游戏活动的有关内容。

第十九章

学前教育与家庭、社区及小学

第一节　学前教育与家庭及社区

学前教育机构与家庭的关系，主要是指孩子从家庭初到学前教育机构时的衔接和平时与家长的沟通两个方面。保育员的工作是做好新生入园工作和家长教育工作。

一、新生入园工作

从家庭来到幼儿园，是孩子在生活中所经历的第一次重要的转折。这一转折如果过渡得不好，将会给孩子今后的发展造成重要的影响。

1. 新生入园时孩子的表现

孩子在初入园时的表现主要是由于分离焦虑而带来的一系列行为上的变化。分离焦虑是指孩子与母亲（或其他抚养人）分离时而产生的心理上的恐惧和不安。一般孩子在初入园时因分离焦虑而带来的行为表现主要有以下几个方面。

（1）哭闹

这在初入园的孩子身上是最常见的。刚刚到一个新的环境，环境中的一切都是陌生的，这给孩子带来了很大的不安全感，他会感到非常焦虑，哭闹就成为他宣泄其焦虑的主要方式。当孩子对新环境建立起安全感后，哭闹的情形就会减少和消失。

（2）不说话和孤僻不合群

这也是初入园孩子的一个典型的分离焦虑的表现，常常发生在哭闹之后。

（3）攻击性行为

这是孩子分离焦虑表现的另一个典型的形式，常表现为无缘由地攻击别人，并且不听劝阻，不服管教。

（4）食欲不振和爱生病等

这是孩子分离焦虑的继发结果。

2. 做好新生入园的教育工作

针对新生入园时分离焦虑比较严重的情况，做好新生入园的工作，应该从帮助孩子尽早克服分离焦虑和对新环境建立起安全感等方面入手，可采用如下方法。

（1）家访

孩子来园前，保育员要到每一个孩子家做家访，了解孩子的特点、脾气秉性和生活习惯以及孩子生活的家庭背景和父母的教养方式等情况，并向家长介绍一些孩子入园后可能会表现出来的行为，使家庭和幼儿园共同配合，做好孩子的教育工作。

（2）请家长带孩子到园参观

在孩子正式来园前，保育员可要求家长带孩子参观幼儿园的环境、设施、设备和玩具、材料，参观中班、大班孩子的活动，使孩子熟悉幼儿园的环境和保育员，减少孩子来园后的陌生感。

（3）家长陪伴

在孩子初入园的一周（时间可视孩子的具体表现而有所调整）内允许家长在园陪伴孩子共同活动，在孩子熟悉幼儿园生活、与保育员和同伴初步熟悉后，再让孩子独自留在园内。

（4）做好家长工作

可举办一些家长教育讲座，介绍这一时期孩子的行为表现和需要，教给家长一些正确处理孩子因分离焦虑而带来的行为问题的方法。如当孩子哭闹着不上幼儿园时，家长应该态度坚决，不能一味地迁就孩子；在家庭里谈到幼儿园时，家长要有正确态度，不能用送孩子上幼儿园作为吓唬孩子的手段，使孩子对上幼儿园产生畏惧心理等。

（5）创造温馨环境

保育员应以亲切、关怀、信任的态度对待每一个学前儿童，为学前儿童创设一个安全的、充满支持与友爱的环境，帮助孩子尽快建立起新的安全感，克服分离焦虑。

（6）组织丰富多彩的活动

组织丰富多彩的活动，是使孩子从适应幼儿园生活到喜欢上幼儿园的根本所在。因此，保育员要了解孩子的兴趣和爱好，用孩子感兴趣的活动吸引孩子，使他在园的生活过得愉快、丰富。因为，当孩子能够在幼儿园进行他在家里进行不了而又是他所喜欢的游戏活动时，他就会全身心地投入到活动中去，而忘记离开母亲（或其他抚养人）的恐惧了。

总之，做好新生入园工作最需要的是保育员的爱心、耐心和对孩子真实情况的了解，在此基础上，做好家园配合，组织好幼儿园的活动等。做好这些工作，就能帮助孩子尽快实现人生的第一次转折。

二、学前教育机构的家长工作

家长是影响学前儿童发展的至关重要的因素，因此，做好家长工作也就成为学前教育机构的一项重要工作。只有家长了解学前儿童的特点和需要，支持学前教育机构的工作，对学前儿童的教育才能取得事半功倍的效果，否则，就会出现教育不一致的现象，进而影响学前教育的效果。

学前教育机构做好家长工作的方式有很多，如家访、家长会、家园联系册等。由于对家长的特点和家长教育形式的认识不同，保育员选择与家长接触的方式也不同。据天津市的一个调查显示，学前教育机构常用的家长工作的方式、方法有（按选择的人数排列，由多至少排列）：随意交谈、家长会、家访、调查问卷、家园联系册、家教园地、家教讲座、个别交谈、开放日、电话联系、成立家长工作委员会、举办家长参与性活动、专题讨论、家教咨询、家长讲课、家庭运动会、参与教育活动的设计与展示、家长接待日、便条交流、小组讨论、家长观察学前儿童情况反馈等。

这些都是非常好的形式，但有些时候学前教育机构的家长工作效果并不那么显著。如在家长会上，保育员侃侃而谈，家长正襟危坐，听众的地位使他们习惯于“多听少讲”，匆匆地来又匆匆地离场，把家长会当成“例行公事”，家长与家长之间极少接触，缺乏交流，家长会流于形式而不注重效果。造成这种状况的主要原因是保育员不了解家长的特点、水平和需求，采用的方法没有针对性。俗话说得好，知己知彼才能百战百胜。要想使家长工作取得显著效果，就一定要使家长变被动参加为主动参与。保育员应在充分了解家长的特点、水平和需求的基础上，精心设计多种形式的家长工作活动，才能使家长工作卓有成效，使家园合作落在实处。在具体的工作中，保育员应做好这样几件事。

1. 深入了解每一位家长的需要和特点

每位家长由于其文化程度、职业、家庭生活环境、对学前儿童的期望、家庭成员及其关系等各不相同，他们的需要和特点也不相同。在实践中，保育员首先要了解其需要和特点，再根据其不同的需要层次设计出不同的家长工作方式、方法，提高家长工作的针对性和实效性。

2. 调动家长参与教育的积极性

激发家长参与学前教育机构工作的动机，使之对参加学前教育机构的工作投入最大的热情和关注。作为家长，毫无疑问，对孩子的发展是关心的，对自己的教育能力的提高是重视的。因此，一般状态下他们有较强的参与学前教育机构工作的活动动机，但乏味的保育员、糟糕的活动设计等因素会影响其参与的热情与效果。因此，保育员应常自问："我如何才能使家长更愿意参与幼儿园的工作？"实践证明：搞家长教育观念的调查问卷、家长教育技能的自我检测、让家长参与与自己孩子有关的活动、举办针对儿童行为的专题讲座和参与式的学习活动等，都是很有成效的调动家长参与工作积极性的方式。

3. 尽可能多地为家长提供经验共享的机会

在家长工作的过程中，要把每一位家长都视为宝贵的教育资源。因为每个人看问题的角度不同，每个人所具有的经验也不同，因此要使所有的家长都能充分分享来源丰富的各种信息，并有机会表达自己对某些问题的看法和意见。如上海虹口幼儿园的辨析会模式（就本班孩子教育中的某一个问题让家长讨论，通过分析和辩论，在保育员的帮助下得出最佳的教育方案），就是提供经验分享机会比较成功的例子。

4. 家长工作应着力于解决实际问题

作为家长，他参加学前教育机构工作的目的不是为了系统地学习学前儿童教育理论，而是为了运用，为了解决他在教育孩子过程中解决不了的问题，为了更好地教育孩子。因此，家长工作的目的应该定位于培养家长的教育能力和转变家长的教养态度上。诸如如何与任性的孩子交流，如何改变孩子总是"慢半拍"的生活习惯，表扬（批评）孩子的技巧等内容更易得到家长的欢迎。

三、学前教育机构与社区

随着社会发展，学前教育机构不再只是社区中的一座"象牙塔"，与社区生活毫无联系，而是越来越广泛地同社区发生各种各样的内在联系。一方面，学前教育机构的教育资源向社区开放，引导和参与社区的一些社会活动，如定期举办教育讲座，请散居儿童到幼儿园活动等。在这个过程中，学前教育机构成为社区教育的组织者和协调者；另一方面，社区也在向学前教育机构开放自己的可供利用的空间和教育资源，参与幼儿园的教育活动等。此外，由于学前教育机构是专门研究教育的地方，拥有良好的师资与设备条件，因此，学前教育机构应该成为社区学前教育的主体，充分发挥自身作为专门教育机构的优势，自觉把自己的教育功能向社区教育辐射，参与社区的精神文明建设，与社区共建美好环境；同时也要充分利用社区内的各种教育元素，丰富学前教育的资源与经验，提高学前教育的效率与质量。

第二节　幼儿园与小学的衔接

某校一新生在中午放学时突然晕倒，医生检查后发现这个孩子中暑了。当天的天气不是很炎热，但孩子穿得太多了。当老师问到孩子在班里为什么不脱下外衣时，孩子说："早上起来我爸爸让我穿上这件外衣，说坐摩托车凉，到学校他也没给我脱（孩子的父亲每天骑摩托车送孩子上学）。"老师说："你自己为什么不脱？""妈妈没说让我自己脱。"

这样的情况在初入学的孩子身上屡见不鲜。是什么原因使孩子们入学后的"新生活"变得如此沉重呢？幼儿园和小学阶段工作的不衔接是造成幼儿入学后种种不适应的主要原因。因此，做好幼小衔接工作对促进儿童的健康发展是非常有必要的。

一、幼小衔接工作的含义和任务

1. 幼小衔接工作的概念

幼小衔接是指幼儿园和小学根据学前儿童身心发展的阶段性和连续性的规律，以及学前儿童终身发展的需要，做好幼儿园教育与小学教育两个学段的衔接工作，使学前儿童进入新学段后能够更快地适应新生活，减少因机构的差异和对孩子要求的差异给儿童身心发展带来的负面影响，为其终身发展打好基础。

2. 现阶段我国幼儿园教育与小学教育的差异

（1）学习方式、主导活动和教育的任务不同

1）学前儿童的主导活动是游戏。由学前儿童身心发展的特点和需要决定，幼儿园的主导活动是丰富多彩的游戏活动。孩子在动手操作的实践活动中获得各种感性经验和社会生活知识，孩子是在玩中学，不强调学前儿童一定要掌握某一学科的系统的科学文化知识，也没有频繁的家庭作业和考试。孩子是在与环境中的人和物的交互作用中进行主动的学习。保育员的工作主要是根据孩子的兴趣和需要，创设各种环境和条件，满足孩子活动的愿望，使孩子在主动参与的各种活动中获得发展。

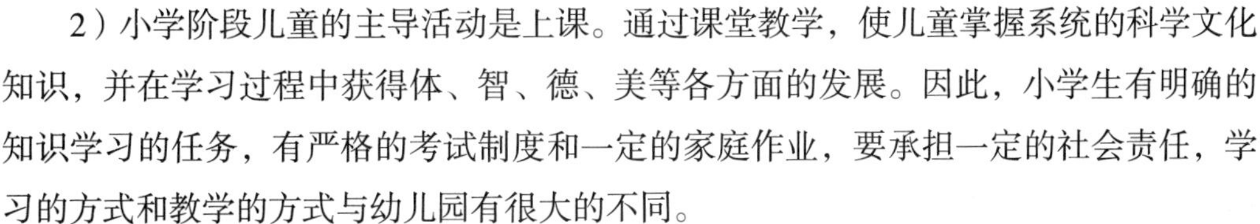

2）小学阶段儿童的主导活动是上课。通过课堂教学，使儿童掌握系统的科学文化知识，并在学习过程中获得体、智、德、美等各方面的发展。因此，小学生有明确的知识学习的任务，有严格的考试制度和一定的家庭作业，要承担一定的社会责任，学习的方式和教学的方式与幼儿园有很大的不同。

（2）作息制度与生活管理的不同

1）学前阶段儿童的生活节奏是宽松的，生活管理也不带有强制性，作息时间比较灵活，孩子对某一事物有兴趣，在不过分影响下一步活动的情况下，继续活动的愿望一般是能够得到满足的。保育员工作的重要职责之一就是照料好儿童的身体和生活。

2）小学阶段儿童的生活节奏是快速和紧张的，作息制度非常严格，纪律和行为规范带有强制性。教师主要教授系统的科学文化知识，对儿童在生活上的照料较少，在学校内的生活管理主要靠孩子自己来完成。

（3）师生关系的不同

1）幼儿园每个班都有固定的三位老师与学前儿童整日生活在一起，教师与孩子个别接触机会多、时间长，涉及面广，关系密切、具体。

2）小学阶段虽然每个班都有一位固定的班主任，但教师与学生的接触主要是在课堂上，个别接触少，涉及面较窄。

（4）环境、设备选择与布置的不同

1）幼儿园的环境创设都有明确的教育目的性和较强的儿童参与性，家具、设备的摆放以有利于儿童活动为原则，整个环境的布置生动、活泼，充满儿童情趣，并且经常随教育内容的变化而变化。

2）小学阶段教室的环境布置相对比较严谨，教室内的课桌椅成套固定摆放，教室布置以有利于学生学科学习为目的，学生自由活动与选择的机会较少。

（5）社会及成人对儿童的要求和希望不同

1）社会及成人对学前儿童的要求相对宽松，给学前儿童一个快乐的童年已成为全社会的基本共识。学前儿童的学习压力小，自由度大，没有非完成不可的社会任务。

2）社会及成人对小学生的要求则比较具体和严格，孩子在学校里要接受各种各样的考试和考察，学习的压力较大，自由相对较少，要负担一定的社会责任。相对于幼儿园而言，家长对上小学的孩子的要求和期望较高，但当有的家长态度转变得过快和过大时，孩子就会难以适应。

3. 幼小衔接工作的任务

（1）使儿童能够尽快地适应新生活

在我国，幼儿园教育与小学教育分属两个不同的学段，既有各自独特的教育任务，又有非常密切的联系。近年来，有些地方由于两个阶段的衔接工作做得不好，幼儿园生活与小学生活的差异过大，使一些儿童出现了非常严重的入学适应性问题，如睡眠不足、食欲不振、体重下降、精神紧张、情绪低落、人际交往不良等，有的孩子还出现厌学和逃学现象，使孩子、家长、教师都苦恼不已。这些问题如不能很好地解决，不仅会严重影响初入学儿童的学习生活，而且还会对其今后的发展产生消极的影响。

因此，尽管幼儿园和小学分属两个不同的学段，但儿童身心发展的特点不可能像两个学段在时间的分配上一样界限明确，因为儿童身心的发展既有阶段性又有连续性，从一个阶段到另一个阶段中间都有一个过渡期，在过渡期内既有上一个阶段的特点，又有下一个阶段的萌芽，二者交织在一起，形成了过渡期儿童身心发展的独特特点。一般认为，幼儿园大班第二学期至小学一年级第一学期是孩子从学前儿童转变为学龄儿童的过渡期。因此，无论是幼儿园的教育者还是小学教师，都要认真研究儿童身心发展的特点、规律及相应的教育方法，正确认识两个学段在教育上的不同特点，不能把处于两个学段儿童的身心特点完全割裂开来看。在教育中应做到既照顾儿童身心发展的阶段性，又考虑儿童身心发展的连续性，对儿童采取适合的教育方法，减少因机构要求的差异而给儿童入学后的新生活带来消极影响，帮助孩子顺利地由幼儿园阶段向小学阶段过渡。

（2）为儿童终身发展服务

幼儿园阶段是一个人终身发展的奠基阶段，也是形成其各种特点、态度、习惯的关键时期。幼小衔接工作做得如何，直接影响儿童今后身体、心理和社会性等方面的发展。因此，要做好幼小衔接工作，保育员必须树立正确的教育价值观，明确幼儿园教育在儿童终身教育中所处的地位，把幼小衔接工作放到儿童接受终身教育的大背景下去考虑。把上小学看成是实现孩子终身发展的过程，是为了把孩子培养成为具有高度自尊、较高的自我效能，拥有适应各种变化的能力，能够为自己和社会负责的生活幸福的人所必须经历的一个阶段。只有这样，才能做好幼小衔接工作。

二、幼儿上小学面临的主要困难及教育策略

有研究表明，学前儿童上小学后所面临的困难是主体适应能力不足，主要表现在身体适应、社会适应和学习适应等方面，而不是知识和智力上的困难。

1. 身体适应方面

身体适应困难主要是孩子不习惯小学连续上课的要求，原有的生活规律被打乱了，

感到很疲劳。而且，小学生的生活主要是由自己来照料的，许多孩子由于缺乏准备而显得手忙脚乱，每天喝水很少，户外活动减少，出现食欲不振、睡眠不足、体重下降甚至频频生病等问题。

针对上述情况，幼儿园和小学都要加强体育锻炼，努力提高儿童的身体素质。同时要注意培养儿童良好的生活、卫生习惯，帮助儿童掌握自我服务的技能与方法，增强抵御各种疾病的能力，提高其对新生活的适应能力。

2. 社会适应方面

社会适应困难主要表现在四个方面。

（1）缺乏任务意识和完成任务的能力

1）具体表现。有研究表明，许多新入学的孩子缺乏完成任务的成就动机和责任感，缺乏独立完成任务的信心和毅力，缺乏完成某些任务的能力等。在一项对一年级新生的调查中显示，许多一年级的孩子认为写作业是给家长和老师完成任务，检查作业、准备学习用品等事情都应该由家长来做。曾有一个孩子理直气壮地对妈妈说："您为什么不帮我把铅笔削好，害得我今天上课没笔用，老师都批评我了。"还有一个孩子上课不会记作业，回家后不知道该写什么。妈妈打电话去问别的同学，一连问了八个同学，结果问出了八种不同的作业。原来，这八个孩子记的作业都是不一样的。

2）主要原因。造成这种情况的主要原因是家长和老师平时对孩子的事情包办过多，不给孩子独立完成某种任务的机会，使孩子很少能够体验依靠自己的力量完成某种任务之后的成功感。此外，教育者在孩子做事情的时候，过分关注孩子完成任务的结果，稍有不足就横加指责，经常拿孩子的某些不足与其他孩子的优点做比较，使孩子产生畏难情绪，也是孩子想方设法逃避任务的原因之一。

3）教育策略

①教育者在教育过程中应树立正确的教育观念，正确地给自己和孩子定位，充分认识给孩子锻炼的机会对其发展的价值，把独立完成任务的机会还给孩子。

②在孩子完成任务的过程中，不要总是因为急于让孩子达到某种结果，而对孩子在完成任务过程中的认真程度和努力程度视而不见，稍有差错就横加指责。孩子在做事的过程中，成人应该多给孩子一些正面的鼓励和支持，在孩子需要帮助的时候给孩子以适时和适当的指导，帮助孩子在完成任务的过程中不断地获得成功感和满足感，从而使他增强完成任务的自信心，乐于接受任务，并在完成任务的过程中锻炼自己的能力。

③组织一些专门的教育活动来培养孩子的任务意识。在日常生活中，保育员或家长可以经常与孩子讨论：作为一个班级（家庭）成员，每一个人都应该承担什么样的

责任？保育员（家长）应该做什么？孩子应该做什么？大家应该怎样为班级（家庭）的成长做贡献？在讨论过程中保育员（家长）要帮助孩子明确自己要干什么和怎么干，培养他们的责任感，增强任务意识。在日常生活中，保育员和家长还可以经常要求孩子“传话”，培养孩子完成任务的意识与能力。如某大班保育员在门前黑板上通知家长让孩子第二天上幼儿园的时候带毛巾被。保育员可告诉家长已让孩子“传话”给他们，让家长注意观察孩子是否记得告诉家长带毛巾被。如果孩子忘了，家长可以委婉地提醒他：“老师今天有没有让你告诉我一些事情？你还记得是什么吗？”当孩子能够说出老师要他告诉家长的话时，家长应给予鼓励和表扬；当孩子想不起来时，家长也不应该着急，而应该及时与保育员沟通，找出孩子没能完成任务的影响因素，使教育有的放矢，促进孩子的发展。

④当幼儿完成任务后，保育员和家长要及时对其完成任务的情况进行检查和评价。在评价中保育员应注意，评价的重点不是在儿童行为的结果，而是评价孩子在完成任务过程中的态度和行为表现，与孩子共同分析任务完成与否的原因，努力使孩子产生进一步活动的愿望，让每一次完成任务的过程都成为孩子进一步前进的动力。

（2）缺乏规则意识和执行规则的能力

1）具体表现

①不能遵守课堂的学习规则，如上课随便说话、玩东西、搞小动作等。

②不能遵守日常生活的规则，如下课打斗，随便拿别人的东西、上厕所，喝水不懂得排队等。

③不能遵守公共规则，如在公共场合大声喧哗、随便乱扔果皮纸屑等。

④没有掌握合适的社会交往的规则与方法，如不知如何结交新朋友，有事情需要别人帮忙时不知该怎样求助等。

2）主要原因。造成这种情况的原因与造成儿童任务意识与能力差的原因一样，还是在平时的教育中重视不够，方法不得当。一个孩子不遵守规则主要是由于他不知道规则和对遵守规则的重要性认识不足，也有的孩子虽然知道规则，但由于其自制力较差而不能自觉遵守。因此，保育员在平时的教育中也应该在让孩子明确规则和提高遵守规则的自觉性等方面下功夫。

3）教育策略

①在制定活动规则时应以学前儿童为主体，保育员可经常组织孩子就某一问题进行讨论，使大家都明确规则，便于儿童在活动中自觉地遵守规则。

②平时可以多跟孩子做约定，定下来的事一定要做（保育员和家长承诺的一定要办，孩子承诺的也要遵守）。如在逛商场前家长可以与孩子共同讨论今天都买什么，并

把它写在纸上，谁也不能违反，从小养成孩子对规则的关注和遵循的习惯。

③结合孩子日常交往的具体冲突，引导他们通过主动交流和谈判，达成相互认可的规则，并在适当的、必要的情况下规范地变动规则。如和孩子一起讨论怎么加入某群体，可以采取哪些具体的做法和策略等。

④引导孩子通过观察别人的活动，了解一些风俗习惯以及特定社交场合的交往规则。

⑤在平时的教育中注意给学前儿童正向强化，让每个孩子都认为自己是一个懂道理、守信用的孩子，从而使其自觉地遵守规则。

⑥保育员与家长还可以经常与孩子共同分享自己在交往中的心得，帮助孩子掌握如诚信、投桃报李、以退为进、妥协、赞美、求同存异等社会交往的基本策略与态度。

（3）缺乏独立意识和独立生活的能力

1）具体表现

①自己能做的事依赖家长，如明明自己会穿衣、吃饭，却偏不自己做等。

②不能管理好自己的东西，如不能收拾好自己的学习用品或生活用具，自己的东西不能放到一定的地方等。

③不会保护自己，如缺乏必备的安全意识，不能照料自己的生活，受到侵害不能应对。

2）教育策略

①给孩子练习独立生活能力的机会，从小处进行教育，并在生活中以身作则，严格要求。

在平时的生活中，保育员和家长可以采取列表和积累奖品的方式促使孩子自己的事情自己做。当孩子能够按表内事先约定好的行为做好一些事情后，保育员和家长要及时给予表扬，使孩子能够得到正向强化，增强独立做事的自信心与责任感，使孩子的独立意识与能力得到锻炼。此外，保育员与家长还可以经常与孩子讨论小学生应该具备哪些独立生活能力，小学生应该会做哪些事，某件事如果是小学生做，他会怎样做等，使孩子明确做一名合格的小学生应该具有的各种能力，从而使孩子能够在生活中有意识地锻炼自己，养成良好的生活习惯。

②要教给孩子正确的、安全的行为方式，持之以恒，形成习惯。教给孩子生活中的防盗、防火、防偷、防坏人骚扰的方法、交通规则等，并且在生活中一起坚持做好。

保育员和家长可以与孩子经常进行这方面的讨论和练习：如果发现衣服着火了怎么办？如果小朋友下课乱跑怎么办？放学了，妈妈没有来，一个叔叔说是妈妈让他来接你的，你怎么办？如果你在和妈妈一起逛商场的时候走失了，你该怎么办？妈妈不在家，有人敲门说是妈妈的同事要进门拿东西，你应该怎么办？绿灯还没亮，可旁边的行人已经开始过马路了，你怎么办？同学威胁你给他带钱时，你应该怎么办？等等。

可以通过具体的事例分析，提高孩子的安全意识，再通过角色扮演等方式帮助孩子学习在各种不同的场合下怎么有效地保护自己，爱惜自己的生命。

③在家庭和幼儿园中形成及时帮助学前儿童解决问题的气氛，使孩子一旦面临危险，知道该向谁求助，并能够得到及时的救助和支持。

（4）缺乏人际交往的能力

1）具体表现

①不能与伙伴友好和睦地相处，不能控制自己的情绪，没有掌握基本的社会交往的规则与方法。如常常为一点小事情就对别人大动干戈等。

②缺乏宽容、接纳伙伴的态度。如回家或在班里公开表示不喜欢某个同学，对有困难的同学采取嘲笑的态度等。

③胆小，不能主动地与小朋友交往。如不敢在小朋友面前发表自己的意见，不敢与伙伴玩，不敢对自己不愿意的事说“不”等。

④不能与保育员主动交往。如不懂的问题不敢问保育员，身体不舒服或有困难不敢找保育员帮助，不敢在保育员面前发表自己的意见等。

2）教育策略。保育员与家长应该认识到人际交往的能力是影响学前儿童入学适应问题的重要因素，在生活中应该有计划、有目的地开展这方面的教育。

①认真观察孩子的同伴交往情况，了解孩子在人际交往中的真实表现，提高教育的针对性。如小刚回家后总是对妈妈说别人抢他的玩具，妈妈问小刚为什么不告诉老师，小刚说老师不管。妈妈听了很愤怒，找到园长投诉。园长带着妈妈悄悄地来到小刚的教室门外，让小刚的妈妈先观察一下小刚的行为，有什么问题一会儿再谈。小刚妈妈耐着性子看了一会儿，不好意思地低下了头。原来，在玩玩具的时候，小刚先是对别人说借我用一下，然后就不管别人是否同意，马上拿过来。但当别人不愿意再把玩具拿回来时，他就会大声嚷嚷：“某某抢我的玩具……”看过之后妈妈不好意思地对园长说：“如果不看到孩子的表现，差点就被他骗了。”园长告诉妈妈，不是孩子故意骗人，而是他没有掌握交往的方法，我们应该在教会孩子如何与人交往方面下些功夫。

②规范教育者的行为，为孩子树立良好的模仿榜样。父母和保育员待人接物的方式是儿童模仿的榜样。如在路上别人踩了妈妈的脚，妈妈大发雷霆，与人争执，儿童对这种行为的学习是最快的。保育员在班里为一点小事动辄发火，也会给孩子造成很不好的影响。因此，教育者在生活中要时时规范自己的行为，真正做到“温、良、恭、

俭、让”，才能把孩子培养成为懂礼仪、讲道理的好孩子。

③帮助孩子学会正确地表达和控制自己的情感，掌握一些常用的宣泄不良情绪的方式与方法。古希腊著名哲学家亚里士多德曾经说过：“任何人都可能发火，这不难。但要做到用正当的、适宜的方式，对适当的对象，适时适度地发火，这可不易。”因此，让孩子学会控制和表达自己的情感是很重要的。

④培养孩子的同情心，让孩子体会到帮助别人、与小朋友友好相处的乐趣。

⑤教给孩子一些人际交往的方式和方法，帮助孩子建立良好的人际关系。

4 岁的小刚想和红红等一起搭积木。他先在边上观看了几分钟，然后试探性地坐到了红红身边，开始玩起小动物来。谁知红红转过身来对她说：“你不可以玩！”“我可以！”小刚抱紧了小动物说：“我可以玩。”“你不可以！”红红毫不客气地拒绝，“我们不喜欢你，不想和你一起玩！”小平想帮小刚说话，可是，小令插话进来说：“我们讨厌你，就不和你玩！”

5 岁的小鸣也想加入一群大孩子玩的“扔炸弹”游戏。在加入游戏之前，小鸣先花时间不声不响地在一旁观察，注意具体活动的规则，然后模仿旁边孩子的动作，并和靠近自己的小蓟交谈。小鸣问小蓟：“你乘直升机还是战斗机？”小蓟并没有简单回答，而是反问小鸣：“你坐过直升机吗？”“没有，但我有一个直升机的模型，是我舅舅从美国给我带回来的。”“真的？能让我看看吗”……在主动的交谈中，小鸣逐渐获得了大家的认可。他也能够遵循自己观察到的游戏规则，表现出熟练的配合动作。这样，小鸣很快地就进入整个游戏活动，也没有给游戏带来任何干扰和不愉快。

儿童心理发展的研究显示，人际间相互作用时对情感信息及有关线索的察觉、解释以及反应，是人际交往技能的关键。对于儿童而言，加入某一群体的开端，对其能否与该群体建立良好的关系至关重要。通常，新来的儿童往往先在旁边观察一会儿，然后试探性地插入，接着一步步小心谨慎地进入。一个孩子是否能够顺利进入该群体，关键在于他能否预先明了该群体的活动规则并愿意遵守规则，会不会玩正在进行的游戏，能否看得出哪里不合规则等。导致儿童间冲突发生的原因常常是孩子在群体中太急于夺权，缺乏人缘的孩子往往强行挤入别人的游戏圈子，突然地、无理地变换话题或者急于提出自己的看法，或者是直截了当地反对他人的意见。这种想吸引他人注意力的行为，只能导致适得其反的结果。人缘好的孩子在活动前往往多花时间认真观察，看明白玩的是什么游戏，再表示自己已经领会了规则，待自己在群体中的地位被确认之后再提建议。

帮助孩子掌握这些人际交往的技巧，对提高孩子交往的能力和水平是很有帮助的。

3. 学习适应方面

（1）具体表现

如前所述，幼儿的学习适应困难主要表现在学习能力、学习习惯与态度等非智力因素方面，如学习的主动性与自觉性、注意力、坚持性、良好的阅读和书写习惯等，而不是在智力与知识上。如有的孩子读书时不会翻页，总是用手大把抓，书本用了没多长时间就烂得不能用了；有的孩子上课坐不住，总是不能集中注意力，老师批评了多次，就是改不了；有的孩子写字姿势不正确，眼睛离书本太近；有的孩子不会看田字格，总是把字写反了；有的孩子写作业花的时间太长，别人半个小时就能写完的作业，他边玩边写可以写上 4 个小时；等等。

（2）主要原因

这些问题主要是家长和保育员对幼小衔接的工作内容与任务认识不清，在平时的教育中重视不够、方法不当等原因造成的。因此，幼儿入学前的学习准备也应在这些方面下功夫。

（3）教育策略

1）培养孩子爱读书的态度与技能，使他能感受到读书的乐趣。

2）通过绘画和其他手工活动，提高幼儿用笔的灵活性，为其入学后的写字打好基础。

3）把提高幼儿的注意力、自制力和坚持性作为幼儿园和小学衔接的重要工作。自制力和坚持性与智力活动休戚相关，形影不离，是注意力、观察力、思维力、创造力的支撑力量。坚持性差的孩子，对于已经确立的学习内容和计划，不能很好地贯彻执行，容易受到干扰而削弱信心；对于学习任务和其他活动表现为动摇，在遇到难题或是身体不适、外界条件诱惑时，容易放弃正在进行的学习，久而久之，必然会影响其学习效果。而且，由于孩子总是不能坚持独立完成学习活动，还会经常受到老师和家长的批评，从而使孩子认为自己就是学习差的孩子，索性放弃继续努力。因此，要想做好入学前的学习准备，必须把提高幼儿意志的坚持性与自制力作为重要内容，在幼儿园和家庭中有计划、有步骤地对儿童进行教育。只有这样，才能为其入学后的学习和生活打下良好的基础。

4）利用日常生活中的各种机会加强思维训练。

注意培养幼儿良好的思维习惯，提高幼儿的思维能力。如加强数的教育，多创设一些问题和情景，让孩子在解决问题的过程中使思维获得锻炼，为入学后的学习生活做好准备。

此外，学习适应与社会适应关系十分密切，两者相互制约、相互影响，共同影响孩子入学后的生活和学习。因此，保育员和家长在为幼儿做入学前的各种学习准备时，应该以提高孩子入学的适应性为出发点，提高孩子的各种能力，使之能够较快地适应小学的生活。

三、幼小衔接工作应注意的问题

1. 幼小衔接工作应贯穿于整个幼儿期而非入学前的突击训练

幼儿园教育是终身教育的重要组成部分，是幼儿终身发展的奠基阶段，让孩子顺利地上小学只是幼儿终身发展的一个环节，因此，应该把幼小衔接工作放到终身教育的大背景下去考虑，要以幼儿长远的发展为目标对幼儿进行全面的素质教育。从幼儿入学后所面临的种种困难中，我们也可以看到，提高主体的适应性不是一蹴而就的，而是需要一个漫长的教育过程，那种把幼小衔接工作仅仅当成是大班或学前班的事情的观点是错误的。

2. 培养幼儿入学的适应性而非小学化

如前所述，帮助幼儿做好入学前的准备，主要是提高幼儿的主体适应性，而不是提前教给孩子小学的知识。有的幼儿园提前把小学一年级要学习的内容在幼儿园就教给孩子，以为这样孩子上学后就不会有什么困难了。事实证明，小学的教育内容有很多不是幼儿所熟悉的具体的人和事，而是大量抽象的文字符号。由于教学内容背离学前儿童的年龄特点，孩子不能或不甚理解，因此在学习中只能较多地采用机械记忆和死记硬背的方法，体会不到学习的乐趣，反而使孩子产生学习是枯燥无味的“苦差事”的错误想法，使他们对学习丧失兴趣，从而影响他们今后的发展。而且，有研究表明，提前学过一年级课本的孩子，刚开始上课时，在学习上似乎比别人好一些。但由于老师讲的内容孩子在幼儿园全学过了，这些知识对他来说就没有什么新鲜感了，孩子就会觉得上课没意思，小动作、说话等行为就会多起来，久而久之就会形成上课不注意听讲的坏习惯（给孩子的错觉是不听讲一样能考好成绩，因为学习的内容我都会）。等到功课稍微难一些，他的“老本”也吃得差不多的时候，由于已经养成了上课不听讲的习惯，学习上后劲不足的弱点很快暴露出来，这时再想纠正其不良习惯就很困难了。因此，教育者对幼小衔接的工作内容要有清醒的认识，把幼小衔接工作的重点放在培训幼儿的入学适应性上，针对学前儿童的特点和实际需要，培养孩子适应新环境的各种素质，帮助孩子顺利完成幼小过渡。

3. 幼小衔接工作是幼儿园、小学、家庭和社会共同的责任而非仅仅是幼儿园大班保育员的事情

《幼儿园教育指导纲要（试行）》明确指出：“幼儿园应与家庭、社区密切合作，与

小学相互衔接，利用各种教育资源，共同为幼儿的发展创造良好的条件。”因此，在做幼小衔接工作的时候，幼儿园应充分发掘家庭和社区教育资源的作用，视家庭为“幼儿园重要的合作伙伴。应本着尊重、平等、合作的原则，争取家长的理解、支持和主动参与，并积极支持、帮助家长提高教育能力”，使家、园、小学、社区形成合力，共同帮助幼儿尽快地适应新生活。

第二十章

相关的法律和法规知识

第一节 《中华人民共和国未成年人保护法》节选

第二条 本法所称未成年人是指未满十八周岁的公民。

第五条 保护未成年人的工作，应当遵循以下原则：

1. 尊重未成年人的人格尊严。
2. 适应未成年人身心发展的规律和特点。
3. 教育和保护相结合。

第十条 父母或者其他监护人应当创造良好、和睦的家庭环境，依法履行对未成年人的监护职责和抚养义务。

禁止对未成年人实施家庭暴力，禁止虐待、遗弃未成年人，禁止溺婴和其他残害婴儿的行为，不得歧视女性未成年人或者有残疾的未成年人。

第十二条 父母或者其他监护人应当学习家庭教育知识，正确履行监护职责，抚养教育未成年人。

有关国家机关和社会组织应当为未成年人的父母或者其他监护人提供家庭教育指导。

第十三条 父母或者其他监护人应当尊重未成年人受教育的权利，必须使适龄未成年人依法入学接受并完成义务教育，不得使接受义务教育的未成年人辍学。

第十四条 父母或者其他监护人应当根据未成年人的年龄和智力发展状况，在作出与未成年人权益有关的决定时告知其本人，并听取他们的意见。

第十六条　父母因外出务工或者其他原因不能履行对未成年人监护职责的，应当委托有监护能力的其他成年人代为监护。

第二十条　学校应当与未成年学生的父母或者其他监护人互相配合，保证未成年学生的睡眠、娱乐和体育锻炼时间，不得加重其学习负担。

第二十一条　学校、幼儿园、托儿所的教职员工应当尊重未成年人的人格尊严，不得对未成年人实施体罚、变相体罚或者其他侮辱人格尊严的行为。

第二十二条　学校、幼儿园、托儿所应当建立安全制度，加强对未成年人的安全教育，采取措施保障未成年人的人身安全。

学校、幼儿园、托儿所不得在危及未成年人人身安全、健康的校舍和其他设施、场所中进行教育教学活动。

学校、幼儿园安排未成年人参加集会、文化娱乐、社会实践等集体活动，应当有利于未成年人的健康成长，防止发生人身安全事故。

第二十三条　教育行政等部门和学校、幼儿园、托儿所应当根据需要，制定应对各种灾害、传染性疾病、食物中毒、意外伤害等突发事件的预案，配备相应设施并进行必要的演练，增强未成年人的自我保护意识和能力。

第二十六条　幼儿园应当做好保育、教育工作，促进幼儿在体质、智力、品德等方面和谐发展。

第二十七条　全社会应当树立尊重、保护、教育未成年人的良好风尚，关心、爱护未成年人。

第三十七条　禁止向未成年人出售烟酒，经营者应当在显著位置设置不向未成年人出售烟酒的标志；对难以判明是否已成年的，应当要求其出示身份证件。

任何人不得在中小学校、幼儿园、托儿所的教室、寝室、活动室和其他未成年人集中活动的场所吸烟、饮酒。

第四十条　学校、幼儿园、托儿所和公共场所发生突发事件时，应当优先救护未成年人。

第四十二条　公安机关应当采取有力措施，依法维护校园周边的治安和交通秩序，预防和制止侵害未成年人合法权益的违法犯罪行为。

任何组织或者个人不得扰乱教学秩序，不得侵占、破坏学校、幼儿园、托儿所的场地、房屋和设施。

第四十四条　卫生部门和学校应当对未成年人进行卫生保健和营养指导，提供必要的卫生保健条件，做好疾病预防工作。

卫生部门应当做好对儿童的预防接种工作，国家免疫规划项目的预防接种实行免费；积极防治儿童常见病、多发病，加强对传染病防治工作的监督管理，加强对幼儿园、托儿所卫生保健的业务指导和监督检查。

第四十五条　地方各级人民政府应当积极发展托幼事业，办好托儿所、幼儿园，支持社会组织和个人依法兴办哺乳室、托儿所、幼儿园。

各级人民政府和有关部门应当采取多种形式，培养和训练幼儿园、托儿所的保教人员，提高其职业道德素质和业务能力。

第五十三条　父母或者其他监护人不履行监护职责或者侵害被监护的未成年人的合法权益，经教育不改的，人民法院可以根据有关人员或者有关单位的申请，撤销其监护人的资格，依法另行指定监护人。被撤销监护资格的父母应当依法继续负担抚养费用。

第六十二条　父母或者其他监护人不依法履行监护职责，或者侵害未成年人合法权益的，由其所在单位或者居民委员会、村民委员会予以劝诫、制止；构成违反治安管理行为的，由公安机关依法给予行政处罚。

第六十三条　学校、幼儿园、托儿所侵害未成年人合法权益的，由教育行政部门或者其他有关部门责令改正；情节严重的，对直接负责的主管人员和其他直接责任人员依法给予处分。

学校、幼儿园、托儿所教职员工对未成年人实施体罚、变相体罚或者其他侮辱人格行为的，由其所在单位或者上级机关责令改正；情节严重的，依法给予处分。

第六十四条　制作或者向未成年人出售、出租或者以其他方式传播淫秽、暴力、凶杀、恐怖、赌博等图书、报刊、音像制品、电子出版物以及网络信息等的，由主管部门责令改正，依法给予行政处罚。

第六十五条　生产、销售用于未成年人的食品、药品、玩具、用具和游乐设施不符合国家标准或者行业标准，或者没有在显著位置标明注意事项的，由主管部门责令改正，依法给予行政处罚。

第七十条　未成年人救助机构、儿童福利机构及其工作人员不依法履行对未成年人的救助保护职责，或者虐待、歧视未成年人，或者在办理收留抚养工作中牟取利益的，由主管部门责令改正，依法给予行政处分。

第二节 《中华人民共和国劳动法》和《中华人民共和国教育法》节选

《中华人民共和国劳动法》节选

第三条 劳动者享有平等就业和选择职业的权利、取得劳动报酬的权利、休息休假的权利、获得劳动安全卫生保护的权利、接受职业技能培训的权利、享受社会保险和福利的权利、提请劳动争议处理的权利以及法律规定的其他劳动权利。

劳动者应当完成劳动任务，提高职业技能，执行劳动安全卫生规程，遵守劳动纪律和职业道德。

《中华人民共和国教育法》节选

第十七条 国家实行学前教育、初等教育、中等教育、高等教育的学校教育制度。

国家建立科学的学制系统。学制系统内的学校和其他教育机构的设置、教育形式、修业年限、招生对象、培养目标等，由国务院或者由国务院授权教育行政部门规定。

第十八条 国家制定学前教育标准，加快普及学前教育，构建覆盖城乡，特别是农村的学前教育公共服务体系。各级人民政府应当采取措施，为适龄儿童接受学前教育提供条件和支持。

第五十条 未成年人的父母或者其他监护人应当为其未成年子女或者其他被监护人受教育提供必要条件。未成年人的父母或者其他监护人应当配合学校及其他教育机构，对其未成年子女或者其他被监护人进行教育。学校、教师可以对学生家长提供家庭教育指导。

第三节 《幼儿园管理条例》和《幼儿园工作规程》节选

《幼儿园管理条例》节选

第七条　举办幼儿园必须将幼儿园设置在安全区域内。严禁在污染区和危险区内设置幼儿园。

第八条　举办幼儿园必须具有与保育、教育的要求相适应的园舍和设施。幼儿园的园舍和设施必须符合国家的卫生标准和安全标准。

第十三条　幼儿园应当贯彻保育与教育相结合的原则，创设与幼儿的教育和发展相适应的和谐环境，引导幼儿个性的健康发展。

幼儿园应当保障幼儿的身体健康，培养幼儿的良好生活、卫生习惯；促进幼儿的智力发展；培养幼儿热爱祖国的情感以及良好的品德行为。

第十六条　幼儿园应当以游戏为基本活动形式。幼儿园可以根据本园的实际，安排和选择教育内容与方法，但不得进行违背幼儿教育规律，有损于幼儿身心健康的活动。

第十七条　严禁体罚和变相体罚幼儿。

第十八条　幼儿园应当建立卫生保健制度，防止发生食物中毒和传染病的流行。

第十九条　幼儿园应当建立安全防护制度，严禁在幼儿园内设置威胁幼儿安全的危险建筑物和设施，严禁使用有毒、有害物质制作教具、玩具。

第二十条　幼儿园发生食物中毒、传染病流行时，举办幼儿园的单位或者个人应当立即采取紧急救护措施，并及时报告当地教育行政部门或卫生行政部门。

第二十一条　幼儿园的园舍和设施有可能发生危险时，举办幼儿园的单位和个人应当采取措施，排除险情，防止事故发生。

第二十五条　任何单位和个人，不得侵占和破坏幼儿园园舍和设施，不得在幼儿园周围设置有危险、有污染或影响幼儿园采光的建筑和设施，不得干扰幼儿园正常的工作秩序。

《幼儿园工作规程》节选

第二条　幼儿园是对 3 周岁以上学龄前幼儿实施保育和教育的机构。幼儿园教育是基础教育的重要组成部分，是学校教育制度的基础阶段。

第三条　幼儿园的任务是：贯彻国家的教育方针，按照保育与教育相结合的原则，遵循幼儿身心发展特点和规律，实施德、智、体、美等方面全面发展的教育，促进幼儿身心和谐发展。幼儿园同时面向幼儿家长提供科学育儿指导。

第五条　幼儿园保育和教育的主要目标是：

1. 促进幼儿身体正常发育和机能的协调发展，增强体质，促进心理健康，培养良好的生活习惯、卫生习惯和参加体育活动的兴趣。

2. 发展幼儿智力，培养正确运用感官和运用语言交往的基本能力，增进对环境的认识，培养有益的兴趣和求知欲望，培养初步的动手探究能力。

3. 萌发幼儿爱祖国、爱家乡、爱集体、爱劳动、爱科学的情感，培养诚实、自信、友爱、勇敢、勤学、好问、爱护公物、克服困难、讲礼貌、守纪律等良好的品德行为和习惯，以及活泼开朗的性格。

4. 培养幼儿初步感受美和表现美的情趣和能力。

第六条　幼儿园教职工应当尊重、爱护幼儿，严禁虐待、歧视、体罚和变相体罚、侮辱幼儿人格等损害幼儿身心健康的行为。

第十一条　幼儿园规模应当有利于幼儿身心健康，便于管理，一般不超过 360 人。幼儿园每班幼儿人数一般为：小班（3 周岁至 4 周岁）25 人，中班（4 周岁至 5 周岁）30 人，大班（5 周岁至 6 周岁）35 人，混合班 30 人。寄宿制幼儿园每班幼儿人数酌减。

幼儿园可以按年龄分别编班，也可以混合编班。

第十二条　幼儿园应当严格执行国家和地方幼儿园安全管理的相关规定，建立健全门卫、房屋、设备、消防、交通、食品、药物、幼儿接送交接、活动组织和幼儿就寝值守等安全防护和检查制度，建立安全责任制和应急预案。

第十三条　幼儿园的园舍应当符合国家和地方的建设标准，以及相关安全、卫生等方面的规范，定期检查维护，保障安全。幼儿园不得设置在污染区和危险区，不得使用危房。幼儿园的设备设施、装修装饰材料、用品用具和玩教具材料等，应当符合国家相关的安全质量标准和环保要求。入园幼儿应当由监护人或者其委托的成年人接送。

第十四条　幼儿园应当严格执行国家有关食品药品安全的法律法规，保障饮食饮水卫生安全。

第十五条　幼儿园教职工必须具有安全意识，掌握基本急救常识和防范、避险、逃生、自救的基本方法，在紧急情况下应当优先保护幼儿的人身安全。

幼儿园应当把安全教育融入一日生活，并定期组织开展多种形式的安全教育和事故预防演练。

幼儿园应当结合幼儿年龄特点和接受能力开展反家庭暴力教育，发现幼儿遭受或者疑似遭受家庭暴力的，应当依法及时向公安机关报案。

第十七条　幼儿园必须切实做好幼儿生理和心理卫生保健工作。幼儿园应当严格执行《托儿所幼儿园卫生保健管理办法》以及其他有关卫生保健的法规、规章和制度。

第十八条　幼儿园应当制定合理的幼儿一日生活作息制度。正餐间隔时间为3.5 ~ 4小时。在正常情况下，幼儿户外活动时间（包括户外体育活动时间）每天不得少于2小时，寄宿制幼儿园不得少于3小时；高寒、高温地区可酌情增减。

第十九条　幼儿园应当建立幼儿健康检查制度和幼儿健康卡或档案。每年体检一次，每半年测身高、视力一次，每季度量体重一次；注意幼儿口腔卫生，保护幼儿视力。

幼儿园对幼儿健康发展状况定期进行分析、评价，及时向家长反馈结果。

幼儿园应当关注幼儿心理健康，注重满足幼儿的发展需要，保持幼儿积极的情绪状态，让幼儿感受到尊重和接纳。

第二十条　幼儿园应当建立卫生消毒、晨检、午检制度和病儿隔离制度，配合卫生部门做好计划免疫工作。

幼儿园应当建立传染病预防和管理制度，制定突发传染病应急预案，认真做好疾病防控工作。

幼儿园应当建立患病幼儿用药的委托交接制度，未经监护人委托或者同意，幼儿园不得给幼儿用药。幼儿园应当妥善管理药品，保证幼儿用药安全。

幼儿园内禁止吸烟、饮酒。

第二十一条　供给膳食的幼儿园应当为幼儿提供安全卫生的食品，编制营养平衡的幼儿食谱，定期计算和分析幼儿的进食量和营养素摄取量，保证幼儿合理膳食。

幼儿园应当每周向家长公示幼儿食谱，并按照相关规定进行食品留样。

第二十二条　幼儿园应当配备必要的设备设施，及时为幼儿提供安全卫生的饮用水。

幼儿园应当培养幼儿良好的大小便习惯，不得限制幼儿便溺的次数、时间等。

第二十三条　幼儿园应当积极开展适合幼儿的体育活动，充分利用日光、空气、水等自然因素以及本地自然环境，有计划地锻炼幼儿肌体，增强身体的适应和抵抗能力。正常情况下，每日户外体育活动不得少于1小时。

幼儿园在开展体育活动时，应当对体弱或有残疾的幼儿予以特殊照顾。

第二十四条　幼儿园夏季要做好防暑降温工作，冬季要做好防寒保暖工作，防止中暑和冻伤。

第二十五条　幼儿园教育应当贯彻以下原则和要求：

1. 德、智、体、美等方面的教育应当互相渗透，有机结合。

2. 遵循幼儿身心发展规律，符合幼儿年龄特点，注重个体差异，因人施教，引导幼儿个性健康发展。

3. 面向全体幼儿，热爱幼儿，坚持积极鼓励、启发引导的正面教育。

4. 综合组织健康、语言、社会、科学、艺术各领域的教育内容，渗透于幼儿一日生活的各项活动中，充分发挥各种教育手段的交互作用。

5. 以游戏为基本活动，寓教育于各项活动之中。

6. 创设与教育相适应的良好环境，为幼儿提供活动和表现能力的机会与条件。

第二十六条　幼儿一日活动的组织应当动静交替，注重幼儿的直接感知、实际操作和亲身体验，保证幼儿愉快的、有益的自由活动。

第二十七条　幼儿园日常生活组织，应当从实际出发，建立必要、合理的常规，坚持一贯性和灵活性相结合，培养幼儿的良好习惯和初步的生活自理能力。

第二十八条　幼儿园应当为幼儿提供丰富多样的教育活动。教育活动内容应当根据教育目标、幼儿的实际水平和兴趣确定，以循序渐进为原则，有计划地选择和组织。

教育活动的组织应当灵活地运用集体、小组和个别活动等形式，为每个幼儿提供充分参与的机会，满足幼儿多方面发展的需要，促进每个幼儿在不同水平上得到发展。

教育活动的过程应注重支持幼儿的主动探索、操作实践、合作交流和表达表现，不应片面追求活动结果。

第二十九条　幼儿园应当将游戏作为对幼儿进行全面发展教育的重要形式。

幼儿园应当因地制宜创设游戏条件，提供丰富、适宜的游戏材料，保证充足的游戏时间，开展多种游戏。

幼儿园应当根据幼儿的年龄特点指导游戏，鼓励和支持幼儿根据自身兴趣、需要和经验水平，自主选择游戏内容、游戏材料和伙伴，使幼儿在游戏过程中获得积极的情绪情感，促进幼儿能力和个性的全面发展。

第三十条 幼儿园应当将环境作为重要的教育资源，合理利用室内外环境，创设开放的、多样的区域活动空间，提供适合幼儿年龄特点的丰富的玩具、操作材料和幼儿读物，支持幼儿自主选择和主动学习，激发幼儿学习的兴趣与探究的愿望。

幼儿园应当营造尊重、接纳和关爱的氛围，建立良好的同伴和师生关系。

幼儿园应当充分利用家庭和社区的有利条件，丰富和拓展幼儿园的教育资源。

第三十一条 幼儿园的品德教育应当以情感教育和培养良好行为习惯为主，注重潜移默化的影响，并贯穿于幼儿生活以及各项活动之中。

第三十二条 幼儿园应当充分尊重幼儿的个体差异，根据幼儿不同的心理发展水平，研究有效的活动形式和方法，注重培养幼儿良好的个性心理品质。

幼儿园应当为在园残疾儿童提供更多的帮助和指导。

第三十三条 幼儿园和小学应当密切联系，互相配合，注意两个阶段教育的相互衔接。幼儿园不得提前教授小学教育内容，不得开展任何违背幼儿身心发展规律的活动。

第三十九条 幼儿园教职工应当贯彻国家教育方针，具有良好品德，热爱教育事业，尊重和爱护幼儿，具有专业知识和技能以及相应的文化和专业素养，为人师表，忠于职责，身心健康。

幼儿园教职工患传染病期间暂停在幼儿园的工作。有犯罪、吸毒记录和精神病史者不得在幼儿园工作。

第四十二条 幼儿园保育员应当符合本规程第三十九条规定，并应当具备高中毕业以上学历，受过幼儿保育职业培训。

幼儿园保育员的主要职责如下：

1. 负责本班房舍、设备、环境的清洁卫生和消毒工作。
2. 在教师指导下，科学照料和管理幼儿生活，并配合本班教师组织教育活动。
3. 在卫生保健人员和本班教师指导下，严格执行幼儿园安全、卫生保健制度。
4. 妥善保管幼儿衣物和本班的设备、用具。

第五十二条 幼儿园应当主动与幼儿家庭沟通合作，为家长提供科学育儿宣传指导，帮助家长创设良好的家庭教育环境，共同担负教育幼儿的任务。

第五十三条 幼儿园应当建立幼儿园与家长联系的制度。幼儿园可采取多种形式，指导家长正确了解幼儿园保育和教育的内容、方法，定期召开家长会议，并接待家长的来访和咨询。

幼儿园应当认真分析、吸收家长对幼儿园教育与管理工作的意见与建议。

幼儿园应当建立家长开放日制度。

第五十四条　幼儿园应当成立家长委员会。家长委员会的主要任务是：对幼儿园重要决策和事关幼儿切身利益的事项提出意见和建议；发挥家长的专业和资源优势，支持幼儿园保育教育工作；帮助家长了解幼儿园工作计划和要求，协助幼儿园开展家庭教育指导和交流。

家长委员会在幼儿园园长指导下工作。

第五十五条　幼儿园应当加强与社区的联系与合作，面向社区宣传科学育儿知识，开展灵活多样的公益性早期教育服务，争取社区对幼儿园的多方面支持。

第四节 《托儿所、幼儿园卫生保健制度》节选

一、生活制度

合理的生活制度是保证儿童身心健康的重要因素，要根据不同年龄的小儿生理特点，合理地安排他们一天的生活内容。

各园（所）可根据幼儿不同年龄及季节，具体订出一日生活作息制度。要注意动静结合，要有充足的户外活动时间。对各项内容的执行，要提出质量指标。

二、婴幼儿的饮食

1. 饮食管理

（1）婴幼儿的伙食应有专人负责，民主管理，建立伙委会（园、所领导，炊管人员，保健人员，保育员及孩子家长代表），定期开会，研究伙食问题。

（2）伙食费要专用，精打细算，计划开支，合理使用。

（3）根据季节供应情况，制定适合婴幼儿年龄（1岁内、1～3岁、4～7岁）的定量食谱，定期更换。

（4）准确掌握幼儿出勤人数，做到每天按人按量供应主副食，不吃隔日剩饭菜。

（5）工作人员（包括炊事员）伙食和幼儿伙食要严格分开，不允许侵占儿童伙食。

（6）保健人员要定期计算幼儿进食量、营养量。保证儿童的进食量。蛋白质摄入量占应供给量的80%以上。

（7）按时开饭，儿童进餐时间不应少于 20 ~ 30 分钟，保证儿童吃饱每餐饭。

2. 科学喂养

（1）婴儿喂养。母乳的营养成分最适合婴儿生长发育的需要。要提倡母乳喂养。母亲在喂奶前要洗手，脱掉工作服，患有呼吸道疾病时，喂奶时要戴上口罩。每隔 3 ~ 4 小时喂一次，每次 20 ~ 30 分钟。

对人工喂养儿要做好配奶工作，每餐奶具要严格消毒。

无论人工喂养儿、母乳喂养儿都要及时增加辅食，补充维生素 D 制剂和含铁食物。根据孩子生长发育需要，统一制作婴幼儿饮食，保证儿童营养。

（2）幼儿饮食。一岁半以后幼儿按三次饭一次点心定食谱（整托幼儿睡前再加一次点心），食谱要适合幼儿的年龄，使儿童能吃到多种多样的食物，把一日的食物定量标准恰当地分配到食谱中，以保证得到各种营养素和足够的热量。

3. 饮食卫生

（1）搞好儿童进食卫生，饭前工作人员及儿童都要用肥皂、流动水洗手，饭桌要用肥皂水或碱水揩洗干净。

（2）要培养儿童不偏食、不吃零食的良好饮食习惯。

（3）水果要洗净削皮后再吃。

三、体格锻炼制度

1. 要有组织地经常开展适合婴幼儿特点的游戏及体育活动，尤其要重视一岁半以下婴幼儿的体格锻炼，给婴儿每天做一至二次被动操和主被动操，幼儿做一至二次体操或活动性游戏。

2. 在正常天气下，要有充足的户外活动时间，每天坚持两小时以上户外活动，加强冬季锻炼。

3. 要创造条件，充分利用日光、空气、水等自然因素，有计划地锻炼儿童体格。

4. 锻炼要经常和循序渐进。运动项目和运动量要适合各年龄组的特点。对个别体弱的幼儿要给以特殊照顾。

四、健康检查制度

1. 入园（所）检查

婴幼儿在入园（所）前必须进行全身体格检查。对有传染病接触史的婴幼儿必须做胸部X线透视、肝功能等实验室检查，必须经过检疫期，无症状者方可入园（所）。同时要了解幼儿疾病史、传染病史、过敏史、家族史和生活习惯等。

园（所）工作人员参加工作前必须进行体检，包括胸部X线透视、肝功能、粪便常规检查，以及阴道霉菌、滴虫检查，健康检查合格并且无严重生理缺陷者方可就职。

2. 定期体检制度

1岁以内婴儿每季度体检一次。1～3岁幼儿每半年体检一次，3岁以上每年体检一次，每半年测身高、体重一次。测量要准确并做好记录，进行健康分析、评价、疾病统计，及时矫治缺点。每个入托小儿均应建立健康卡片或档案。

工作人员每年全面体检一次，发现肝炎或其他传染病者须立即离职治疗。待痊愈后，持县（区）以上医疗保健单位的健康证明方可恢复工作。患慢性痢疾、乙型肝炎表面抗原阳性、滴虫性阴道炎、化脓性皮肤病、麻风病、结核病、精神病等保教人员应调离工作。

3. 晨检及全日健康观察制度

坚持晨检及全日健康观察制度，认真做好一摸：有否发烧；二看：咽部、皮肤和精神；三问：饮食、睡眠、大小便情况；四查：有无携带不安全物品，发现问题及时处理。

五、卫生消毒及隔离制度

1. 环境卫生

（1）要建立健全室内外环境清扫制度。每天一小扫，每周一大扫。分片包干，定人、定点、定期检查。要消灭蚊、蝇、蟑螂等害虫。

（2）婴幼儿玩教具要保持清洁，定期消毒、清洗。

（3）要经常保持室内空气流通、阳光充足，冬天也要定时开窗通风换气。室内要有防蚊、防蝇、防暑和取暖设备。

（4）厕所要清洁通风，定时打扫并消毒。儿童用的便盆，每次用后要立即倾倒，刷洗干净，每日用消毒液浸泡。3岁以上幼儿要提倡用蹲式厕所。

（5）小儿桌椅高度应符合要求。

2. 个人卫生

（1）婴幼儿每人一巾一杯；日常生活用品要专人专用，做好消毒工作。

（2）幼儿饭前便后洗手，早晚用流动水或干净水洗手和脸，经常保持清洁。

（3）饭后要漱口，大、中班幼儿每日早晚要刷牙。

（4）定期洗头和洗澡。

（5）每天洗脚、洗屁股，洗屁股巾要每天消毒。

（6）每周剪指甲一次，每两周剪趾甲一次。

（7）手绢要专人专用，每日换洗。婴儿尿布要勤换，洗净后用开水烫或日光暴晒。

（8）保持儿童服装整洁，衣服、被褥、床单要勤洗勤晒。

（9）保护幼儿视力，室内要注意采光。看电视一次时间不宜过长，看时不要离得太近。电视机安放高度要适中。

（10）工作人员个人卫生。经常保持仪表整洁，勤洗头洗澡，勤剪指甲，饭前便后和给幼儿开饭前用肥皂洗手。和幼儿接触时不抽烟。

3. 消毒隔离制度

（1）各园（所）要设立保健室，要根据本单位条件建立隔离室或观察床（全托园、所必须建立隔离室）。隔离室用品要专用。

（2）儿童及工作人员患传染病应立即隔离治疗，所在班要彻底消毒。患者待隔离期满痊愈后，经医生证明方可回园（所）或班。

（3）对患儿要专人护理，仔细观察，按时服药和喂饭。

（4）对患传染病的婴幼儿所在班和与传染病患者接触过的婴幼儿进行检疫、隔离、观察，检疫期间不收新儿童，园（所）儿童不混班，不串班。检疫期满后无症状者方可解除隔离。

（5）幼儿离园（所）一个月以上或外出（离本市）返回时，应向家长询问有无传染病接触史，并要经过医务人员重新检查。未接触传染病的要观察两周，有传染病接触史的待检疫期满后方可回班。

（6）工作人员家中及幼儿家中发现传染病人时应报告园（所）领导，采取必要措施。

六、预防疾病制度

1. 贯彻“预防为主”的方针，做好经常性的疾病预防工作。

2. 按年龄及季节完成防疫部门所布置的预防接种工作（要求麻疹、脊髓灰质炎的接种率在 95% 以上，百白破、卡介苗接种率在 90% 以上），建卡率达 100%。凡有禁忌证者不应接种或暂缓接种。

3. 及时了解疫情，发现传染病要及时报告，做到早预防、早发现、早报告、早诊断、早治疗、早隔离。实行及时正确的检疫措施，对所在班级进行严格的终末消毒，对接触传染病的儿童立即采取必要的预防措施，并按各种传染病规定的检疫期进行检疫。检疫期间不办理入托和转托手续。积极采用各种办法防治疾病，降低发病率。杜绝脊髓灰质炎、白喉、麻疹、猩红热、百日咳的发生，控制肝炎的暴发和续发。

4. 在传染病流行期间不要带幼儿到公共场所。

5. 加强体格锻炼，增强儿童体质，提高对疾病的抵抗力。

七、安全制度

1. 各项活动均要以孩子为中心，工作人员要注视儿童的各项活动。

2. 要注意房屋、场地、家具、玩具、用具使用的安全，避免触电、砸伤、摔伤、烫（烧）伤等事故的发生。

3. 药物必须妥善保管，吃药时要仔细核对，剧毒药品要有专人管理，并严禁放在班上。药物保管和服用应由医务人员负责。

4. 建立健全儿童接送制度，不得丢失幼儿。

八、卫生保健登记、统计制度

要建立健全各种记录、登记、统计制度。一般有以下几种记录表、簿：出勤登记表、传染病登记表、疾病登记表、晨间检查记录表、预防接种记录表、体弱儿管理记录表、体格检查记录表、缺点矫治记录表、膳食调查记录表、体格锻炼观察表、意外事故登记簿、家长联系簿。卫生统计要求做好：体格发育评价、膳食评价、出席率、缺点矫治率、各种常见病患病率、传染病发病率、预防接种率等项统计。

九、家长联系制度

采取多种方式，同家长加强联系，争取家长配合。定期开家长会，经常向家长宣传婴幼儿卫生保健知识。儿童如无故缺席，要及时和家长联系，共同做好儿童保健工作。

第五节　《学生伤害事故处理办法》节选

第七条　未成年人的父母或者其他监护人（以下称为监护人）应当依法履行监护职责，配合学校对学生进行安全教育、管理和保护工作。

学校对未成年学生不承担监护职责，但法律有规定的或者学校依法接受委托承担相应监护职责的情形除外。

第九条　因下列情形之一造成的学生伤害事故，学校应当依法承担相应的责任：

1. 学校的校舍、场地、其他公共设施，以及学校提供给学生使用的学具、教育教学和生活设施、设备不符合国家规定的标准，或者有明显不安全因素的。

2. 学校的安全保卫、消防、设施设备管理等安全管理制度有明显疏漏，或者管理混乱，存在重大安全隐患，而未及时采取措施的。

3. 学校向学生提供药品、食品、饮用水等不符合国家或者行业的有关标准、要求的。

4. 学校组织学生参加教育教学活动或者校外活动，未对学生进行相应的安全教育，并未在可预见的范围内采取必要的安全措施的。

5. 学校知道教师或者其他工作人员患有不适宜担任教育教学工作的疾病，但未采取必要措施的。

6. 学校违反有关规定，组织或者安排未成年学生从事不宜未成年学生参加的劳动、体育运动或者其他活动的。

7. 学生有特异体质或者特定疾病，不宜参加某种教育教学活动，学校知道或者应当知道，但未予以必要的注意的。

8. 学生在校期间突发疾病或者受到伤害，学校发现，但未根据实际情况及时采取相应措施，导致不良后果加重的。

9. 学校教师或者其他工作人员体罚或者变相体罚学生，或者在履行职责过程中违反工作要求、操作规程、职业道德或者其他有关规定的。

10. 学校教师或者其他工作人员在负有组织、管理未成年学生的职责期间，发现学生行为具有危险性，但未进行必要的管理、告诫或者制止的。

11. 对未成年学生擅自离校等与学生人身安全直接相关的信息，学校发现或者知道，但未及时告知未成年学生的监护人，导致未成年学生因脱离监护人的保护而发生伤害的。

12. 学校有未依法履行职责的其他情形的。

第三十八条　幼儿园发生的伤害事故，应当根据幼儿为完全无行为能力人的特点，参照本办法处理。